酒店管理与数字化运营专业新形态一体化教材

客房服务与数字化运营

主　编　石秀珍
　　　　陈　景
副主编　贺荣红

中国教育出版传媒集团

高等教育出版社·北京

内容提要

本教材是酒店管理与数字化运营专业新形态一体化系列教材之一，也是国家职业教育酒店管理与数字化运营专业教学资源库配套教材。本教材紧紧围绕学习者职业能力培养和现代酒店业数字化发展的要求，以高星级酒店行政管家/客房部经理能力要求为模型，选取典型工作任务，构建教学内容。

本教材按照"从服务到管理、从管理到运营"的思路，共设置6个模块，包括对客服务、督导管理、员工培训、工作流程、组织结构、产品设计，模块下共设计了16个任务，每个任务设有情境导入、知识链接、知识拓展、实践演练等环节，并穿插数字化实践、素养园地、企业案例等栏目，内容符合岗位实际要求，贴近学生学习需求，具有较强的指导性和实操性。

本教材配套建设有丰富的数字化教学资源，可通过扫描书中二维码进行在线学习，在提升学习兴趣的同时，也为学习者提供更多自主学习的空间。

本教材可作为高等职业院校、职业本科院校、应用型本科院校及中等职业学校酒店类专业的教材，还可供相关从业人士作为业务参考书学习使用。

图书在版编目（CIP）数据

客房服务与数字化运营 / 石秀珍，陈景主编. -- 北京：高等教育出版社，2023.7
ISBN 978-7-04-060592-1

Ⅰ.①客… Ⅱ.①石…②陈… Ⅲ.①客房–商业服务–高等职业教育–教材②客房–运营管理–高等职业教育–教材 Ⅳ.①F719.2

中国国家版本馆CIP数据核字（2023）第097643号

Kefang Fuwu Yu Shuzihua Yunying

| 策划编辑 | 张 卫 | 责任编辑 | 张 卫 | 封面设计 | 王 琰 | 版式设计 | 李彩丽 |
| 责任绘图 | 马天驰 | 责任校对 | 刘娟娟 | 责任印制 | 赵 振 | | |

出版发行	高等教育出版社	网　　址	http://www.hep.edu.cn
社　　址	北京市西城区德外大街4号		http://www.hep.com.cn
邮政编码	100120	网上订购	http://www.hepmall.com.cn
印　　刷	北京利丰雅高长城印刷有限公司		http://www.hepmall.com
开　　本	787mm×1092mm　1/16		http://www.hepmall.cn
印　　张	16		
字　　数	360千字	版　　次	2023年7月第1版
购书热线	010-58581118	印　　次	2023年7月第1次印刷
咨询电话	400-810-0598	定　　价	48.00元

　　本书以党的二十大精神为指引,落实立德树人根本任务。内容编写以学习者为中心,以酒店业客房部工作流程为主线,以客房部的数字化转型升级为特色。在编写过程中,充分关注在校生和行业新人对行业认知的特点,情境化学习内容;充分激发学习者的自驱力,贯彻任务导向的设计原则,提升学习质量;充分提升教材的育人功能。此外,教材还配套建设有丰富的数字化资源,借助国家资源库平台,打破学习的时空限制。

　　本书强调校企合作,融入企业真实案例和场景,内容的组织打破传统学科体系思维,设计有"素养园地""数字化实践""企业案例"等学习栏目,将思政元素、数字化技术新动态和经典案例有机融入教材的知识体系中,提升学习的趣味性。

　　本书紧跟行业变革,创新教材编写模式,具有如下特色。

　　1. 融"思政教育"之魂

　　数字化时代改变了人与人之间的沟通方式,改变了做事的惯有模式,对人们的世界观、人生观、价值观也会造成一定的影响。课程思政元素的有机融入是本书编写的重中之重。本书充分发挥内容的德育功能,将社会主义核心价值观贯穿教材编写的全过程,在"润物细无声"的知识学习中融入理想信念层面的精神指引。本书每一个任务模块均融入思政主题,例如,对客服务模块的思政主题为"职业道德",督导管理模块的思政主题为"管理责任",员工培训的思政主题为"务实求真",工作流程的思政主题为"创新思变",组织结构的思政主题为"破局立新",产品设计的思政主题为"节能环保"。

　　2. 展"产教融合"之采

　　产教融合是职业院校为提高人才培养质量而与行业企业开展的深度合作。本书从框架设计到内容编写、从情景案例的引用到数字资源的建设,均有经验丰富的职业经理人参与其中,编写团队调研的企业类型涉及中高档商务酒店、度假酒店、精品酒店等,包含了首旅集团、开元集团、华住集团等知名酒店集团旗下的酒店。

　　3. 借"数字科技"之器

　　党的二十大对数字中国战略作出了新的部署,酒店业要积极贯彻落实这一部署,酒店客房部数字化技术的使用已提上日程,各类酒店都根据自己的特点积极探索数字化运营之路。数字化技术的使用,改变了客房部原有的组织架构、人员结构、工作流程……变革正在悄然发生。

　　本书的编写基于客房部的实际工作,以数字化技术的使用为切入点,借"数字科技"之器,梳理客房部的工作项目,构建对客服务、督导管理、员工培训、工作流程、组织结构、产品设计等模块,设置具体的工作任务情境,组织教学内容。

　　本书由石秀珍(金华职业技术学院),陈景(金华职业技术学院)担任主编,贺荣红

（宁波南苑饭店）任副主编，徐晓婷（聊城职业技术学院）、褚艳兵（聊城职业技术学院）、陶维伟（聊城职业技术学院）、杨艳（杭州万向职业技术学院）、顾敏艳（金华职业技术学院）、陈璐（金华职业技术学院）、杜婧晔（金华职业技术学院）、张霞（金华富力万达嘉华酒店）参与编写。全书由石秀珍进行课程思政设计指导，陈景总纂。在编写过程中，编者参阅了国内外同行的有关文献和书籍，引用了相关企业的图片和案例，得到了业内同行的帮助，在此一并表示感谢！

由于编者的水平和时间有限，书中疏漏之处在所难免，敬请广大专家和读者批评指正。

编者

2023 年 5 月

目录 <<<<<<

二维码资源目录 <<<<<<

模块一　对客服务

◆ **模块导引**

　　合格的客房服务员应该熟悉并掌握工作岗位的特点和职业要求。

　　客房部工作的"基本功"是清洁卫生工作。服务人员需要掌握各种清洁剂的特性，懂得借助合适的清洁工具高效地开展清洁卫生工作。

　　客房是客人在酒店逗留时间较长的场所，客房服务水平是影响客人对酒店产品的认知度和满意度的重要因素。因此，客房部在实施对客服务时，要基于自身档次，以相匹配的服务标准为基础，提供整洁、舒适、安全的客房和优质的服务，使客人"高兴而来，满意而归"。

　　随着科技的进步，数字化转型已经成为酒店业发展的必然趋势，本模块将基于客房服务一线的数字化转型案例，探讨数字化技术在酒店对客服务中的应用。

◆ **学习目标**

1. 了解客房服务员的日常工作内容。
2. 理解计划卫生工作的意义并学会制订客房卫生计划。
3. 理解安全管理的意义并树立安全服务的意识。
4. 掌握清洁剂和清洁工具的特性和使用场景。
5. 掌握客房清洁工作的要领。
6. 能够根据客人的要求提供各项客房服务。
7. 能够做好与前厅部、餐饮部等其他部门的沟通协调工作。

◆ **学习任务**

1. 中式铺床技术要领。
2. 走客房的清洁工作流程及要求。
3. 客房卫生计划制定的方法。
4. 针对客人的需求开展安全、有效的夜床服务。
5. 代客开门服务的要领。
6. 个性化服务的要求。

任务一　走客房清洁

一、情境导入

(一) 情境内容

下午 4:30,某酒店 1206 房间(标准间,standard room)的客人提前一天退房。领班布置正在 12 层工作的小王速去打扫。此时,小王已经结束了一天的客房清洁卫生工作,正在做 12 层的班后收尾工作。假设你是小王,请完成该任务。标准间布局图如图 1-1 和图 1-2 所示,标准间平面图如图 1-3 所示。

视频:走客房
清洁

图 1-1　客房标准间 A

图 1-2　客房标准间 B

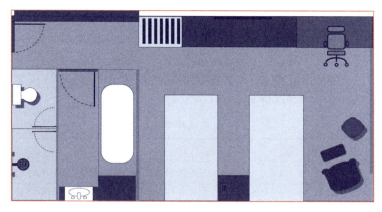

图 1-3　客房标准间平面图

（二）任务实施

走客房清洁的任务实施流程如图 1-4 所示。

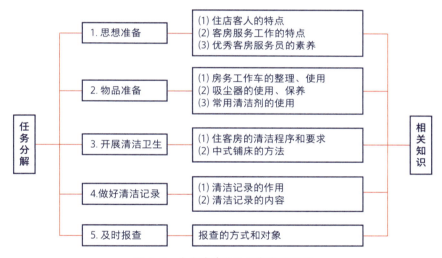

图 1-4　走客房清洁的任务实施流程

（三）任务评估

1. 走客房（check out, C/O）、住客房（occupied, OCC）和空房（vacant, V）清洁流程的对比

请根据视频中的操作流程归纳不同房态客房清洁流程的重点和差异，填写表 1-1。

视频：住客
房清洁

表 1-1　各房态客房清洁流程的重点和差异

归纳项目	走客房（C/O）	住客房（OCC）	空房（V）
重点			
差异			

视频：中式
铺床

2. 中式铺床操作考核

（1）考核时间：5 分钟。

（2）考核场地：中式铺床实训室。

（3）考核用品准备：中式铺床考核准备单、客房服务员仪容仪表评分表、中式铺床操作评分表（见表 1-2~ 表 1-4）。

表 1-2　中式铺床考核准备单

用品名称	数　量	规　格
床架	1	2 米 ×1.2 米，床头带轮，高度约 28 厘米
席梦思床垫	1	2 米 ×1.2 米，厚度约 17 厘米
床单	1	2.8 米 ×2 米，白色
羽绒被芯	1	2.3 米 ×1.8 米，重量约 1.5 千克，薄型，白色
被套	1	2.3 米 ×1.8 米，底部开口，系带方式
羽绒枕芯	1	75 厘米 ×45 厘米，白色
丝绵枕芯	1	75 厘米 ×45 厘米，白色
枕套	2	与枕芯配套，开口方式为信封口

表 1-3　客房服务员仪容仪表评分表

项　目	细节要求		分　值	扣　分	得　分
头发 （3分）	男士	后不盖领	1		
		侧不盖耳	1		
		干净、整齐，着色自然，发型美观大方	1		
	女士	后不过肩	1		
		前不盖眼	1		
		干净、整齐，着色自然，发型美观大方	1		
面部 （1分）	男士：不留胡及长鬓角		1		
	女士：淡妆		1		
手及指甲 （3分）	干净		1		
	指甲修剪整齐		1		
	不涂有色指甲油		1		
服装 （3分）	符合岗位要求，整齐干净		1		
	无破损、无丢扣		1		
	熨烫挺括		1		
鞋 （2分）	符合岗位要求的黑颜色皮鞋（中式铺床服务员可为布鞋）		1		
	干净，擦拭光亮、无破损		1		

续表

项　目	细节要求	分　值	扣　分	得　分
袜子 (2分)	男深色、女浅色	1		
	干净、无褶皱、无破损	1		
首饰及 徽章 (2分)	不佩戴过于醒目的饰物	1		
	服务员号牌佩戴规范	1		
总体印象 (4分)	举止：自然、大方、优雅	2		
	礼貌：注重礼节礼貌，面带微笑	2		
合计		20		

表1-4　中式铺床操作评分表

项　目	要求细则	分　值	扣　分	得　分
床单 (20分)	一次抛单定位（两次扣2分，三次及以上不得分）	6		
	不偏离中线（偏2厘米以内不扣分，偏2~3厘米扣1分，偏3厘米以上不得分）	2		
	床单正反面准确（毛边向下，抛反不得分）	2		
	床单表面平整光滑（每条水波纹扣1分）	4		
	包角紧密平整、式样统一（90度）	6		
被套 (10分)	一次抛开（两次扣2分，三次以上不得分）、平整	6		
	被套正反面准确（抛反不得分）	2		
	被套开口在床尾（方向错不得分）	2		
羽绒被 (30分)	打开羽绒被，压入被套内，做有序套被操作	4		
	抓两角抖羽绒被，一次抛开定位（整理一次扣2分，以此类推），被子与床头平齐	4		
	被套中心不偏离床中心（偏2厘米以内不扣分，偏2~3厘米扣1分，偏3厘米以上不得分）	3		
	羽绒被在被套内四角到位、饱满、平展	4		
	羽绒被在被套内两侧两头平	4		
	被套口平整且要收口，羽绒被不外露	2		
	被套表面平整、光滑	3		
	羽绒被在床头翻折45厘米（每相差2厘米扣1分，不足2厘米不扣分）	4		
	尾部自然下垂，尾部两角应标准统一	2		

续表

项　目	要求细则	分　值	扣　分	得　分
枕头（2个） （10分）	四角到位，饱满挺括	4		
	枕头边与床头平行	1		
	枕头中线与床中线对齐（每相差2厘米扣1分，不足2厘米不扣分）	2		
	枕头开口反向床头柜	1		
	枕套沿无折皱，表面平整，自然下垂	2		
综合印象 （10分）	总体效果：三线对齐，平整美观	5		
	操作过程中动作娴熟、敏捷，姿态优美，能体现岗位气质	5		
合计		80		
操作时间：　　分　　秒		超时：　　秒　　扣分：　　分		
选手跑床、跪床、撑床　　次：		扣分：　　分		
实际得分				

注：每超时10秒扣2分，不足10秒按10秒计算，超过6分钟不计成绩。不规范动作一次扣2分。

二、知识链接

（一）客房服务员的素质要求

客房服务人员要真诚、有礼貌、想客人之所想，急客人之所急，能够做到"三轻"服务，具体素质要求如下。

视频：客房清洁员的一天

1. 品行端正，具有良好的职业道德

由于其所在岗位的特点，客房部的员工，尤其是楼层服务员会经常出入客人的房间，有机会接触到客人的行李物品，其中也包括一些贵重的钱物。如果没有良好的道德品质，见财起邪念，利用工作之便顺手拿走客人的物品，就会给酒店的形象与名誉带来不可估量的损失。

2. 工作态度好，踏实认真，能吃苦耐劳

客房部的主要工作就是清洁卫生，如客房卫生、公共卫生、洗涤衣服和布草等，因此，在客房部工作的员工必须不怕脏，任劳任怨，具有吃苦的精神。

3. 具备较强的卫生意识和服务意识

既然客房部的主要工作是搞清洁卫生，那么，为了做好这项工作，服务员就必须具有强烈的卫生意识、服务意识，不然就无法将客房部的工作做好，为客人提供满意的服务。

4. 掌握基本的设施和设备维修保养知识

酒店客房内一般都有很多的设备设施，如各种各样的灯具、空调、地毯、窗帘、音响、电视、写字台等，虽然这些设备按照酒店的规定都应该由酒店的工程人员专门负责，但平时的保养工作则应该由客房部负责。客房部的服务员必须利用每天在客房进行清洁工作的机会,做好对这些设备设施的保养工作。而且,一些小的维修项目,如换保险丝、换电源插座、换灯泡等,一般也都由客房部来负责。由此可见,客房部的服务员要具备一定的设备设施方面的维修知识。

5. 具备一定的外语水平

在接待外国客人时,客房部的服务员要能用适当的中介语言为其提供服务,以免造成误会,从而影响服务质量,降低酒店在客人心目中的形象。

6. 具备一定的学习能力

随着社会的进步和科技的发展,数字化工具越来越多地被应用到对客服务和部门管理工作过程中。智能客房设施、数字化工作系统都会使对客服务方式、操作流程发生变化,所以,客房服务员也需要与时俱进,积极学习,以适应行业的发展。

素养园地

客房部每天都有大量的查报退房工作,这项工作不仅要求楼层服务员在规定的时限内完成查房工作,更要关注客人遗留下的任何物品。客遗中,一粒小小的纽扣、一张记录电话号码的纸条考验的是服务员细心的职业习惯;包装精美的礼品盒、价值不菲的珠宝首饰考验的是服务员诚信的公民道德。从细节做起、诚实守信的职业素养是提供优质服务的基础。当客人从服务员手中接过不慎遗忘在客房内的重要文件、贵重物品时,对酒店的服务评价也随之提升。作为服务员,则会因为客人的感谢而产生愉悦的心理感受,激发工作热情,产生良性循环。

(二)客房产品的种类

客房产品指酒店出售的主要满足客人休息、睡眠需要的产品。客房也是产品,消费者对客房产品的要求是:清洁、舒适、方便、安全。

1. 客房产品的种类

(1)单间,指的是只有一个房间的客房,现在大多数单间都带卫生间。有两张单人床并且带卫生间的单间称为标准间(standard room)。单间客房种类如表 1-5 和图 1-5～图 1-7所示。

表 1-5　单间客房种类举例

名　称	英　文	床的数量	床的类型
单人间	single room	1	单人床
大床间	duble room	1	双人床
双人间	twin room	2	单人床
三人间	triple room	3	单人床

图 1-5　单人间

图 1-6　大床间

图 1-7　三人间

（2）套间。拥有两个或两个以上功能房间，并带卫生间的客房称为套间。套间客房种类如表 1-6 和图 1-8 所示。

表 1-6 套间客房种类举例

名　称	英　文	间数 / 间	按功能区分各间
标准套间	standard suite	2	卧室、起居室
豪华套间	deluxe suite	2 或 3	卧室、起居室、餐厅或会议室
总统套间	presidential suite	7 或 8	总统卧室、总统夫人卧室、随从卧室、客厅、书房、会议室等

图 1-8 标准套间（外：客厅，里：卧室）

客房产品并不是一成不变的，随着人们需求的不断变化、消费水平的不断提高，客房产品也随之变化。近年来，客房的面积越来越大，高科技的运用越来越多，功能也越来越丰富。同时，主题客房（如图 1-9）、特殊客房（如图 1-10）等，打破传统的形式纷纷面世，并受到客人的欢迎。

图 1-9 汽车主题客房

图 1-10　残疾人客房

2. 客房产品的基本要求

作为一种产品,客房必须满足以下要求。

(1) 客房空间。客房空间是客房存在的基础,要求空间上能满足基本的分区需求,如睡眠区、盥洗区、会客区、储存区等。

(2) 客房设备。客房设备必须保证客房的正常运转,如水电设备、通风换气设备、安全设备、通信设备等。

(3) 供应物品。供应物品应以客房产品的定位进行配备,一般来说,供应物品按消耗的形式可以分为一次性用品和多次性用品;按供应的形式可以分为日耗品、备用品和借用品。

(4) 客房运转。仅提供设施设备和供应物品还不足以使客房产品正常运转,客房的正常运转还基于工作人员的辛勤工作。从硬件角度讲,主要体现在清洁整理、维护保养、定期检修等工作上;从软件角度讲,主要体现在服务的时效性、完整性方面。

(5) 客房卫生。客房卫生是客房产品的基础指标之一。通常,客房需要做到日日常规清洁、换客彻底清洁。除此之外,为了保证客房的卫生状况,还需要进行计划卫生、定期和不定期的消毒工作等。衡量客房卫生的指标有物理标准和生化标准两大类。物理标准主要指眼睛看到的、手摸到的、鼻子闻到的。生化标准主要指通过各种方法检测的合格指标,如单位面积的大肠杆菌数等。

(6) 客房安全。客房安全也是客房产品的基础指标之一。通常,客人会把客房的安全性作为选择的第一要求。作为产品要素的客房安全主要指人身安全、财产安全和心理安全等方面。

(三) 客房用品

为了与客房设施设备相区别,客房用品主要指客人在住宿期间可能用到的,所有不固定在建筑上的可移动的物品。

1. 客房用品的特点

(1) 日常生活用品居多,简单方便。

(2) 涉及的产品行业门类多,品种繁杂。

（3）大多数是消耗品，不可以作为固定资产。

2. 客房用品的分类

客房用品的分类方法有很多，按消耗的形式可以分为一次性消耗品和多次性消耗品。按供应形式可以分为客房日耗品、客房备用品和客人借用品。

具体采用哪种分类方法与客房部实际的用品采购管理、人员编制、服务模式等有一定关系。客房用品如图1-11~图1-13所示。

图1-11　客房一次性用品（牙具、梳子、棉签、浴帽、
卫生袋、针线包、洗发水、沐浴乳等）

图1-12　客房小吧台各类杯子、海马刀、搅拌棒等

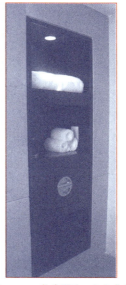

图1-13　客房浴巾、小方巾等

（四）房务工作车和吸尘器

出色的清洁保养工作不可或缺的三大要素是：训练有素的员工、精良适用的设备工具、

安全有效的清洁剂。客房清洁工作必不可少的清洁设备是房务工作车和吸尘器。

视频：房务
工作车

1. 房务工作车

房务工作车（见图1-14）是客房服务员最重要的清洁工具之一。其重要的功能是收纳：收纳清洁客房时需要的各类小型清洁工具，如抹布、刷子、空气清新剂等；收纳干净的替换客用品，如棉织品、牙具、信封等；同时还收纳重复使用的撤换用品，如棉织品、杯子等；有的还能收纳客房垃圾。合理布局房务工作车能降低服务员在楼层上的往返走动频率，有利于有效提高工作效率和营造安静的楼层环境。

使用房务工作车需要注意以下几点。

（1）房务工作车不使用时须放置在楼层的工作间。

（2）使用前先用半湿毛巾将全车内外清洁及抹净。

（3）车两头分别放置撤换的布草、垃圾和小型工具，中间放置干净的各类用品。

（4）放置于布草前，须先除去所有捆绳，重物在下、轻物在上，以方便工作。

（5）将房间及浴室供应品放于车顶的箱子上，将大件物品放在后，小件物品放在前，较贵重的物品勿放在眼前易取的位置，不要放置过量物品。

（6）放置适当清洁用品于清洁桶内，须检查各类清洁用品是否齐备，并保持桶及各用品清洁，放在垃圾袋的下面。

（7）房务工作车用完后，下班前需要将车内物品补齐。

2. 吸尘器

客房清洁所使用的吸尘器有别于家用吸尘器，与家用吸尘器相比，它的电线较长、集尘桶较大（见图1-15）。

图1-14 房务工作车

图1-15 吸尘器

对吸尘器进行正确的使用与保养，能延长其使用寿命，提高工作效率，同时也能减少安全隐患。

（1）每次使用前必须检查电线有无破损，插头有无破裂或松动，以免引起触电事故。

（2）拉吸尘器时要一手拿吸尘器吸管，一手拉吸尘器的把手，这样可方便拉动，避免碰撞其他物体或由于过长时间的不正当使用而缩短吸尘器的寿命。

（3）吸尘时发现地毯上有较大的或尖锐的物体如纸团、大头钉、果皮等，应先拾起，以免损坏内部机件或造成吸管堵塞。吸尘器堵塞时，不要继续使用，以免增加吸尘器的真空负荷。吸尘器的轮子若积聚杂物，应及时清理。

（4）如果不是干湿两用吸尘器，不能用来吸液体、黏性物、金属粉末等。

（5）有集尘指示器的吸尘器，不要在满点时继续工作，如果发现指示标接近满点，应立即停机清理。

（6）吸尘器在使用过程中应随时将刷子上的毛发及绒线头清理干净，如果发现刷头磨损，应及时更换，否则将影响吸尘效果。

（7）吸尘器使用完毕后，应先切断电源，整理好电线，然后清理尘袋，擦拭干净机身，把配件清理好，并清理过滤网。

（五）常用清洁剂

客房清洁工作有赖于各种清洁剂和清洁工具。正确使用清洁剂不仅能提高工作效率，还能降低成本。不当使用清洁剂，不仅浪费资源、影响清洁效果，甚至会发生严重事故。

先要了解清洁剂的化学性质。根据 pH 值的大小，人们把清洁剂分成酸性、中性和碱性。酸性清洁剂的 pH 小于 7，中性清洁剂的 pH 等于 7（商业上往往将 pH 为 6~8 的清洁剂作为中性清洁剂），碱性清洁剂的 pH 大于 7。

中性清洁剂配方温和，对物品腐蚀和损伤比较小，有时还可以起到保护清洁物体表面的作用，在客房的日常清洁中应用广泛，如地毯清洁剂。但是中性清洁剂对顽固污渍的作用不大。

酸性清洁剂和碱性清洁剂都有一定的腐蚀性。酸性清洁剂具有一定的杀菌除臭功能，主要用于卫生间的清洁。地毯、木器和金属器皿禁止使用酸性清洁剂。碱性清洁剂对于清洁油脂类污垢有较好的效果。客房常用清洁剂及其功能如表 1-7 所示。

表 1-7　客房常用清洁剂及其功能

名　称	功　能
洁厕剂	属于酸性多功能清洁剂，特别适用于清洗厕盆、浴室墙壁和地板上的水垢，还能除菌，使用简单、方便，去污效果好，令清洁后的表面明亮如新
浴室多功能清洁剂	特别为去除浴室里的水垢、肥皂浮垢、锈渍等各种污垢而研制，其表面黏稠易于附在需要清洁的物品表面，能更快、更好地达到清洁的效果；其中的除菌成分，可清除各种细菌；其中特含抑制酸，防止酸性物质侵蚀，清洁物品的表面
擦铜水	是一种新型高级多用途金属擦亮剂，能够迅速去除黄铜、青铜等各类铜制品表面的污渍，并形成一层保护膜，令其表面光彩夺目
喷洁蜡	内含的硅油成分能更有效地延长物品的保护期，使木制家具、金属家具、皮制物件等表面形成一种有效的保护膜，同时令物品有焕然一新、高度光洁的感觉，并在使用后留下清新的香味

续表

名　称	功　能
玻璃清洁剂	是一种含氨化合物,有强力的清洁功效,清洁后不会留下印痕,可防止污垢的形成和留下手指印。玻璃清洁剂挥发性好,可迅速干燥,使用后物品特别明亮,适用于镜子、玻璃等的清洁保养
空气清新剂	是一种可溶于水的浓缩除臭、防臭剂,具有高科技生物配方、独特的除臭因子,针对根源清除异味。内含多种天然物质,除臭的同时,可在空气中留下怡人的芳香。空气清新剂为浓缩配方,清新更持久
酒精	主要用于电话机、遥控器等小物件的表面消毒

目前市面上的清洁剂种类繁多,为了方便使用,还有多款多功能清洁剂。不论哪种清洁剂,使用要基于说明书,并通过实践经验的积累来进行把握。

(六) 客房清洁卫生程序

客房的清洁程度是客人入住酒店最关心的问题之一,同时也是客人选择酒店的标准之一。清洁卫生工作是客房部的一项重要任务,包括两个方面,即客房的清洁和公共区域的清洁。具体内容包括清洁整理客房、更换和补充各种用品、检查和保养设施设备等。清洁卫生服务与管理工作的好坏直接影响着酒店的形象、环境和经济效益。

1. 客房清洁的一般原则

(1) 从上到下。如抹尘时应从上至下进行。

(2) 从里到外。如地毯吸尘和擦拭卫生间地面时,应从里向外清洁。

(3) 环形清理。在清洁房间时,应按顺时针或逆时针方向进行环形清洁,以求时效及避免遗漏。

(4) 先铺后抹。清洁客房时应先铺床,后抹家具物品,以免扬起的灰尘重新落在家具物品上。

(5) 干湿分开。在擦拭不同的家具物品时,要注意分别使用干、湿抹布,如清洁灯具、电器时要使用干布。

2. 客房清洁整理的准备工作

(1) 听取工作安排,签领工作钥匙。客房服务员应按酒店要求着装,准时上岗签到,听取领班工作安排,之后领取客房钥匙和“客房服务员工作日报表”,领用钥匙时应注明领用时间。客房服务员工作时,必须随身携带工作钥匙,严禁乱丢乱放。工作结束后,服务员要亲自交回工作钥匙,并注明归还时间。

(2) 了解分析房态。了解房态(见表1-8)的目的是为了确定客房清洁的顺序和对客房的清洁程度,避免服务员随意敲门,惊扰客人。这是清洁客房前必不可少的程序。

不同状态客房的清洁要求是不同的,空房只需要进行简单清洁,清洁内容主要是通风、抹尘、放掉积存的陈水等;普通住客房进行一般清洁,基于绿色环保要求,用品除非明显污染或损坏,客人未提出更换,一般不进行更换;走客房、VIP房需要进行彻底清洁,清洁程度和物品更换要求比一般清洁高,并需要进行消毒。

表1-8　客房状态释义表

客房状态	英文简称	含　义
住客房	OCC	客人正在住用的房间
外宿房	S/O	客房已被租用,但客人昨夜未归
请勿打扰房	DND	该房间的客人不愿意受到任何打扰
贵宾房	VIP	该房间的客人是酒店的重要客人
长住房	LSG	长期由客人包租的房间
请即打扫房	MUR	客人要求立即打扫的房间
准备退房	E/D	客人应在当天12:00以前退房,但目前还未结账退房的房间
走客房	C/O	客人已经结账并离开房间
空房	V	前夜没有客人住宿的房间
维修房	OOO	房间设施设备发生故障,暂不能出租
未清扫房	VD	没有经过打扫的房间
已清扫房	VC	已经清洁完毕,可以重新出租的房间

素养园地

卫生是客人选择客房产品的基本要求之一。但有时候,看上去的干净整洁,并不是真正的干净整洁。

由于客房清洁工作的特点,员工进行清洁整理的时候大多选择在客人离开房间的时段,管理者通常也难以全程监督清洁过程。有的员工就会抱着侥幸心理,只追求清洁结果的表面效果,或因为求快、求方便,而不按规范的工作流程进行操作,出现类似于:用客人用过的脏毛巾擦拭杯子、擦马桶和擦家具的抹布不进行区分、通

动画:客房
消毒

过用嘴对着杯子哈气的方式清洁杯子、杯具不消毒等问题。也有的管理者不讲究细节,只注重结果,造成客房卫生质量不过关,严重的甚至会影响公共卫生安全。

企业社会责任是指企业在创造利润、对股东和员工承担法律责任的同时,还要承担对消费者、社区和环境的责任,企业的社会责任要求企业必须超越把利润作为唯一目标的传统理念,强调要在生产过程中对人的价值的关注,强调对环境、消费者、社会的贡献。优秀的酒店会想办法解决清洁卫生不规范的问题,还会基于客人健康的角度优化管理方式。例如,杭州中维香溢大酒店将房务工作车上的清洁工具进行分类展示,一来便于员工区分,二来便于管理人员随时监管,同时也把清洁的规范暴露在所有客人的视线之下,便于客人监督(见图1-16)。这种做法既是一种智慧,也是一种责任担当。

图1-16　杭州中维香溢大酒店的房务工作车

（3）确定清洁顺序。客房的清洁顺序不是一成不变的，应视客情而定。因此，服务员在了解自己所负责清洁的客房状态后，应根据开房的轻重缓急、客人的情况、领班或总台的特别交代、客房的位置等因素来决定当天客房的清洁顺序。

（4）准备房务工作车及清洁工具。工作车是客房服务员清扫整理房间的重要工具，工作车和清洁工具的准备工作应该在每天下班前做好，第二天进房前还要再检查一次。

在清洁工具的准备方面需要注意如下几个方面。

① 必须准备清洁手套。

② 工具必须分类。

③ 有必要带小板凳（攀高用）。

④ 工具必须整洁。

客房清洁工作的主要内容是：卫生清洁、设备检查和用品添补。走客房的清洁和住客房的清洁在工作流程上基本一致（见图1-17），走客房的清洁更注重彻底性。但是，住客房的清洁要特别注意不能翻看和使用客人的物品，要尊重客人的隐私权；也不能随意放置客人的物品，即便是整理，也需要将物品安置在显眼的地方，避免客人找不到。

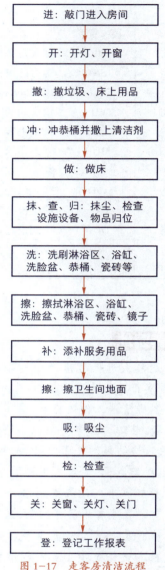

图 1-17 走客房清洁流程

 数字化实践

在数字化运营的背景下，很多酒店开始采用数字化工具开展服务工作。例如，在客房清洁过程中不再需要填写纸质的报表，不再需要通过电话沟通联络报修、查房情况等，一台智能工作手机就可以快速操作。这大大简化了操作流程，提高了工作效率，如图1-18所示。

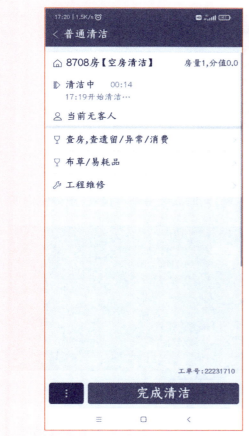

图 1-18　客房服务员工作手机 App 界面示例

三、知识拓展

(一) 客房设备

客房设备主要有家具类、电器类、卫浴类、安全设施等。

1. 家具类

家具类又分实用性的和陈设性的两种,以实用性家具为主。

2. 电器类

电器类设备主要有如下几类。

(1) 灯具。客房照明以壁灯、台灯、落地灯、夜灯等为主,要求造型美观,安装位置适当,具有装饰效果,插头处线路隐蔽,光线柔和,营造出温馨气氛。

(2) 电视、电脑、冰箱。目前,很多酒店已经开始使用智能电视,配备鼠标、键盘,电视电脑一体。客房用的冰箱一般较小(见图 1-19),选用容积 20~48 升的较常见,具体大小还得根据客房存放冰箱的位置来确定。此类家电的摆放应与室内功能分区相协调。

(3) 音响设备。客房的音响设备通常在工程施工时候融入建筑中,不做摆放式的设计,以便于客房清洁。

图 1-19   酒店客房常用冰箱

（4）空调及通风设备。采用中央空调或分离式空调,同时安装有新风设备,使得室内通风良好,空气清新。

（5）电话。客房配程控电话,通常客房和洗手间各有一部电话副机。

（6）智能设备。目前流行的客房智能设备主要有智能音箱系统(见图 1-20)。可以实现人机对话、服务连接等功能。还有越来越多的酒店开始采用人脸识别门禁系统,提升了客人入房的便捷性和安全性,有的人脸识别门禁系统还能进行测温,具有更快速的体温预警功能。

图 1-20   酒店客房智能音箱系统

数字化实践

大数据应用带来了机遇与便利,也产生了用户对自身隐私安全的担忧。2021 年 11 月,《中华人民共和国个人信息保护法》落地,其中第二十六条明确指出:在公共场所安装图像采集、个人身份识别设备,应当为维护公共安全所必需,遵守国家有关规定,并设置显著的提示标识。所收集的个人图像、身份识别信息只能用于维护公共安全的目的,不得用于其他目的;取得个人单独同意的除外。

人脸识别被广泛使用,但其安全性却屡屡引发关注和热议。人脸数据的违规采集与数据泄露、非法交易与使用等问题,是人脸识别技术应用面临的主要风险。

专家指出,应在立法层面进一步加大对人脸等涉及人生物特征信息的保护力度,既消除安全隐患,又推动相关数据合法合规使用。

一是在采集环节,明确知情同意原则的同时,确定人脸信息适度采集原则。

二是加大对人脸信息采集、存储、加工、传输各环节违规行为的惩戒力度。

三是建立人脸信息定期销毁机制。

四是建立多层次的风控体系。

企业案例

　　杭州某酒店是一家挂牌四星级的酒店,坐落于杭州誉有"香榭丽舍大道"的解放路中段。酒店于1998年开业,20多年来,酒店与时俱进,不断学习和提升自己,使自己立于不败之地。

　　2017年,酒店意识到数字化改革的必要性,开始着手开展数字化改造。其中的人脸识别系统在改造进程中颇费周折,一要考虑便捷性,二要考虑安全性,甚至还要考虑刷脸系统的界面是否符合酒店业务的特点等。作为一家老牌酒店,顾客至上始终是酒店的经营宗旨,要么不做,要做就要做最周到、最细致。经过多番考察、研究、讨论,酒店最终选择了9家技术公司共同研发了一套人脸识别系统(见图1-21),该系统与公安系统联网,可以实现办理入住、乘坐电梯、进房、消费确认、陌生人告警等功能。客人退房后,系统立即自动删除其信息,最大限度地保障了客人的隐私安全。除此之外,客房入户刷脸器的顶部增加补光灯,提升抓拍质量;刷脸器电子屏界面底部增加手动的"开门"触发键,该设计最大限度地考虑到客人的需求,只有按动"开门"键,才能启动刷脸功能。客人可以自主选择是否采用刷脸的方式进入房间。

图1-21　酒店人脸识别系统

3. 卫浴类

随着行业的发展、需求的变化，客房卫浴设施由传统的三大件：恭桶、云台和浴缸，逐渐转变为恭桶、云台和淋浴房。有的高档酒店，为了满足泡澡的需求，兼有淋浴房和浴缸。卫浴设备也从原来的基本不通电到基本通电，可以归入电器类设备，如按摩式浴缸、按摩式淋浴房、智能恭桶。

4. 安全设施

通常有安装在房门上的窥镜、防盗链、走火图；天花板上的烟感装置和自动喷淋灭火装置；其他的还有浴缸边的拉手、浴室的防滑垫、小型保险箱、防毒面具等。安全设施的存在能够提升客人的安全感，同时便于酒店进行安全管理工作。

（二）清洁设备

清洁设备可以分为工具类和机器类两种。

工具类清洁设备主要有抹布、扫帚、畚箕、拖把、地拖桶、尘推（见图1-22）、油灰刀（见图1-23）、玻璃刮（见图1-24）、房务工作车、清洁篮、牙刷等。

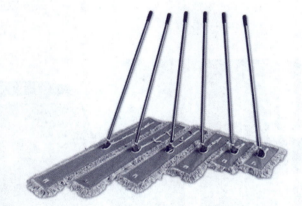

图1-22　尘推

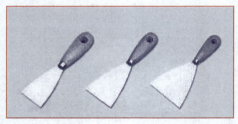

图1-23　油灰刀

图1-24　玻璃刮

酒店所使用的机器类清洁设备可以分如下三大类。

（1）地毯保养与清洗设备。包括吸尘/吸水机（见图1-25）、干泡地毯清洗机、蒸汽地毯抽洗机、直立式滚刷地毯保养机、多功能地毯清洗机（见图1-26）等。

图 1-25　吸尘／吸水机

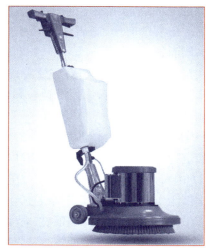

图 1-26　多功能地毯清洗机

　　（2）硬地面清洗与保养设备。包括多功能擦地机、吸水机、自动洗地机、高速抛光机（见图 1-27）、晶面处理／翻新机、手提／楼梯打磨机、推式／座式扫地机、高压冲洗机等。

　　（3）其他物体表面保洁设备。包括背式吸尘机、沙发／布面干泡清洁机、高温蒸汽喷雾器、高空作业升降机、扶手电梯清理机、游泳池吸污机、中央空调管道疏通机、其他保洁辅助工具等。

　　以上这些清洗与保洁设备是酒店公共区域保洁部门及工程维护部门必不可少的清洁设备。特别是对于现代大型国际酒店与连锁酒店集团，拥有这些设备是提高工作效率和实现标准化的需要。但是这些设备的专业性很强，需要配备专人使用，同时设备的价格都不菲，很多小型饭店选择部分外包或全部外包，由此可以省却一笔不小的开支。

　　清洁设备在选择时要考虑噪音、安全性、多功能性、灵便性、耐用性、电源电压的适配性等要素。

图 1-27　高速抛光机

（三）客房棉织品的要求

1. 客用棉织品

　　客用棉织品主要指客人使用的床上棉织品，如床单、被套、枕套，以及卫生间使用的手巾、面巾、浴巾、地巾等。

　　在面料选择上，混纺织物能比较好地平衡舒适和耐洗这两种要求，被广泛使用。由于客用棉织品接触客人的身体，必须舒适；为了保证客用棉织品的干净卫生，酒店必须做到一客一换一清洗。所以，客用棉织品在质地上需要满足舒适和耐洗两种要求。

　　此外，客用棉织品本身也能起到装饰的作用，在颜色和图案上需要和整体环境相协调。

目前大部分酒店选用浅色棉织品,给客人卫生、干净的感觉,如纯白色、奶白色、淡黄色、淡粉色等。但有的时候,酒店会为了增加喜庆房的配置,使其更接近家庭化,而采用大提花染色等高档面料。

在尺寸方面,被套、枕套需要考虑被子和枕芯的尺寸,做到大小合适。床单大小需要考虑床垫的大小、高度,以及翻边包角的预留。所有棉织品均需考虑缩水率,避免缩水后偏小,影响使用。

2. 其他棉织品

除上述纺织品外,在客房中还有内帘、遮光帘、外帘、台布、床裙等在标准中并未列入。

(1)内帘。尺寸为:墙面宽 × [房间高度 −(轨道尺寸 + 踢脚板尺寸)](注:面料自选,打裥比例为 1∶1.6~2,打固定裥或使用打褶带配备四叉钩)。

(2)遮光帘。尺寸为:墙面宽 ×(内帘长度 −10 厘米)。

(3)外帘。尺寸为:墙面宽 ×(内帘长度 −5 厘米)。

近年来,随着旅游业的发展、涉外酒店的增加,酒店纺织品的配备进行了许多重要的改革,提升到一个新的水平。如前所述,客房内不再使用传统的床罩和毛毯,而直接用包床被来包床,并在床尾铺上床尾垫。在产品质量方面,不仅要求纺织品美观、实用,还要求其具有防污、防霉、抗菌、抗辐射、阻燃等功能,并且不含对人体健康有害的化学成分。

LB/T003−1996 中华人民共和国旅游行业标准《星级饭店客房用品质量与配备要求》如表 1−9~ 表 1−11 所示。

表 1−9　二星级饭店客房用品质量与配备要求

类　　别	品　　名	规　　格	数　量	备　注
毛巾类	浴巾	21S×21S,不小于 1 200 毫米 ×600 毫米,重量不低于 400 克	4 条	换洗比例 1∶2
	面巾	21S×21S,不小于 550 毫米 ×300 毫米,重量不低于 110 克	4 条	
	地巾	21S×21S,不小于 650 毫米 ×350 毫米,重量不低于 280 克	3 条	
床上用品类	床单	21S 60×60,长度和宽度宜大于软垫 600 毫米	8 条	
	枕芯	不小于 650 毫米 ×350 毫米	4 只	
	枕套	面料跟床单面料相同	8 只	
	毛毯	毛混纺或纯毛制品	2 条	
	床罩	装饰布面料为主	2 条	
	备用薄棉被（或备用毛毯）		2 条	
	床垫	不小于 1 900 毫米 ×900 毫米	2 条	

注:表格中的 S 是指英制支数,是纱线的一种表示方法,一般支数越大,纱线越细,后同。

表 1-10 三星级饭店客房用品质量与配备要求

类 别	品 名	规 格	数量	备 注
毛巾类	浴巾	21S/2×21S/2 或 32S/2×32S/2,不小于 1 300 毫米 ×700 毫米,重量不低于 500 克	6 条	换洗比例 1:3
	面巾	21S/2×21S/2 或 32S/2×32S/2,不小于 600 毫米 ×300 毫米,重量不低于 120 克	6 条	
	地巾	21S/2×21S/2 或 32S/2×32S/2,不小于 700 毫米 ×400 毫米,重量不低于 320 克	3 条	
	方巾	21S/2×21S/2 或 32S/2×32S/2,不小于 300 毫米 ×300 毫米,重量不低于 45 克	6 条	
床上用品类	床单	30S 81×81,长度和宽度宜大于软垫 700 毫米	6 条	
	枕芯	全棉或涤棉 40×40,100×80,不小于 700 毫米 ×400 毫米	4 只	
	枕套	面料跟床单面料相同	12 只	
	包床被	仿丝棉被及多孔棉被	2 条	
	被套	以优质中档面料为主(30S 或 40S 等)	6 条	
	备用薄棉被(或备用毛毯)		2 条	
	衬垫	不小于 2 000 毫米 ×1 000 毫米	2 条	

表 1-11 四、五星级饭店客房用品质量与配备要求

类 别	品 名	规 格	数 量	备 注
毛巾类	浴巾	32S/2×32S/2,不小于 1 400 毫米 ×800 毫米,重量不低于 600 克	8 条	换洗比例 1:3.5
	面巾	32S/2×32S/2,不小于 700 毫米 ×350 毫米,重量不低于 140 克	8 条	
	地巾	32S/2×32S/2,不小于 750 毫米 ×450 毫米,重量不低于 350 克	4 条	
	方巾	32S/2×32S/2,不小于 320 毫米 ×320 毫米,重量不低于 55 克	8 条	
床上用品类	浴衣	棉制品或丝绸制品	6 件	
	床单	全棉或涤棉 40×40,110×90,长宽度宜大于软垫 700 毫米	8 条	
	枕芯	不小于 750 毫米 ×450 毫米	4 只	
	枕套	面料与床单相同	16 只	
	包床被	不同含绒量的羽绒被、高档仿丝棉、仿鹅绒被及多孔被	2 条	
	被套	以优质中高档面料为主(60S 或 40S 等)	8 条	
	备用薄棉被(或备用毛毯)	根据酒店实际情况配置	2 条	
	衬垫	不小于 2 000 毫米 ×1 100 毫米	2 条	

四、实践演练

1. 任务情境

一间住客房（标准间）的晨间清洁。

2. 任务实施准备

(1) 一般清扫的要求。

(2) 清洁工具的准备。

(3) 清洁用品的准备。

3. 任务评估

(1) 考核准备单（见表 1-12）。

表 1-12　住客房清洁考核准备单

名　称	数　量	要　求
模拟标准间	1	客房面积不小于 36 平方米
房务工作车	1	规格不限，物品准备完整

(2) 操作时间：20 分钟。

(3) 任务评估：操作评分表（见表 1-13）。

表 1-13　住客房清洁操作评分表

考核内容	考核要点	评分标准	配　分	得　分
准备工作	工作车	工作车物品补齐	1	
		摆放整齐	1	
		停在被清扫的客房门口	1	
	吸尘器	检查吸尘器	1	
		吸尘器一并放在门口一侧	1	
进	进房	按进房程序敲门	5	
	挂牌	挂"正在清扫"牌	1	
开	开门作业	清扫过程始终敞开房门	2	
	开窗	拉开窗帘、开窗	1	
	关空调	将空调调整至指定温度（22℃）并关闭	1	
撤	撤掉房内垃圾	清理烟灰缸	1	
		清理垃圾桶并更换垃圾袋	1	
冲	冲恭桶	冲恭桶	1	
		在恭桶内撒入消毒型清洁剂	1	
整	整理客人物品	按原位置摆放	1	
		不翻看客人物品	1	

续表

考核内容	考核要点	评分标准	配 分	得 分
整	整理床面	如无脏污或客人提示需撤换床品,不撤换床品,仅进行床面整理,整理要求参照中式铺床评分表进行	10	
擦	抹尘	环形整理	2	
		干湿分开	2	
		从上到下	2	
		从里到外	2	
归	物品归位	按要求将各种物品恢复原状	3	
检	设备检查	电视	1	
		灯	1	
		电话	1	
		其他	2	
洗	卫生间清洗	使用恭桶刷清洗恭桶	1	
		清洗洗浴区(淋浴房、浴缸等)	1	
		清洗墙面瓷砖	1	
		清洗洗脸盆	1	
		擦拭恭桶、洗浴区、洗脸盆、墙面瓷砖等	4	
		物品归位	1	
		环视检查	1	
		操作从上到下、从里到外	2	
添	补充客用物品	补齐	5	
		按规定位置摆放	5	
		用干净托盘带进消毒过的茶具、玻璃杯	1	
吸	擦地、吸尘	擦卫生间地面	1	
		关窗,拉上窗帘	1	
		由里到外方向吸尘	1	
		按地毯表层毛的倾倒方向进行吸尘	1	
		调整家具摆件	3	
		注意角落	1	
看	环视检查	环视整个房间是否打扫干净,物品摆放规格是否到位	1	
		检查抹布等是否遗留在房内	1	
		房间整体效果美观并符合要求	2	

续表

考核内容	考核要点	评分标准	配 分	得 分
关、锁、登	关灯	关灯	1	
	锁门	锁门前检查门锁及门锁孔	1	
	登记工作报表	及时正确登记工作报表	1	
整体印象		操作熟练	5	
		仪容仪表,参照表 1-3	5	
		动作规范	5	
总计			100	

视频:计划
卫生

任务二 计 划 卫 生

一、情境导入

(一)情境内容

上海某五星级酒店客房的计划卫生分为周计划、月计划、季计划和年计划 4 种类型,其中周计划(见表 1-14)内容相对固定,每天各个楼层服务员会根据自己当天的工作情况,根据原有计划表略做调整,例如,国庆节期间入住率高,楼层服务员会在假期来临前和假期结束后集中进行计划卫生工作;再如,某日班组突然有员工请假,导致其他员工的工作量增加,员工们会根据自己的工作量来减少几项计划卫生的内容,待本周工作量减少的时候补上。

表 1-14 客房周计划卫生表

星期一	星期二	星期三	星期四	星期五
浴室的所有不锈钢用品	电话机消毒	浴缸外围	恭桶四周及后面大理石	房间百叶门
面盆溢水口、下水口	吹风机	地毯污迹	水箱	浴室装饰板
	浴室门	清洗硅胶	浴缸旁大理石	浴室百叶门
	房门	所有房间玻璃的正反面		
	行李架布面			

试分析:

(1)周计划卫生的重点是什么?

(2)为了提高工作效率,安排周计划时应该考虑哪些要素?

（3）该酒店的客情规律是怎样的？

（4）每天楼层服务员根据当天的工作量情况，在原有计划表上略做增减的目的可能是什么？

2023年5月3日（周三），该酒店的入住率比非节假日周三的入住率高了90%。员工张某的工作量也随之增加，预计只能完成一半规定的计划卫生内容，如果你是张某，你会优先完成哪几项？为什么？

（二）任务实施

计划卫生调整的任务实施流程如图1-28所示。

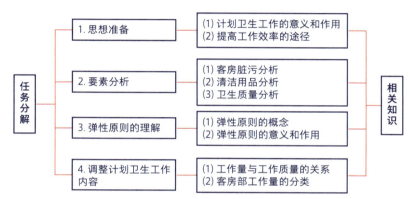

图 1-28　计划卫生调整的任务实施流程

（三）任务评估

（1）删减的工作内容对整体卫生质量的影响最小。

（2）保留的工作内容所使用的工具和清洁剂相同，或携带更替比较方便。

二、知识链接

（一）客房计划卫生工作的意义和内容

1. 意义

客房计划卫生又叫客房周期清洁，是基于日常清洁工作之上的定期死角清洁工作，以及周期性的维护保养工作，具有如下意义。

（1）提高日常清洁的工作效率。客房清洁工作是一项烦琐的工作，工作量较大，不做某些区域的卫生在短期内不影响客人的使用，例如，对于恭桶水箱内部，没有必要进行高频度的清洁。有了计划卫生，就可以提高日常清洁的工作效率。

（2）延长客房设施的使用寿命。在客房设施中，有些设施频繁清洁会影响其使用寿命，只需要定期清洁，或处理局部污渍即可，如沙发皮面或布面、地毯等。

（3）提高清洁工作的灵活性。酒店业淡旺季明显，日常清洁与计划卫生相结合，能提高清洁工作的灵活性，合理安排淡旺季的劳动力。

2. 内容

计划卫生通常由管理者统筹安排，可以分为日计划、周计划、月计划、季度计划、半年计划和年度计划几种。

日计划主要做局部清洁处理,具有一定的临时性。例如,沙发、地毯局部脏污处理等。

周计划的内容主要是卫生间死角、家具表面清洁及消毒工作。例如,恭桶水箱清洗、地漏清洗、马桶底座清洗、家具打蜡、电话机消毒、地漏消毒等。

月计划的内容主要是房间死角、脏污堆积处的处理。例如,床底、沙发边角等处地毯的吸尘,窗槽、窗玻璃的清洁,热水壶的清洗,冰箱的清洁,排风口、出风口及回风口的清洁等。

季度计划卫生、半年计划卫生和年度计划卫生应关注客房设备的保养工作,视使用频度和耐脏程度确定计划周期。例如,床垫翻转、窗帘拆洗等。

(二)客房部提高工作效率的意义和方法

1. 客房部提高工作效率的意义

首先,提高工作效率有利于降低劳动成本。任何一家企业都是以营利为目的的,降低成本有利于企业提高利润。随着社会经济的发展,劳动力成本越来越高。饭店业作为劳动密集型的服务企业,劳动力成本的比重较高。提高工作效率有利于减少劳动用工数量,降低劳动力成本。

其次,提高工作效率有利于提高员工收入水平。客房部提高工作效率后,可以减少用工数量,提高企业盈利能力。企业利润提升,用工数量减少,就能有效提高员工的收入水平。

再次,提高工作效率还能加强组织的竞争力。部门在积极提高工作效率的过程中,势必会关注科技的应用、工作流程的改善、执行力的提升等方方面面。客房部一旦提高了工作效率,其竞争力也随之加强。

2. 客房部提高工作效率的方法

客房部的工作特点是:以服务为主,强调服务质量的标准化、服务方法的规范化、服务过程的程序化。基于以上特点,客房部提高工作效率可以从以下几个方面入手。

(1)借助高科技。简单的服务、单一流程的工作内容借助科学技术,可以有效减少员工的工作负担。例如,时下很多酒店采用机器人完成送外卖、夜间送租借用品的服务工作,既节省了人员,又满足了对客人隐私安全的考虑。再如,有的酒店购置洗杯机,代替人工洗涤,既提高了工作效率,又提升了杯具洗涤的卫生质量。

(2)优化工作流程。每家住宿企业的实际情况均不相同,如客房的大小及位置、家具的款式和数量、工作间的布局、工作车的款式等。各个住宿企业和单位需要根据自身的特点,设计合理的清洁工作流程,以提高工作效率。例如,合理规划房务工作车上备品的摆放位置和数量,既可以提高拿取的速度,又可以最大限度地降低工作中途返回工作间补车的频次。再如,提供租借用品服务时,接到客人的电话后,要问候客人,还要问清租借要求,有些物品还需要说明租借规定和使用要求,关键不能忘记跟客人核对信息。规范好工作流程,就可以做到按部就班,避免遗漏重要环节,有效提高对客服务的速度和质量。

(3)加强员工培训。员工的能力和水平具有很大的差异性,开展各种形式的培训有利于统一思想、提升技能。例如,利用班前例会培训工具的正确使用方法、利用督导工作现场纠正工作流程的差错、利用专题培训进行工作反思等。

（4）选择精良适用的设备工具和安全有效的清洁剂。工欲善其事，必先利其器，工具是否好用，清洁剂是否有效、安全，直接影响清洁工作是否高效。设备是否满足服务需求，直接影响到对客服务的速度和质量。例如，如果抹布毛絮太多，就会影响擦拭质量，再如，送餐车太大，便会影响送餐服务速度。

除此以外，客房部还可以从优化组织架构、整合工作内容，甚至改善客房和工作间的空间布局来提高工作效率。

（三）脏污的形态

清洁保养工作之所以有必要，是因为脏污的存在。了解各类脏污的存在形态，有助于我们准确地选择清洁器材与用品，量身订制设施用品等的清洁保养计划或方案。客房内脏污的存在形态主要有尘土、污垢、渍迹和锈蚀四类。

1. 尘土

尘土通常被认为是脏污的初级阶段。尘土可漂浮于空气之中，并逐渐停留在物体表面。尘土一般含有灰土、毛发、绒头、皮屑、沙砾和细菌等，尘土不仅会使空气浑浊、物体表面显得灰暗和粗糙，还可能发出霉味、招引虫害等。尘土的清洁一般只需通风及用吸尘器、拖把和抹布清理即可。

2. 污垢

尘土附着于物体表面后，遇到水分或油脂会形成黏着的污垢。这时的清洁难度就提高了，一般要用抹布、拖把、刷子、专用清洁机器加上水或清洁剂才有效果。

3. 渍迹

渍迹通常是由于蛋白质、酸、碱、染料等被吸附而造成的，过度受热或污垢滞留时间过长而渗透于物体表面组织中也能成为渍迹，如酱油渍、酒渍、尿渍等。

清除渍迹一般要使用专门的清洁剂，并且需要小心处理，以免破坏被污染物。渍迹刚产生时，去除比较容易，假若残留时间过长，往往会成为陈旧性、顽固性渍迹，去除难度较大。

4. 锈蚀

锈蚀是金属与水分、食物、化学液剂或有害气体相遇发生化学反应而产生的。锈蚀的斑迹若不及时清除，还会继续扩大锈蚀范围和加深锈蚀程度，甚至令金属物件被完全破坏。酸性清洁剂同摩擦剂一起使用，能够有效去除锈蚀。

（四）客房部的工作量

客房部的工作量往往跟客房部的业务范围有关。一般可分为固定工作量、变动工作量、间断性工作量等。

（1）固定工作量是指那些只要饭店开业就会有，而且必须按时去完成的日常例行事务。例如，客房部管辖范围内的所有公共区域的日常清洁保养、保证内部正常运转所需要的岗位值勤等。

（2）变动工作量是指随着饭店业务量等因素变化而变化的工作量。在客房部主要表现在随客房出租率的变化而改变的那部分工作量，如客房的清扫数量、对客服务的工作量，以及一些特殊情况的处理等。这部分工作量的计算，通常以预测的年平均客房出租率为基准来进一步具体测算。

（3）间断性工作量是指那些不需要每天都进行的、但又必须定期进行的工作量，如地毯的清洗、家具的打蜡、地面的抛光等。

工作定额是指每个员工在单位时间内，在保证服务质量的前提下，平均应完成的工作量指标，它是指饭店经营活动中劳动耗量的标准。工作定额是对工作效率的要求，是实行定员编制的基础。

确定劳动定额是一项比较复杂的工作，要考虑多方面因素，如人员素质、工作环境、标准、器具配备等。规格标准高，每人的劳动定额就要少一些，以使员工能有充裕时间把工作做得细致些。

（五）清洁保养的要求与质量标准

1. 清洁保养的要求

总体而言，客房清洁保养应达到以下三个基本要求。

（1）凡是客人看到的，必须是整洁美观的。

（2）凡是客人接触使用的，必须是清洁卫生的。

（3）凡是提供给客人使用的，必须是安全有效的。

具体到客房卫生，一般要求做到"十无"，具体内容如下。

（1）天花板和墙角无蜘蛛网。

（2）地毯（地面）干净无杂物。

（3）楼面整洁无虫害。

（4）玻璃灯具明亮无积尘。

（5）布草洁净无破损。

（6）杯酒具消毒无痕迹。

（7）铜器、银器等金属制品光亮无锈渍。

（8）家具设备整洁无残缺。

（9）墙纸干净无污迹。

（10）卫生间清洁无异味。

2. 清洁保养的质量标准

要使清洁保养要求达标，就必须制定明晰的质量标准，采取有效的措施，控制工作的进程和结果，提高清洁保养工作的效率和效果。

客房清洁保养的质量标准是指客房清洁保养工作所要达到的最终效果，其总体要求是体现饭店及客房的档次和服务的规格，以满足客人的需求。

根据清洁保养的内容及质量要求，通常可以分为感官标准和生化标准两大类。

感官标准是指客人、员工和管理者凭借视觉、触觉或嗅觉等能够感受到的标准。但因个体感受不同，感官标准具有较大的随意性和差异性。因此，感官标准在很大程度上取决于员工的工作责任心和自觉性、管理者的专业性和客人的感官享受要求。感官标准质量要求的制定首先要基于客人要求，总结出规律性的东西，并以书面文件的形式加以固定，能用图表照片等形式加以明确说明的，最好能配有图表照片等，方便员工理解和掌握。

生化标准是指由专业卫生防疫人员通过专业仪器采样、检测的标准,包括洗涤消毒标准、空气卫生质量标准、微小气候质量标准、采光照明质量标准及环境噪声允许值标准等。与感官标准相比,生化标准可控性更强。客房清洁卫生质量更深层次的衡量标准是生化标准。

具体的客房清洁保养质量标准在卫监督发〔2007〕221 号《住宿业卫生规范》《旅游饭店星级的划分与评定》(GB/T 14308—2010)等行业标准中均有具体描述。随着时代的进步和客人需求的变化,客房清洁保养质量标准也在不断改进和完善。

三、知识拓展

(一)客房服务质量的特点

根据国际标准化组织颁布的 ISO 9004-2《质量管理和质量体系要素—服务指南》,饭店服务质量主要由硬件和软件构成。硬件质量是指与饭店设施设备等实物有关的并可用客观指标度量的质量,软件质量则是指饭店提供的各种劳务活动的质量。客房服务质量也同样由硬件和软件两部分构成,具体包括空间质量、设施设备质量、用品质量、环境质量、劳务质量、清洁卫生质量、安全质量等几方面。

客房服务质量具有如下特点。

1. 质量构成的综合性

客房服务质量构成复杂,影响因素众多。如客房产品设计的质量、建设装修的质量、设施设备的质量、环境的质量、客房用品质量等,每一过程、每一个环节都有若干内容和影响因素,各种内容和因素又互相联系、互相制约。例如,客房设计时未考虑隔音的问题,就会导致后续客人对噪音的投诉,任凭工作人员如何努力,都会有客人对服务不满。所以,要提高服务质量,必须树立系统观念,实行全过程和全方位控制。

2. 质量呈现的短暂性

大多数客房服务的提供过程与客人的消费过程处于同一时间,其服务质量的高低,往往是一锤定音,事后难以修补,也无法回炉重做。例如,服务员未按程序敲门就闯入客房进行客房清洁,恰巧遇到客人在房内更衣,尽管服务员立即退出房间并道歉,但是已经于事无补。所以,要提高服务质量,就必须树立预防为主、事前控制的思想,注重服务现场的控制,抓好动态管理,力求把各种不合格的服务消灭在萌芽状态。

3. 质量评价的一次性

服务质量的最终检验员是前来客房消费的客人。尽管服务是分次提供的,质量的形成表现为一个过程,但客人对服务质量的评价却是一次性的,只会凭借其主观感受做出最后的评价,即所谓的"100-1=0"。所以,要提高服务质量,就必须注意抓好每一个环节,注重每一个细节,力求使每一次服务都能满足客人的需求。

4. 对人员素质的依赖性

客房服务质量的高低既取决于设施设备、环境、用品、产品等物质因素,又取决于服务态度、服务技巧、服务方式、服务效率等精神因素,而这两种因素均离不开人的因素。提高客房的服务质量,就必须注重员工培训、提升员工素质、优化部门架构、用好激励机制,为提高服务质量奠定良好的基础。

(二)住宿企业卫生管理自查项目

住宿企业卫生管理自查项目如表 1-15 所示(节选自卫监督发〔2007〕221 号《住宿业卫生规范》)。

表 1-15　住宿企业卫生管理自查项目

检查项目	具体标准
环境卫生	(1) 经营场所是否整洁、明亮,地面、墙面、天花板、门、窗、镜面、台面、地毯、桌、椅等是否清洁 (2) 墙壁、天花板、门窗是否有涂层脱落或破损 (3) 防蝇、防尘设施是否有效 (4) 弃物处理是否及时
客房卫生	(1) 床上用品、毛巾、浴巾等是否有毛发、污迹 (2) 饮具、面盆(脸盆)、浴盆(脚盆)、恭桶、拖鞋是否有污迹 (3) 毛毯、枕芯是否超过 3 个月未清洗、消毒 (4) 清洁客房时,清洁用抹布、刷子等清洁工具是否分类使用 (5) 公共用品是否有完整的更换记录
消毒间	(1) 面积是否能满足工作需要,是否专间专用 (2) 浸泡水池是否配置充足,标识清晰 (3) 消毒药品是否有卫生许可证件,是否在有效期内 (4) 是否有消毒药物配制容器 (5) 配制的消毒溶液,其浓度是否能达到消毒要求 (6) 消毒设施是否能正常运转 (7) 清洗消毒操作过程是否正确 (8) 保洁柜是否清洁,饮具是否洁净,摆放是否整齐 (9) 消毒后的盆、拖鞋是否存放在固定地点,拖鞋、盆是否洁净 (10) 消毒记录是否完整
储藏间	(1) 是否专间专用、无杂物 (2) 公共用品用具是否充分,是否离墙、离地分类存放,且摆放整齐、标识清晰 (3) 清洁物品与污染物品是否分开码放 (4) 公共用品用具领用是否遵循先进先出原则 (5) 领用记录是否完整
公共卫生间	(1) 是否有异味、积水 (2) 坐便器内是否有积污,是否为坐便器提供一次性坐垫或一客一消毒 (3) 是否每日消毒
洗衣房	(1) 清洁物品与污染物品是否分类存放,是否分容器运输,容器标识是否明显 (2) 客用棉织品、客人送洗衣物、清洁用抹布是否分类洗涤 (3) 洗涤程序是否有高温或药物消毒过程 (4) 清洁棉织品是否分类存放,摆放是否整齐 (5) 设施、设备能否正常运转,日常保养是否到位,记录是否完整

续表

检查项目	具体标准
通风系统	(1) 机械通风装置能否正常运转 (2) 机械通风装置的过滤网及进、回风口是否有积尘,是否定期清洗、消毒并记录完整 (3) 集中式空调通风系统是否按照《集中式空调通风系统卫生管理办法》进行管理
工作车	(1) 洁净棉织品、一次性用品、清洁工具、垃圾袋、棉织品回收袋的区域是否分开且标识明显 (2) 清洁面盆、浴盆、坐便器的清洁工具是否分开存放且标识明显
个人卫生	(1) 从业人员穿戴的工作服是否清洁 (2) 从业人员是否留长指甲或涂指甲油、戴戒指
健康管理	(1) 从业人员是否持有有效健康培训证明上岗工作 (2) 从业人员是否患有有碍旅店业卫生疾症而未调离
用品采购	是否索取卫生许可证、销售发票、合格证明
违禁产品	(1) 是否用包装标识不全和自制的化妆品 (2) 是否使用过期产品

四、实践演练

1. 任务情境

为了提高客房清洁的工作效率,客房的有些区域在日清洁工作时并不会进行彻底清洁,比如,恭桶水箱内部的清洗、沙发面的清洗、地毯的清洗、下水道口的消毒等,但是这些部分长期不清洁或消毒,必定会产生卫生隐患。计划卫生就是对这些日清洁不能完全到位的部分进行周期性的、有计划的彻底清洁消毒。图1-29为某酒店客房的卫生间,该酒店周五和周六入住率相对周日至周四高,请为该卫生间设计一个周计划卫生安排表。

图1-29　客房卫生间

2. 任务实施

周期清洁的意义及内容。

3. 任务评估

(1) 周计划卫生的工作内容准确。

(2) 每日内容的安排不忽略周末住客小高峰的情况。

(3) 安排表设计合理,一目了然。

视频:夜床服
务工作流程

任务三 夜 床 服 务

一、情境导入

(一)情境内容

某日上午 9 点 30 分,某医疗器械集团将于某酒店(五星级)召开为期 6 天的医疗器械销售代表会议,来自全国各地的 20 多位医疗代表将在酒店开会、休息。根据以往的经验,会议成员在叫早、洗衣、擦鞋、夜床等方面有较多要求,为了使会议主办方及会议团队客人满意,客房部、前厅部和餐饮部等部门要充分协调,争取使该一年一度的会议开设地点长期定在本酒店。

假设你是客房部员工小王,今天上的是晚班,上班时间为 17 :00—21 :30,这个会议团队所住的 6 楼由你来负责,按日程,这些客人 18 :00—20 :30 有会议安排,经理要求你在会议客人晚上回客房休息前完成他们的夜床服务任务。

(二)任务实施

会议团队客人夜床服务任务实施流程如图 1-30 所示。

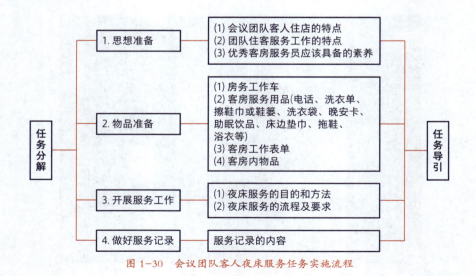

图 1-30 会议团队客人夜床服务任务实施流程

（三）任务评估

夜床服务操作考核内容如下。

（1）考核时间：20 分钟。

（2）考核场地：客房实训室。

填写表 1-16 和表 1-17。

表 1-16　客房服务考核用品准备单

物品名称	数　量
客房工作车（清洁车）	1 辆
床及床上用品	1 套
拖鞋	1 双
浴衣	1 件
助眠食品、饮料等	若干（牛奶、巧克力等）
早餐卡	1 张
晚安卡	1 张
床边垫巾	1 条
低值易耗品（根据实际场景需求准备相应用品）	2 套
清洁抹布	3 块
客房服务员工作表单／手机及工作 App	1 份

表 1-17　夜床服务操作考核表

组别：＿＿＿＿＿＿＿　　　　姓名：＿＿＿＿＿＿＿　　　　时间：＿＿＿＿＿＿＿

序号	考核内容	考核要点	评分标准	配分	扣分	得分
1	准备工作	（1）准备工作车 （2）检查自己的仪表仪容 （3）将工作车按规定摆放于客房门口	（1）未将需要更换的茶具、客用品及清洁用具等备齐放在工作车上扣 2 分 （2）仪表仪容不规范扣 1 分 （3）将工作车未按规定摆放于客房门口扣 1 分 （4）其他扣 1 分	5		
2	进房	（1）严格按进房程序进房 （2）如果客人在房内，则应经客人同意方可进入，并礼貌地向客人道晚安 （3）如果客人不需要开夜床服务，则服务员应在工作表上做好登记	（1）进房程序不符合要求扣 2 分 （2）客人不需要开夜床，而服务员没有在工作表上登记扣 1 分 （3）其他扣 2 分	5		

续表

序号	考核内容	考核要点	评分标准	配分	扣分	得分
3	开灯、开空调	(1) 开灯并检查所有照明设备工作是否正常 (2) 将空调开到指定的刻度上 (3) 轻轻拉上遮光窗帘和二道帘	(1) 未开灯扣1分 (2) 没有检查所有照明设备工作是否正常扣1分 (3) 未将空调开到指定的刻度上扣1分 (4) 未拉上遮光窗帘和二道帘扣1分 (5) 其他扣1分	5		
4	开夜床	(1) 撤去床罩,整齐折叠好,放在规定的位置 (2) 将靠近床头一边的毛毯连同衬单(盖单)向外折成45度角,以方便客人就寝 (3) 拍松枕头并将其摆正。如有睡衣应叠好置于枕头上 (4) 按饭店规定在床头或枕头上放上鲜花、晚安卡、早晚牌或小礼品等 (5) 如一人住单床时,则开有电话的床头柜一侧;一人住双床,则一般开临近卫生间那张床的靠床头柜一侧;如二人住大床,则两边都开 (6) 在开夜床折口处摆好拖鞋	(1) 撤去床罩没有放在规定的位置扣1分 (2) 毛毯折角错误扣1分 (3) 枕头没有摆正扣1分 (4) 睡衣放置错误扣1分 (5) 未摆放饭店规定的物品扣1分 (6) 开夜床位置错误扣1分 (7) 拖鞋未摆放到位扣1分 (8) 其他扣3分	10		
5	整理房间	(1) 清理烟缸、桌面,倒垃圾 (2) 如果有用膳餐具也一并清除 (3) 简单清洁整理桌面、床头柜、茶几 (4) 更换用过的茶具,增添冷、热饮用水 (5) 放入报纸或将饭店提供的浴衣摊开在床尾 (6) 客人如有加床,则在这时打开整理好	(1) 未清理烟缸和桌面上的垃圾扣1分 (2) 未收拾房间用膳餐具并放置在指定位置扣1分 (3) 未简单整理桌面、床头柜、茶几扣1分 (4) 未更换用过的茶具,增添冷、热饮用水扣1分 (5) 未放入饭店提供的报纸扣1分 (6) 有加床而未打开整理好扣1分 (7) 其他扣4分	10		

续表

序号	考核内容	考核要点	评分标准	配分	扣分	得分
6	调试电视	(1) 使电视频道齐全,图像清晰,且电视频道与服务指南内容一一对应 (2) 检查冰箱和小酒吧的饮料,开好酒水单	(1) 电视没有调整到位扣1分 (2) 电视频道与服务指南内容不一致扣1分 (3) 未检查冰箱和小酒吧的饮料扣1分 (4) 其他扣2分	5		
7	整理卫生间	(1) 冲抽水马桶 (2) 脸盆、浴缸如使用过,应重新擦洗干净 (3) 将地巾放入浴缸外侧的地面 (4) 将浴帘放入浴缸内,并拉出 1/3 以示意客人淋浴时应将浴帘拉上并放入浴缸内,避免淋浴的水溅到地面 (5) 将用过的毛巾收去并换上干净的毛巾,也可将用过的毛巾按饭店规定整理后摆好 (6) 如有加床,增添一份客用品	(1) 未冲抽水马桶扣1分 (2) 脸盆、浴缸如使用过而未重新擦洗干净扣1分 (3) 未将地巾放入浴缸外侧的地面扣1分 (4) 未将浴帘放入浴缸内并拉出 1/3 扣1分 (5) 未将用过的毛巾收去并换上干净的毛巾或将用过的毛巾按饭店规定整理后摆好扣1分	5		
8	环视检查房间	(1) 环视一遍卫生间及房间,检查有无不妥之处 (2) 除夜灯和走廊灯外,关掉所有的灯并关上房门 (3) 如果客人在房内,不用关灯,向客人道别后退出房间,轻轻将房门关上 (4) 在客房晚间整理报表上登记	(1) 未环视检查房间有无不妥之处扣1分 (2) 有不妥之处未跟进扣1分 (3) 关闭夜灯和走廊灯扣1分 (4) 未及时在客房清洁报表上登记扣1分 (5) 其他扣1分	5		
合计				50		

考核时间:_____年_____月_____日　　　　　　　　考评教师签名:_____

二、知识链接

(一)客房服务需求分析概述

市场变化很快,客人需求变化也很快,客房服务只有跟上客人需求的变化,才能取得长久的竞争优势,获得可持续发展。研究客人的需求应贯穿于客房服务与管理活动的始终。

1. 客人的功能需求

客人的功能需求是最起码的要求,需要充分利用客房的空间以满足客人的要求。目前客房有多少间高档房间、分别以何种主题布置、房内设施依据什么设计、能否做到充分融合美观与舒适,让客人得到最大的功能享受,这些都是客房在设计过程需要重点考虑的问题。各种类型的房间及功能分区也要考虑到,以满足不同客人的各种需求。

2. 客人的质量需求

客房管理以质量需求为核心。服务也是产品，应给全体员工树立全面质量管理的思想和氛围。要了解客人的需求，客房部门可以站在"家人"的角度，提供有针对性的服务，以便赢得客人的心，使之成为客房的忠实客人。

3. 客人的价格需求

每一个客人都在努力寻求物有所值，酒店要让客人感觉到"物超所值"，要研究客人愿意付出的成本，并以此为依据，推出符合消费需求的产品。另外，发展一个新客人比保留一个老客人难度更大，因此，酒店要特别留意培养更多的忠诚客人。

4. 客人的外延需求

客人外延需求的核心是心理需求，附加利益和服务，如心理上的满足、文化上的满足、售后服务的满足等。随着感性消费时代的到来，客人的心理需求越来越强烈，在享受服务的进程中更希望获得心理上的尊重。这就需要酒店推出个性化服务、针对性服务、感性化服务、超前服务等。

（二）客房部与餐饮部的关系

客房部不仅负责客房楼层清洁、公共场所的清洁，还负责各餐厅、宴会厅的清洁和维护工作，因此，上至客房部主管宴会部及餐厅经理，下至公共区域卫生清洁工和餐厅服务员都要互相理解，互相配合，通力合作。

作为客房部管理人员应及时与各餐厅及宴会部经理取得联系，了解各餐厅的用餐情况和时间、宴会的规模及布置，保障各餐厅棉织品的供应及餐后的清洁工作；特殊会议对棉织品、花卉、装饰等的特殊要求，都要与宴会厅经理提前协商；每日必须要阅读各项宴会单，做到心中有数。例如，冬季召开大型宴会，还要考虑来宾的存衣问题，如存衣室是否能够存足够的衣物，衣架是否够，标号是否齐全，如何排号，人员如何安排等，都要事先做好准备，客房部管理人员还应根据每月棉织品盘点情况与餐饮部召开协调会，指出棉织品使用中的问题，尽量减少不必要的浪费，节约开支，餐饮部也应根据运营情况对各餐厅的清洁卫生和棉织品发放中出现的问题、员工工服问题与客房部协调，使问题得到尽快解决，只有两部门的通力合作才能使各项活动进行得井井有条，才能提供优质、高效的服务。

（三）夜床服务

动画：亲子客房的夜床设计

夜床服务又称客房晚间整理服务，是方便客人休息的重要内容之一，同时，夜床服务也是提供在住房整理的机会。通过夜床服务——整理房间、清洁卫生间、补充必需的客用品，恢复客房环境卫生，使客人感到舒适、温馨，提升其睡眠质量。夜床设计如图 1-31 所示。

夜床服务的标准如下。

（1）正常情况下，每天 17:00 到 21:00 提供开夜床服务。

（2）如果悬挂"请勿打扰"牌，则在门下放置或在门把手悬挂开床卡牌。

（3）床边垫巾和拖鞋放置到位。

（4）床头放置晚安卡或晚安致意品。

图1-31 夜床设计组图

（5）窗帘充分闭合，遮光效果好。

（6）床头灯在打开状态。

（7）房内用早餐卡放在醒目位置。

（8）烟灰缸、垃圾筒清空、洗净。

（9）房内所有用具都归于原处。

（10）客人的衣服折叠整齐，或悬挂。

（11）所有的鞋子成双整齐码放。

（12）已补足文具用品。

（13）及时更换已用过的餐具或饮具。

（14）报纸和杂志码放整齐。

（15）如果有电视机柜，要为客人打开。

（16）电视机遥控器已放在显著位置，电视节目单齐全。

（17）客人若有要求，更新用过的毛巾。

（18）已清洁和更换卫生间内的水杯。

（19）应客人的要求补足浴室用具。

（20）已将客人个人的浴室用品摆放整齐。

（21）客房、卫生间已清洁，无毛发、无灰尘、无污迹。

（22）提供冰桶（配冰夹）。

 企业案例

　　许多高星级酒店规定，当客人第一次入住时，在不了解客人喜好的情况下，标准间开夜床要开靠近卫生间的那一张，主要考虑这张床的位置隐私性比较好，从外面打开房门时基本上不在视线之内。根据个性化服务的原则，如果客人第二天续住，服务员应该按照其喜好开客人使用过的床。

　　许多高星级酒店的客房清洁员通常不负责夜床服务，由夜班服务员承担夜床服务工作。清洁员能否及时收集有关客人住宿习惯的信息，并传递给相关的夜班员工，就成了夜床服务质量的关键。因此，管理者在设计《清扫员工作日报表》时应设计一个关于客人喜好的备注栏。清扫员下班时应将《清扫员工作日报表》交到客房中心或酒店规定的地方集中存放。

负责夜床服务的服务员上岗时，应先到客房中心或规定的地方查看《清扫员工作日报表》，关注客人的个性化爱好，包括喜欢睡哪张床。并摘录到《夜床服务报告》中的备注栏，为客人提供个性化服务，让夜床服务真正变成使客人感觉舒适和体贴的有效劳动。

要使夜床服务成为饭店服务的亮点，还需要管理者有创新意识，不断地丰富和完善夜床服务的内容，设计出令客人惊喜的效果。很多酒店会设计枕头服务和养生饮品服务项目。

(1) 枕头服务。为了让客人充分体验细致入微的温馨服务，夜床服务时，在客人床头留下“睡枕菜单”(见图1-32)，提供各种枕头，如荞麦枕、菊花枕、薰衣草枕等，并详细注明每种枕头的功效，供客人自由选择，以便其享受更舒适的睡眠。如果是常住客人，饭店还会将此信息输入电脑档案，让客人每次入住，均可温馨入睡。

(2) 养生饮品服务。为帮助客人尽快进入美妙的梦乡，饭店为客人精心准备了各种助眠饮品，如牛奶、豆浆、酸梅汤、麦片等，供客人根据自己的口味选择。

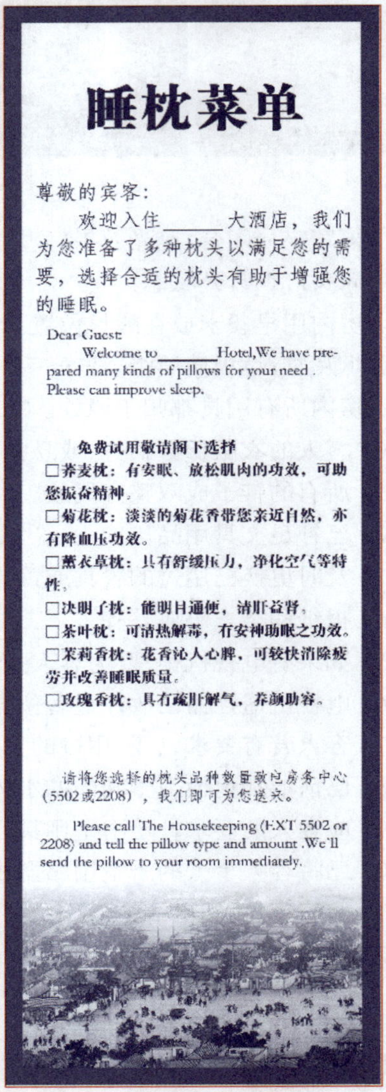
睡枕菜单

尊敬的宾客：

欢迎入住______大酒店，我们为您准备了多种枕头以满足您的需要，选择合适的枕头有助于增强您的睡眠。

Dear Guest:

Welcome to______Hotel,We have prepared many kinds of pillows for your need . Please can improve sleep.

免费试用敬请阁下选择

□荞麦枕：有安眠、放松肌肉的功效，可助您振奋精神。

□菊花枕：淡淡的菊花香带您亲近自然，亦有降血压功效。

□薰衣草枕：具有舒缓压力，净化空气等特性。

□决明子枕：能明目通便，清肝益肾。

□茶叶枕：可清热解毒，有安神助眠之功效。

□茉莉香枕：花香沁人心脾，可较快消除疲劳并改善睡眠质量。

□玫瑰香枕：具有疏肝解气、养颜助容。

请将您选择的枕头品种数量致电房务中心(5502或2208)，我们即可为您送来。

Please call The Housekeeping (EXT 5502 or 2208) and tell the pillow type and amount .We'll send the pillow to your room immediately.

图 1-32　睡枕菜单

有创新才有发展，只要怀着一颗真诚为客人服务的心，客房部员工就一定能够设计出更多更好的夜床服务项目，让夜床服务成为酒店服务的亮点。

三、知识拓展

(一) 会议团队客人需求分析

会议团队客人人数多、用房多、时间集中、活动有规律，因此，客房服务的任务较重、对服务水准要求严格。客房部在服务时，要注意服务人员的灵活调配及客房、公共场所或会议室的合理布置及利用，并随时留意房间内信封、信纸、笔等文具用具的配备。会议团队客人的消费特点是团进团出、产品同质、简单划一、就简去繁,这种由会议主办机构的打包服务,虽然可以满足团队成员的普遍需求,但是很难满足个体需求。而真实的需求来自个体的客人,真实的服务过程只发生在酒店与个体客人之间。因此,尽管酒店可以根据自己的经营需要,把客人的需求进行分组、分类,但作为客人个体,他只在乎自己的消费感受,会议团队也存在散客的潜在需求。

酒店接待一个会议团,其提供的一个产品组合,可能包括客房、餐饮、会议设施、娱乐等服务项目,这可以理解为会议团队的整体需求。而作为这个团队的中某一个客人来说,他与普通散客的区别并不大。因此酒店把会议团队的客人视为一个整体,对其所服务内容执行与会议主办机构事先达成的约定的同时,尽量满足每一位客人的个体需求,例如,为有特殊饮食要求的客人提供清真食品或素食等,应尽可能让会议团队客人感受到酒店提供的个性化服务。

(二) 旅游团队客人服务分析

(1) 旅游团队抵店前,应注意检查客房情况,包括清洁卫生、设施完好情况。根据前厅上报情况撤换客房有偿物品。

(2) 旅游者习惯在房内洗衣、晾衣,应注意客房设备设施、家具的维护保养工作。

(3) 工作人员发现旅游者在入住期间,相互串房时不关房门时,要提醒客人注意安全。

(4) 旅游者在入住期间,有时会相互帮助,借用房内衣架、茶杯、椅凳等物品。工作人员发现房内物品缺少,注意及时了解情况,不能武断地认为被客人损坏、拿走,直接要求客人赔偿。

(5) 旅游者在入住期间,如有接待来访客人、食用水果、聚众娱乐情况时,工作人员注意提供相关服务。

(6) 在接待旅游团队期间,遇到问题时,工作人员应及时与领队、导游联系解决。

(7) 注意关心旅游者入住期间的身体健康情况,如冷暖、饮食导致身体不适等情况。

(8) 旅游团队集体退房时,应注意查房效率。工作人员应提前准备,对于房内物品消费、损坏及遗留物品等情况要记清房号,及时报前厅。

(9) 旅游团队集体退房当天,房内布草待退房后再进行更换。

(10) 注意热情礼貌地迎接、送别旅游团队,主动征集客人的意见,以便更好地为旅游团队服务。

(三) 商务客人服务分析

商务客人是指因商务活动而入住目的地的酒店的客人。他们无论是来自跨国企业、民营企业还是政府部门,都是来到某个地方从事相关活动的管理者或者业务人员。无论是从全世界还是从地区看,经济越发达的地区,商务客人所占比重越大,他们能够给酒店带来巨大的经济效益。

酒店为商务客人提供全方位的服务,如果在个性化服务、人性化服务方面都能做到令客人满意,客人入住酒店的次数就会增多,有可能成为酒店的忠诚客人,也会将酒店介绍给周围朋友,从而为酒店培养了潜在客人。

很多商务客人有求新、求奇的心态,其需求多样化,很多酒店难以做到让他们全方位地满意,更谈不上让客人忠诚。如果酒店能够根据商务客人的需求,提高酒店产品的质量和增加服务的类型,做到客人满意,客人入住该酒店也会成为一种习惯,酒店也就真正拥有了忠诚客人。

具体来看,商务客人与其他类型的客人相比,主要有如下需求特征。

1. 消费水平高

与其他类型的客人相比,商务客人的住店费用大都由公司支付,因此消费水平较高。

2. 注重酒店地理位置

商务客人的主要居住目的是从事商务互动,因此注重酒店的地理位置与商业中心是否毗邻,交通是否便利。

3. 注重酒店形象

商务客人在选择酒店时,还特别注重酒店在当地的公众形象,因为这也影响商务客人在其客户心目中的形象。

4. 对服务要求高

商务客人早出晚归,在酒店停留时间长短的规律不同,他们有的在酒店停留时间较长,有时还要在酒店办公或招待客户,因此对酒店各方面的服务要求高,如快捷洗衣服务、熨衣服务、商务中心的秘书服务、高速信息服务等。

5. 要求相对独立,不被打扰

视频:常规
服务项目

商务客人工作压力大,在外奔波倍感疲惫,因此需要比较安静的相对独立的休息环境。

(四) 客房服务项目

1. 叫早服务

叫早服务(morning call service)又称叫醒服务,即早上根据客人指定的时间打电话(或敲门)叫客人起床的服务,目的是让客人可以安心睡觉而不用担心睡过头而错过要事。

具体服务程序是客人向前台或客房部提出叫早需求后,服务员确认客人的房间号、叫早时间并记录进系统,到时系统会先拨打房间电话叫早,客人接听了电话回应后才算叫早成功。如果无人应答,系统会在两分钟后再拨打电话。如果系统多次叫早都无人接听,前台会通知客房部派服务员去敲门,确认客人是没有听到叫醒电话,还是已经离店。

2. 小整服务

小整服务又称小整理服务,是对住客房而言的,就是在住客外出后,客房服务员对其房间进行的简单整理服务。其目的就是要使客房经常处于整洁的状态。小整服务是充分体现饭店优质服务的一个重要方面。

视频:洗衣
服务的工作
流程

小整服务的操作程序如图 1-33 所示。

3. 洗衣服务

提供优质的洗衣服务对提高客人的满意度具有非常重要的意义。洗衣服务可分为水洗、干洗、熨烫 3 种,时间上分普通服务和快洗服务两种。在对客服务工作中,洗衣服务比较容易引起客人的投诉,客房部应注意做好洗衣服务的控制工作。洗衣服务具有如下程序。

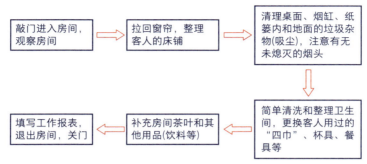

图 1-33　小整服务操作程序

（1）在将客人的衣物送至洗衣房洗涤之前,应要求客人先填好"洗衣登记表(洗衣单)"（如放在洗衣袋内未填写洗衣单的,不能交到洗衣房洗涤,需征求客人意见后再作处理）,如图 1-34 所示。

（2）登记表一般放置于写字台上或是与洗衣袋一起放在衣橱中,客人有衣物要洗时,先填好表,在上面注明自己的姓名、房号、所需洗涤衣物的件数、日期,并要注明是需要普通洗涤还是快洗。

（3）服务员进房收衣服时,应仔细核对客人所填表格是否与实际相符,同时检查衣服是否褪色或有污损,纽扣有无脱落及衣袋内有无客人遗留物品等,如果有问题,应向客人说明,并在登记表上注明。

（4）必要时,客房部服务员还应在登记表上注明洗涤过程中对某些情况的处理方法,如洗涤时的缩水、褪色问题等,以及出现洗坏或丢失等情况时的赔偿问题等。

（5）按酒店规定的时间交洗衣房,如洗快件,应尽快通知洗衣房。

（6）填写收洗客衣记录,尽快将洗衣单传至总台入账。

（7）衣物洗涤干净之后,服务员要根据洗衣单进行仔细核对,然后将客衣送至客人的房间,并请客人查收,等客人查点清楚之后再离开房间。如客人不在房间,应按程序进门,把衣物摆放在床上或挂于衣橱内(将衣橱门打开)。

（8）注意在存根联上注明送衣日期与时间,签上姓名。

4. 擦鞋服务

为了方便客人,酒店在客房内放置擦鞋纸或擦鞋巾,有的酒店提供"自动擦鞋机"。除此之外,客房服务中心也可根据客人的要求提供擦鞋服务。在提供此项服务的酒店,客房壁橱中放置了标有房间号码的鞋篮,并在服务指南中告知客人:如需要擦鞋,可将鞋放入鞋篮(见图 1-35),放在房间门口,由服务员收集到工作间;或者打电话通知客房服务中心前来收取。

擦鞋服务有如下程序。

（1）在接到客人的要求后,应 7 分钟之内到客人房间收取皮鞋。

（2）楼层服务员在提供房务服务及进行清扫时,发现置于鞋篮内的皮鞋,应及时收取并提供服务。

洗衣编码 Laundry No. **0002291**

洗衣单 LAUNDRY LIST

宾客姓名 Guest Name _____　　日期 Date _____　　联系电话 Contact No. _____

项目 Item	干洗(CNY) Dry-Clean	件 Qty	描述 Description	水洗(CNY) Laundry	件 Qty	描述 Description	熨烫(CNY) Pressing	件 Qty	描述 Description
西装套装(二件) Suit-2pcs	115						70		
羽绒外套 Quilted Jacket	115			85					
外衣 Jacket	70			60			50		
西裤/牛仔裤/休闲裤 Trousers/Jeans/Slacks	60			55			45		
衬衣 Shirt/Blouse	55			50			30		
领带 Neck Tie	35						25		
围巾/披肩 Scarf/Shawl	40						25		
大衣 Overcoat	115						60		
背心 Waistcoat	50						30		
毛衣 Sweater	60						35		
连衣裙 Dress	75			60			50		
晚礼服/百褶裙 Dress(evening)	115			105			95		
T恤衫 T-Shirt	50			40			30		
短裤 Shorts	50			40			30		
内衣/内裤 Undershirt/Underpants/Panties				25					
胸衣 Brassiere				25					
袜子/连裤袜 Socks/Stockings				25					
睡袍/睡衣裤 Night Gown/Pajamas				50					
手帕 Handkerchief				12					
床单 Sheet				95					
被套 Duvet Cover				140					
枕套 Pillow Case				30					
羽绒被 Duvet				210					

衬衣上浆 **SHIRT STARCH** ☐ 不浆 No　　　　　☐ 轻浆 Light　　　　　☐ 重浆 Heavy

送回方式 **DELIVERY** ☐ 悬挂 On Hanger　　　☐ 折叠 Folded

服务 SERVICE

☐ 标准服务 Regular Service

洗衣服务时间为8:30-17:30，当天送洗的衣物请于36小时后取回。
Laundry service is available from 8:30 AM to 17:30 PM; items collected will be returned in 36 hours.

☐ 特快服务 Express Service

4小时内送回，需加收50%服务费，加急收衣时间最晚为下午4:00。
For items to be returned within 4 hours, a 50% surcharge will apply; for express service, items must be collected before 4:00 PM.

酒店不负责衣服因缩水或脱色引起的损坏。酒店也不对客人留在衣服或袋子里的贵重物品负责。
The hotel is not responsible for shrinkage or discoloration of your laundry items. We can neither be responsible for valuables left in or on garment.

任何索赔必须在24小时内提出，赔偿金额最多不超过洗烫费的十倍。
Any claim for damage or shortage must be made within 24 hours. The hotel will be responsible for loss or damage only up to 10 times the amount charged for laundry.

如无特别要求，酒店将按照衣服的洗涤标识洗涤。如有任何要求，请在下面注明。
If no specifications are available, items will be laundered following the manufacturer's directions. If there are any special instructions you would like us to note, please advise.

_____

以上价格包含服务费及相关政府税费
Above price inclusive all service charge and government tax

洗衣费　　　　　服务费　　　　　　加急服务费　　　　　　　　　总价　　　　　　　总件数
Laundry Price _____　Surcharge 15% _____　Express Surcharge 50% _____　Total Price _____　Total Pieces _____

客人签名
Guest Signature _____

图 1-34　洗衣单与洗衣袋

（3）收鞋应检查鞋子是否完好，有无破烂的地方，如发现有，及时与客人讲清楚，以免发生误会。

（4）将鞋篮编号，并将客人的房号写在纸条上放入鞋篮或用粉笔在鞋底注明房号，防止弄混。

（5）将鞋放置于工作间或服务中心，按规程擦鞋，应注意避免混色及将鞋油弄在鞋底。

图 1-35　鞋篮

（6）一般应在半小时后、2小时之内，将擦好的鞋送入客人房内。

（7）对于提出特别时间要求的客人，应及时将鞋送回。

（8）送还时如果客人不在房间，应将擦好的皮鞋放于行李柜侧。

为客人擦鞋应注意以下几点。

（1）用鞋篮取送。

（2）在鞋子里放进写有房号的纸条。

（3）在地上铺上布或报纸，防止弄脏地面。

（4）选择合适的鞋油。

（5）鞋底和口沿要擦净，不能有鞋油。

（6）及时送回。

5. 客人借用物品服务

（1）接到通知。

① 电话响3声内按标准接听。

② 仔细询问客人租借物品的名称、要求、房号及租借时间等。

（2）送用品至房间。

① 到房务中心领取租借物品。

视频：租借
物品服务

② 将用品迅速在客人约定的时间内送至客人房间，向客人说明注意事项，并请客人在《租借物品登记单》上签名。

（3）记录。客人借用物品时，须将物品的名称、数量、借用时间、客人的姓名、房号在《租借物品登记单》上详细登记下来，以便下一班服务员继续服务。

（4）归还。

① 当离店时，应特别检查客人有无租借物品及有无归还等。

② 当客人归还物品时，应详细做好记录。

③ 及时将物品归还房务中心。

6. 客房送餐服务

客人打电话要求订餐或饮料时（另可利用开夜床时放置于床铺上的早餐卡，事先写好将其吊挂于房门口，第二天早班服务员会将其送至餐饮相关单位），服务人员利用餐车将客人要求的餐食送至客人房间，其中以早餐与饮料最多，这种类型的服务称为客房送餐服务。客房送餐服务具有如下流程。

（1）准确记录。当客人以电话或其他方式要求提供客房送餐服务时，首先必须准确地记载以下内容：房间号码、客人姓名、餐食内容、送餐时间、其他备注等。

（2）送餐服务。

① 将点菜单依酒店的规定送至厨房，或交给负责客房餐饮的服务人员。

② 待厨房将餐食准备妥当后，依指定时间送至客房。

③ 若客人所点餐食不多时，可用托盘送去，反之，须以专用的餐车来送餐食。

④ 准备餐车时，要依酒店的规定，将整洁的台布铺好，再依客人所点的内容摆置餐具、调味瓶、花瓶等物，以达到酒店的标准。

⑤ 使用餐车时，须注意勿因地毯或地面不平而倾倒。

⑥ 依酒店规定的敲门礼仪进入。

⑦ 进入客房后，依客人的指示欲在何处用餐后，将餐食摆置整齐，问客人是否有其他需要，在请客人签好账单后，道谢并转身离开，不必留在客房服务客人用餐。

（3）餐后整理。

① 大约 1 小时后，将客人用完的餐盘收拾干净。

② 客房收回的餐盘应通知客房餐饮的服务人员尽速前往取走，以免产生异味，或滋生蚊虫等。

③ 将餐具清点、分类整理，若有属于客房部的餐具须立刻清洗干净归还，其余物品则送回厨房或餐务部门。

④ 将餐车放回酒店规定的地方，并于下班前整理干净。

7. 托婴服务

（1）托婴服务的内容。为了方便带婴幼儿的客人外出，酒店客房往往为住店客人提供婴幼儿的托管服务，根据看护时间的长短收取相应的服务费。

（2）托婴服务的处理原则。

① 酒店的客人类型多样，如商务旅客、团体旅客及家庭旅客等，对于家庭旅客，若大人须参加宴会等重要聚会，无法将儿童、婴儿带在身边时，可委请酒店代为照顾。

② 该项工作因为关系到儿童的人身安全，绝不可委任酒店以外的人来处理，一般由客房部门专门负责。

（3）提供托婴服务的作业流程。

① 问明客人姓名、房号、所需照顾的日期、时间。

② 告诉客人收费标准。在提供托婴服务时，还应告诉客人有关酒店的收费标准。一般以 3 小时为一个计费点，超过 3 小时增收相应的费用。托婴服务完成后，所有费用一般都在前台收款处一并结算。

③ 征求客人同意后，将资料转告客房部办公室值班人员，请其代办。

④ 看护人员以休假员工为主，有此相关经验的员工的个人资料要列出名册（客房部主管应谨慎挑选适当的人选，以免引起客人投诉或因此而衍生意外或事故）。

⑤ 确定人选后，看护人员应着干净制服或挂上酒店的工牌，由主管带领介绍给客人。

⑥ 看护人员于约定前 10 分钟向需要托婴服务的客人报到。

（4）要求看护人员经常与客房部办公室或值班人员联络，以便客房部随时掌握服务情况，及时处理突发事项。

（5）托婴服务的注意事项。

① 看护人员在接受任务时，必须向客人了解其要求、照看的时间、婴幼儿的年龄及特点，以确保婴幼儿的安全、愉快，使客人满意。

② 看护人员应在酒店规定区域内根据客人的要求看护婴幼儿，一般不能将婴幼儿带出客房或酒店。尤其不能带婴幼儿到游泳池、旋转门或栏杆等场所，这些场所容易发生意外事件。

③ 看护人员不得随便给婴幼儿吃食物。

④ 看护人员不得随便将婴幼儿托给他人看管。

⑤ 看护人员不得将尖利或有毒的器物给婴幼儿充当玩具，以确保安全。

（6）提供托婴服务要注意留取客人的联络方式。看护人员在提供托婴服务时，还应考虑到一些意外或紧急情况的处理，请客人留下联络方式。比如在看护期间，若婴幼儿突发疾病，应立即请示客房部经理，并与客人取得联系，以便妥善处理。

托婴服务是一项责任重大的工作，绝不可掉以轻心。要想给客人提供满意的托婴服务，必须保证婴幼儿的安全、健康和愉快。

8. 小酒吧服务

（1）酒水供应与推销。

① 客房配冰箱与酒水台，高档客房配迷你吧台，吧台与酒水台设计美观大方，冰箱性能良好。

② 充分供应烈性酒、葡萄酒、软饮料与小吃，品种不少于 15 种。

③ 客房酒单设计美观大方，字迹清楚，标价合理。

④ 服务员为入住客人介绍客房设备与服务项目的同时准确推销客房酒水。

（2）离店房酒水检查。接到客人离店通知后，应掌握客人姓名、房号、结账时间，迅速进房巡视，认真、细致、准确地检查离店客人酒水、饮料消耗情况，账单记录清楚，转交客房领班报前厅收款快速，于客人结账前完成，避免因酒水检查不及时而造成客人跑账现象。

（3）住房酒水检查与补充。

① 客人住店期间，服务员应及时到楼层领取补充酒水、饮料。

② 酒单上客人所用酒水、饮料、小吃的数量、种类及客人姓名、房号、检查时间与检查人姓名填写准确，酒单报客房领班转交前厅挂账及时。

③ 每次查房后，服务员应及时到楼层领取补充酒水、饮料。

④ 楼层酒水、饮料的领取、发放管理制度健全，手续规范。

⑤ 每日客房酒水销售报告明确，账目清楚。

（4）客房酒单传递。客人酒单和客房领班填写的每日酒水销售报告送客房部主管，账目核对清楚，前厅客人每日酒水挂账、结账应快速、准确，来不及传递时应电话通知前厅收款结账。要求整个客房部服务细致、规范，客人满意程度高。

9. 客房迎宾服务

（1）准备工作。

① 楼层领班接到房务中心的通知后，安排楼层服务员做好准备工作（VIP房间服务人员要提前半小时把需入住的房间门打开）。

② 服务员准备好湿巾、茶水及托盘。湿巾干净、叠放整齐，茶杯内放散茶叶，整齐地摆放在托盘上，同时领班进行检查和落实。

③ 领班了解VIP的姓名和职务，查找客史档案后，通知服务人员做好个性化和针对性服务。

视频：个性化服务

（2）操作规程。

① 护梯引领服务。

a. 服务人员站在电梯间一侧，保持良好的站姿，微笑、姿态自然大方。领班面带微笑站在电梯间做好迎宾工作。

b. 电梯门开后，服务人员用手护住电梯门（以防电梯夹住客人），并主动向客人致欢迎词，然后应向客人行鞠躬礼。

c. 服务人员面带微笑询问客人的房间号，确认房间后，打出手势明确方向并说："您这边请。"引领客人进入房间。

d. 客人外出需要乘坐电梯时，服务人员首先要征询客人的意见："先生/小姐您好，请问您是上楼还是下楼？"得到答复后，主动为客人按电梯按钮，微笑着面向客人至电梯门关闭。

② 三到服务。

a. 将客人带入房间后，服务人员紧跟进入房间，上湿巾和茶水。

b. 服务人员在递湿巾时，右腿向前半蹲，用湿巾夹夹双层折叠处的一角，将毛巾抖展开，送至客人手腕上并说："您请用湿巾。"

c. 服务人员上茶水时，右手端茶杯，将茶杯放在茶几上，杯把稍倾45度朝向客人的右手，打手势请客人饮用。

d. 服务人员将客人用过的湿巾用湿巾夹夹住放在托盘内，撤出房间。

③ 房间介绍。

a. 服务人员为客人介绍、服务时表情要面带微笑，姿态自然大方，使用普通话。

b. 服务员征求客人意见是否为其介绍房间，待同意后为客人介绍房间设备。

c. 为客人介绍：空调开关、热水壶、服务指南、酒店特色服务及服务电话号码、拨打外线方法等，最后询问客人是否需要帮忙，并预祝客人居住愉快。

d. 服务人员离开房间时，面向客人微笑着后退一步，转身离去，轻关房门。

10. 送欢迎茶服务

标准：客房服务人员在VIP入住10分钟内进行置欢迎茶服务。

欢迎茶用具包括一只藤篮、一只茶壶、一套茶杯（按照房间入住的人数提供），如图1-36所示。

图 1-36 欢迎茶服务用品

工作程序如下。

（1）沏茶过程。准备好开水、茶叶；检查茶杯是否完好无损，是否干净；将茶叶放入茶杯。

（2）客人入住后，立即给客人提供欢迎茶服务。

（3）严格按照"进、出客房"的程序提供服务。

（4）当客人把门打开时，立即面带微笑问候客人："早上好！ 先生／女士……""下午好！""晚上好！ 先生／女士……""欢迎入住 ×× 国际大酒店。我是服务员，这是给您提供的欢迎茶，我能替您斟上吗？"

（5）将藤篮放在茶几上或写字台上。

（6）倒茶时一定要小心，不要烫伤客人或倒在外面。

（7）如果茶水溅到外面，要用抹布及时擦干净。

（8）倒茶的顺序是先女士，后男士。

（9）离开房间时应说："先生／女士，请您慢用，很高兴能为您服务！"并将房门轻轻地关闭。

注意如下事项。

（1）如客人没有伸手接杯子，可将杯子放在客人所坐位置前的茶几上；杯把朝右。

（2）要记住入住客人的姓名，问候客人时，应直视客人。

（3）离开房间时，应将藤篮留在房间内，以便客人自己饮用。

（4）服务员应留在楼层，等待上级的指示。

11．送客服务

（1）准备工作。

① 掌握客人的离店时间，问清客人是否需要叫醒服务、是否在房间内用餐。

② 若客人次日离店，团队房要根据行李的多少，安排行李员。

③ 要检查客衣情况、各种账单及各项委托代办事项是否办好。

④ 客人临行前，服务人员应利用在房间服务的机会，检查各种物品及设备有无损坏或欠缺。

⑤ 临行前,应主动征求客人对本酒店服务的意见。

(2) 送别。主动为客人按电梯,主动提行李,主动搀扶老、弱,送至电梯口,并致离别祝愿。

(3) 检查。

① 检查客人有无遗留物品。

② 检查房间设施设备有无损坏,有无消费项目。

 数字化实践

人们的生活方式随着科技的进步,发生了翻天覆地的变化。对于简单事项,人机沟通成为时下最快捷、最准确的沟通方式。点外卖、买票、挂号等日常生活的需求,通过人机沟通的方式均可得到迅速满足。很多住宿企业也开始借助数字化技术,把客人和酒店的沟通从直接找服务员、门把手挂牌、打电话等传统方式拓展至智能音箱对话、手机扫码选择、主题按键等途径。对于简单的服务要求,人机对话更快速、高效。首旅旗下的某酒店与软件开发公司合作,共同开发了"扫码通",客人只需用手机扫一扫,就可以向服务中心快速提交"请即打扫""洗衣服务""擦鞋服务""租借用品"等服务请求,酒店的服务效率提高了,时间成本降低了。

再比如,华住集团通过取消传统的面对面柜台服务,在酒店内合理布局自助系统设备,提供 24 小时智能服务机器人,机器人可以完成导引、送物等工作任务,为消费者提供了无接触服务。根据华住集团的统计,集团旗下酒店的送物机器人(见图 1-37)平均送物 15 万次/月,节约工时 1.3 万小时/月。

图 1-37　酒店的送物机器人

四、实践演练

（一）旅游团队客房服务

1. 任务情境

某年 7 月 28 日下午 5 点，36 人的研学旅游团入住 ×× 酒店，订房 7 天。酒店在各个方面为其制定了抵店前、入住期间及退房等环节的服务计划。7 月 29 日，1506 房间的客人为观日出预订了第二天的叫早服务，7 月 30 日 5:15，总机在提供叫早服务时客人没有接听电话，如果你是当班的客房服务员小王，该如何完成叫早服务？

2. 任务实施

旅游团队叫早服务任务实施如图 1-38 所示。

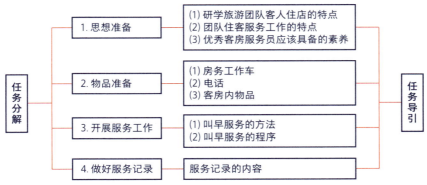

图 1-38　旅游团队叫早服务任务实施流程

3. 任务评估

（1）考核时间：5 分钟。

（2）考核场地：客房实训室。

叫早服务考核用品准备单和叫早服务操作考核表如表 1-18 和表 1-19 所示。

表 1-18　叫早服务考核用品准备单

物品名称	数　量
模拟客房设施	1 套
叫早记录本	1 本

表1-19 叫早服务操作考核表

组别：＿＿＿＿＿＿＿＿　　　姓名：＿＿＿＿＿＿＿＿　　　时间：＿＿＿＿＿＿＿＿

序号	考核内容	考核要点	评分标准	配分	扣分	得分
1	接受客人叫早服务	(1) 当接到客人需要叫早服务时，要问清客人房号、姓名及叫早时间 (2) 复述客人叫早的要求，以获客人的确认 (3) 检查叫早客房的种类和客人的类型，如套房、重要客人，必须作出特别提示 (4) 祝客人晚安 (5) 填写叫早记录本并通知客房服务中心再次对房间叫早服务做确认	(1) 未及时间清楚客人叫早信息扣2分 (2) 未复述客人叫早要求扣3分 (3) 未检查叫早客房的种类和客人类型扣2分 (4) 未填写叫早记录本并通知客房服务中心再次对房间叫醒服务做确认扣3分	10		
2	人工叫早服务	(1) 在客人指定的叫早时间拨打客人房间电话；如果客人没有接听电话，服务员应敲门进行叫早服务 (2) 用亲切和蔼的语气称呼客人的姓名 (3) 叫早时要讲：早上好/，现在是×点钟，已到您的叫早时间 (4) 祝客人愉快	(1) 未在客人指定的叫早时间拨打客人房间电话扣5分 (2) 未用亲切和蔼的语气称呼客人的姓名扣1分 (3) 未按叫早服务用语进行服务扣2分 (4) 礼貌用语方面欠缺扣2分	10		
合计				20		

考核时间：＿＿＿＿年＿＿月＿＿日　　　　　　考评教师签名：＿＿＿＿＿＿＿＿

（二）商务客房服务

1. 任务情境

10月10日，××贸易集团一行6人到达××酒店考察本地贸易合作公司并与其进行洽谈，××贸易集团的客人对房间设施、整洁情况要求较高(有时会在房间内会谈)，所以小整服务对他们来说非常重要。假设你是客房服务员小李，请在规定时间内对客人的房间进行小整服务。

2. 任务实施

商务客房小整服务任务实施流程如图1-39所示。

3. 任务评估

(1) 考核时间：15分钟。

(2) 考核场地：客房实训室。

小整服务考核用品准备单和小整服务操作考核表如表1-20和表1-21所示。

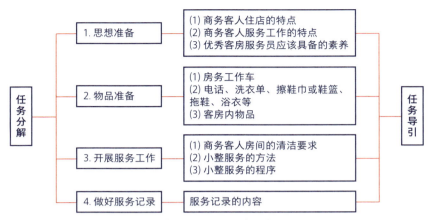

图 1-39　商务客房小整服务任务实施流程

表 1-20　小整服务考核用品准备单

物品名称	数　量
客房工作车（清洁车）	1 辆
客房用品	1 套
客房服务员任务单	1 份

表 1-21　小整服务操作考核表

组别：＿＿＿＿＿＿＿　　　　姓名：＿＿＿＿＿＿＿　　　　时间：＿＿＿＿＿＿＿

序号	考核内容	考核要点	评分标准	配分	扣分	得分
1	准备工作	(1) 准备工作车 (2) 检查仪容仪表 (3) 将工作车按规定摆放于客房门口	(1) 未将茶叶、垃圾袋、干湿抹布各一条、晚安卡等物品放在服务车上扣 1 分 (2) 仪容仪表不规范扣 1 分 (3) 未将工作车按规定摆放扣 1 分 (4) 其他扣 2 分	5		
2	进房	按进房程序进房	(1) 未严格按照进房程序进房扣 2 分 (2) 其他扣 3 分	5		
3	开灯、开空调	(1) 开灯并检查所有照明设备工作是否正常 (2) 将空调开到指定的刻度上	(1) 未检查所有照明设备工作是否正常扣 1 分 (2) 未将空调开到指定的刻度上扣 1 分 (3) 其他扣 3 分	5		

续表

序号	考核内容	考核要点	评分标准	配分	扣分	得分
4	整理房间	(1) 清理烟缸、桌面上的垃圾 (2) 收拾房间中用过的餐具并放置在指定位置 (3) 简单清洁整理桌面、床头柜、茶几 (4) 更换用过的茶具、增添饮用水 (5) 放入饭店提供的报纸 (6) 补充房内小酒吧及用品	(1) 未清理烟缸和桌面上的垃圾扣1分 (2) 未收拾房间中用过的餐具并放置在指定位置扣1分 (3) 未清洁整理桌面、床头柜、茶几扣1分 (4) 未更换用过的茶具、增添饮用水扣1分 (5) 未放入饭店提供的报纸扣1分 (6) 未补充房内小酒吧及用品扣1分 (7) 其他扣4分	10		
5	整理床铺	将客人床铺按客房晚间整理要求整理	(1) 整理床铺不规范扣3分 (2) 其他扣2分	5		
6	调试电视	(1) 检查电视频道是否齐全、图像是否清晰 (2) 检查电视频道与服务指南是否对应	(1) 电视频道不齐全、图像不清晰扣2分 (2) 电视频道与服务指南不对应扣1分 (3) 其他扣2分	5		
7	整理卫生间	(1) 冲抽水马桶 (2) 洗浴区域如使用过,应重新擦洗干净 (3) 将地巾放入沐浴区域外侧地面 (4) 整理浴帘 (5) 按规定整理毛巾 (6) 如有加床,增添客用品	(1) 未冲抽水马桶扣1分 (2) 未重新擦洗干净使用过的洗浴区域扣1分 (3) 未将地巾放入沐浴区域外侧地面扣1分 (4) 未整理浴帘扣1分 (5) 未按规定整理毛巾扣1分 (6) 其他扣5分	10		
8	检查房间	(1) 环视房间,检查有无不妥之处 (2) 关掉所有的灯并关上房门 (3) 在客房清洁报表上登记	(1) 未环视检查房间扣1分 (2) 忘记关灯扣1分 (3) 未及时在客房清洁报表上登记扣1分 (4) 其他扣2分	5		
合计				50		

考核时间:_____年____月____日　　　　　　考评教师签名:_____

(三) 带儿童家庭客房服务

1. 任务情境

马先生获得公司奖励的家庭度假游,他带着妻子和5岁的儿子来到某地度假并入住××酒店1812房间。由于马先生一家白天出去游玩比较疲劳,因而平时有洗衣服务的需要,假如你是该客房的服务员,请为其提供洗衣服务。

2. 任务实施

带儿童家庭洗衣服务任务实施流程如图1-40所示。

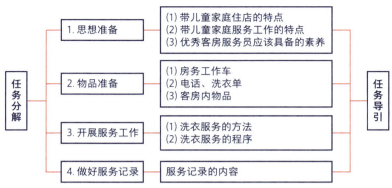

图 1-40　带儿童家庭洗衣服务任务实施流程

3. 任务评估

（1）考核时间：10 分钟。

（2）考核场地：客房实训室。

洗衣服务考核用品准备单、洗衣服务操作考核表如表 1-22 和表 1-23 所示。

表 1-22　洗衣服务考核用品准备单

物品名称	数　量
衣物	2 件
洗衣袋	1 个
洗衣单	1 份
笔	1 支
客衣登记表	1 份

表 1-23　洗衣服务操作考核表

组别：＿＿＿＿＿＿　　　　姓名：＿＿＿＿＿＿　　　　时间：＿＿＿＿＿＿

序号	考核内容	考核要点	评分标准	配分	扣分	得分
1	收取	（1）进入客房收取客衣 （2）填写洗衣单 （3）处理"请勿打扰"客房客衣 （4）楼层服务员与洗衣房员工客衣交接	（1）进入客房收取客衣时间不合适扣 2 分 （2）未按进房程序进入客房扣 2 分 （3）洗衣单填写不正确扣 2 分 （4）遗漏"请勿打扰"客房的交接记录扣 1 分 （5）楼层服务员与洗衣房员工未做好客衣交接扣 1 分 （6）其他扣 2 分	10		

续表

序号	考核内容	考核要点	评分标准	配分	扣分	得分
2	快洗及特殊要求服务	(1) 快洗或特殊要求客衣的收取 (2) 17:00 以后所有客衣的收取	(1) 未及时收取客人的快洗客衣扣 1 分 (2) 未按进房程序进房扣 1 分 (3) 未了解清楚客人的洗涤要求、未在洗衣单上注明扣 2 分 (4) 未及时通知洗衣房人员前去收取扣 1 分	5		
3	破损及褪色衣物处理	(1) 有可能破损或褪色客衣的确认 (2) 有可能破损或褪色客衣的收取	(1) 发现有可能破损或褪色客衣未及时与客人确认扣 2 分 (2) 未及时通知洗衣房派人收取扣 2 分	4		
4	送客衣	(1) 送还洗好的客衣 (2) 洗涤费用入客账 (3) 遇"请勿打扰"客房客衣的送还	(1) 未及时送还客衣扣 1 分 (2) 送错房间扣 2 分 (3) 未在洗衣登记单上登记扣 1 分 (4) 未及时将账单交客房服务中心入账扣 1 分 (5) 未做好"请勿打扰"客房客衣交接工作扣 1 分	6		
合计				25		

考核时间：_____年____月____日　　　　　　　考评教师签名：_____

任务四　代客开门服务

一、情境导入

（一）情境内容

晚上 7 点 30 分，你在 15 层巡楼时，发现 1308 房间的客人用自己的房卡打不开门。你该怎么办？

（二）任务实施

代客开门服务任务实施流程如图 1-41 所示。

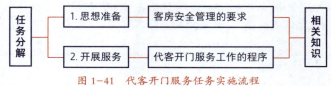

图 1-41　代客开门服务任务实施流程

（三）任务评估

就本情境开展对客服务。

（1）考核时间：5 分钟。

（2）考核场地：任意房门口。

（3）考核用品准备，如表 1-24 所示。

表 1-24　代客开门服务操作准备单

名　称	数　量	要　求
房卡	1	可用任意磁卡模拟
工作手机	1	可用任意手机模拟
工作记录本	1	可用任意本子模拟
笔	1	

（4）操作考核评估，如表 1-25 所示。

表 1-25　代客开门服务考核评估表

任务要求		评估意见
服务用语是否得当		
操作程序是否合理	询问	
	核对	
	记录	
服务效率是否高（不得超过 5 分钟）		

二、知识链接

（一）代客开门服务的工作流程

酒店有时会遇到因为客人遗失房卡、酒店计算机系统出问题而导致房卡失灵等不能打开房门的情况，这时需要服务人员为其提供开门服务。代客开门服务工作会涉及住店客人的住店安全问题，冒失开门容易受骗。酒店在制定代客开门工作流程时既要保证客人的安全，又不能因此使其产生不必要的误会，还要保证服务工作的效率。通常，代客开门服务工作的重点在对客人身份的核对环节上。

动画：代客开门

（1）客人在楼层要求服务员开门时，服务员应请客人到前台办理开门手续。注意不能开任何房间给客人打联系电话。

（2）若客人坚决不肯去办理手续，需查看客人的身份证、护照等有效证件，核对身份和照片。

（3）服务员接到客房服务中心通知为客人开门的通知后，应先了解客人的姓名，待客人到时核对无误后方可帮其开门。

（4）帮客人开门时要实施敲门进房的操作规程。

（5）开门后做好记录。

（6）公安人员因办案要求服务员开门时，应由饭店保安人员陪同并同意开门。若无人陪同又因时间紧迫必须立即开门的，服务员应验明来者的有效证件后方可开门，同时应立即向上级报告。

（7）服务员应灵活处理开门事宜，注意语言技巧。如果遇到长包房客人和常客要求开门，必须经准确判断后方可开门。

 **企业案例**

多次行窃的两名盗贼来到了某酒店。他们在入住 442 房间后，打电话给隔壁的 443 房间，电话响过片刻却无人接，证明该房间无人。他们一个在 442 房间观察 443 房间的动静，一个穿着客房的拖鞋，走出房间，路过正在工作的楼层服务员时，说："请给 443 房间送个牙刷来。"便往 443 房间方向走去，当服务员转身拿着牙刷来到 443 房间门口时，要求送牙刷的盗贼站在门口，带着歉意说："对不起，我不小心，将门给锁上了，房卡没带出来。"服务员说："没关系，我帮你开。"接着就用工作钥匙打开了房门。盗贼进入 443 房间后，大肆盗窃，偷走了许多财物。

 **素养园地**

客房是为客人提供休息服务的场所，不论何时，都要保证客房的安全，防止不法分子进入客房，保证客人的生命、财产和隐私安全，为客人提供一个安宁的环境，使他们有安全感。

客房服务员作为楼层的安全卫士，不仅要有较强的安全意识和责任心，还应有过硬的业务能力和工作经验，遇事冷静，处理及时、妥当。在保护自己的同时，保护好客人。

每一位客房服务员都应该努力让自己成为一名值得客人信任和依赖的安保员。

（二）酒店安全设施

为保证住店客人生命、财产的安全，酒店必须在公共区域和客房内加强各类安全设施的配置，同时客房内各种生活设施设备也要安全可靠。目前酒店常见的安全设备设施有以下五大系统。

1. 电视监控系统

电视监控系统（见图 1-42）由电视摄像镜头、电视监视器、电视屏幕操作机台、录像等部分组成。电视监控系统是饭店主要的安全装置，除了安装在饭店大厅及公共场所之外，通常作为客房部主要的安全装置。电视监控系统一般设置在如下位置。

（1）楼层过道。在楼层过道安装监控探头，一般采用中、长焦镜头。

（2）客用电梯。客用电梯空间小又是封闭的，一旦出现紧急事件，受害人难以求援，安装监控探头便于对电梯内发生的可疑现象进行跟踪和取证。客用电梯一般采用视野宽阔的广角镜头。

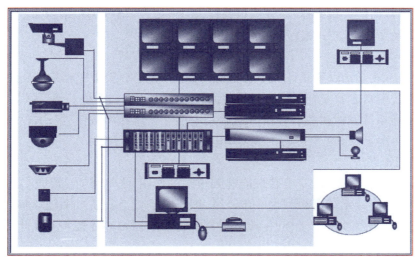

图 1-42　电视监控系统的组成

2. 消防监控系统

酒店的消防监控系统一般由火灾报警系统、灭火系统、防火设施组成。每间客房内均安装烟感和喷淋设备。

3. 安全报警系统

在酒店的消防通道、财务部等重要位置必须安装安全报警系统（见图 1-43），以防止盗窃、抢劫、爆炸等事故的发生。

图 1-43　安全报警系统

我国饭店常用微波报警器、红外线报警器、超声波报警器等远程报警系统,以及声控报警器、微动式报警器、磁控式报警器等。

4. 通信联络系统

通信联络系统是指以安全监控中心为指挥枢纽,通过呼唤机等无线电话通信器材等组成的联络网络,使酒店的安全工作具有快速的反应能力的安全系统。通信联络系统主要有专用电话、传呼系统及对讲机。客房内有客用电话和紧急呼叫按钮,客房部的员工一般都配有专用电话,楼层通道也会配有内线公用电话。

5. 电子门锁系统

电子门锁系统对酒店的安全管理能起到很好的作用,为加强对"智能"盗窃团伙的防范。目前的电子门锁系统已得到进一步改进,即在电子锁上安装自动破坏解码器的装置,当犯罪分子将解码器插入电子锁时,该装置就能将解码器毁坏并报警。除此之外,客房内的安保设施还包括如下几类。

（1）窥镜。窥镜安装在房门上端,为广角镜头,便于住客观察房间的外部情况。

（2）保险箱。很多酒店在客房内配备小型的保险箱,供客人存放贵重财物之用。

（3）消防通道图。通常,酒店在客房门后安放荧光的消防通道图,当火灾等情况发生时,可用于逃生。

（4）消防器材。有的酒店在客房内放置防毒面具、逃生绳等消防器材,以便客人在突发状况下逃生。

随着消防意识和消防水平的提高,客房内的安全设施越来越丰富,客人住店的安全性也越来越高。

(三) 客房部安全管理

1. 客房安全的内涵

客房安全是指客人在酒店客房范围内人身、财产正当权益不受侵害,也不存在可能导致侵害的因素。客房安全事故发生的原因可以分为直接原因和间接原因两大类。

视频:租借刀
具服务技巧

（1）造成客房安全事故发生的直接原因。

① 人为的原因。人为的原因主要是指由人们的不安全行为所造成的各种原因,包括指导与监督疏忽、未按规定要求行事、误用或错用各种器具和危险性物品及不安全行为等。

② 设施的原因。设施的原因主要指不良的环境设施,包括照明不良、维修不当、地面过滑、危险场所的防护设施不到位等。

（2）造成客房安全事故发生的间接原因。主要指各种机械装置的定期检查和保养不良;由于最高经营者责任心不强,导致安全管理制度和安全管理组织不完备、安全管理标准不明确等。

① 裂纹或破损的各种手柄。

② 未及时清理使用过的刮脸刀片。

③ 裸露的电线。

④ 未及时处理各种不良导线。

⑤ 客用电梯的不安全操作。

⑥ 客房照明不良。

⑦ 未及时清理客房地面污物和垃圾。

⑧ 客用钥匙管理不当。

⑨ 玻璃门无明显标记。

⑩ 客房玻璃杯破损。

⑪ 安全通道使用不安全。

2. 客房消防管理

防火和防盗工作是酒店安全工作中最重要的内容。酒店必须建立一套完整的预防措施和处理程序，防止火灾和盗窃事件的发生，减少它们带来的不良后果。

（1）火灾发生的原因。了解客房发生火灾的原因，可以防患于未然。客房发生火灾的原因主要有如下几种。

① 吸烟不慎引起火灾。吸烟不慎引发的火灾在酒店火灾原因中居首位，起火部位多为客房。吸烟不慎引起火灾主要有以下几种情况。

a. 乱扔烟头、火柴棍，引起地毯、沙发、衣服、废纸篓、垃圾道起火。

b. 躺在沙发、床上吸烟，火星散落其上，阴燃引起火灾。这种原因引起的火灾在客房火灾中所占比例最大。

c. 客人将未熄灭的烟头放在沙发扶手上，因事后遗忘或掉落在沙发上引起沙发起火。

d. 客人将未熄灭的烟头或火柴棍扔入烟灰缸离去，引起缸内可燃物着火。这类火灾大多发生在烟灰缸靠近其他可燃物的情况下。

e. 在禁止吸烟的地方违章吸烟。在有可燃气体或蒸气的场所，违章点火吸烟，发生爆炸起火。

② 电气引起火灾。在酒店火灾中，由电气引起的火灾仅次于吸烟。

a. 电气线路引起的火灾。电气线路往往由于超载运行、短路等原因，产生电火花、局部过热，导致电线、电缆和周围可燃物起火引起的火灾。

b. 用电设备引起的火灾。电气设备由于质量差、故障或使用不当引起的火灾事故。

③ 其他原因。

a. 客人将易爆易燃物品带进客房，引起火灾。

b. 员工不按安全操作规程作业，如客房内明火作业，使用化学涂料、油漆等，且未采取防火措施而造成火灾。

c. 防火安全系统不健全、消防设施不完备等。

（2）火灾的预防。客房部日常的防火工作很重要，作为客房部应该结合本部门的特点制定适合本部门的火灾预防措施。

① 客房内配置完整的防火设施设备，包括地毯、家具、床罩、墙面、窗帘、房门等，尽可能选择具有阻燃性能的材料制作。

② 禁止客人携带易燃、易爆物品入客房。

③ 不得在客房内自行安装电器设备，禁止使用电炉、电暖气等电器。提醒使用电熨斗

的客人注意安全。

④ 及时清理楼道内的垃圾,保证疏散通道的畅通无阻。

⑤ 定期检查房内电器是否处于正常使用范围,有否超负荷用电。

⑥ 熟悉各种消防设备和设施的存放地点。

⑦ 定期打扫楼梯间、转弯处等隐蔽区域,杜绝隐患的存在。

⑧ 房内床头柜上摆放"请勿吸烟"的标志,烟灰缸应摆放在梳妆台上。

⑨ 发现火情时,应马上报告消防中心。

(3) 火灾事故的处理。客房楼层发生火灾时,客房服务人员应充分表现平时良好的专业服务能力和紧急应变能力,沉着冷静地按平时防火训练的规定要求迅速行动,确保客人的人身、财产安全和酒店的财产安全,努力使损失减少到最小程度。

① 发现火情时的处理。

a. 立即使用最近的报警装置警报。

b. 及时发现火源,用电话通知总机,讲清着火地点和燃烧物质。

c. 使用附近合适的消防器材控制火势,并尽力将其扑灭。例如,使用灭火器:拔下安全插销,喷嘴对准火源,用力压下握把。

d. 关闭所有电器开关。

e. 关闭通风、排风设备。

f. 如果火势已不能控制,则应立即离开火场。离开时应沿路关闭所有门窗,在安全区域内等候消防人员到场,并为他们提供必要的帮助。

② 听到报警信号时的处理。

a. 客房服务人员首先要能辨别火警信号和疏散指令信号。例如,有的酒店规定一停一响的警铃声为火警信号,持续不断的警铃声为疏散信号。

b. 客房服务员听到火警信号后,应立即查看火警是否发生在本区域。

c. 无特殊任务的客房服务员应保持镇静、警觉,随时待命,同时做好客人的安抚工作。

③ 听到疏散信号时的处理。

a. 疏散信号表明酒店某处已发生火灾,要求客人和全体酒店员工立即通过紧急出口撤离到指定地点。该信号只能由在火场的消防部门指挥员发出。

b. 迅速打开紧急出口(安全门)、安全梯,有组织、有计划、有步骤地疏散客人。

c. 组织客人疏散时,严禁乘坐电梯。

d. 帮助老弱病残、行动不便的客人离房,楼层主管要逐间查房,确认房内无人,并在房门上做好记号。

e. 各楼梯口、路口都要有人把守,以便为客人引路。

f. 待人员撤离至指定的地点后,客房部员工应与前厅服务人员一起查点客人。

g. 如有下落不明或还未撤离的人员,应立即通知消防队员。

3. 防盗工作

偷盗现象在酒店里时有发生,尤其在管理不善的酒店更是如此。偷盗的发生或多或少地影响客人在酒店内的正常活动,直接或间接地影响酒店的声誉。客房部应采取有效措施,预防偷盗事件的发生。

（1）客房失窃类型。

客房失窃可分为饭店财物失窃和客人财物失窃两种类型。

① 酒店财物失窃。酒店失窃的物品通常有床单、毛巾、毛毯及客房用品。失窃用品价值虽然不高,但还是要引起客房部员工的重视。

② 客人财物失窃。为避免客人丢失贵重物品,服务员应提醒客人要做好贵重物品的登记工作。

（2）客房失窃的原因。

客房失窃的原因有如下3个。

① 员工内盗。员工内盗是指酒店内部员工的偷盗行为。心理学研究表明人有从众行为,容易仿效,当一名员工被发现有偷盗行为,而不能及时被阻止的话,其他员工可能会模仿。

② 客人盗窃。客人偷盗是指住店客人中的不良分子有目的或顺手牵羊的偷盗行为。

③ 外来人员盗窃。外来人员盗窃是指社会上一些不法分子进入酒店实施的偷盗行为。

（3）盗窃事故的预防。

为有效防止失窃事件的发生,应针对不同的失窃原因采取相应的预防措施。

① 要防止员工的偷盗行为。客房部的员工平时能接触酒店和客人的财物,客房部应从实际出发制定以下有效防范员工偷窃的措施。

a. 聘用员工时,严格进行人事审查。

b. 制定有效的员工识别方法,如通过工作牌识别员工。

c. 客房服务员、工程部维修工、餐饮部送餐服务员出入客房时应登记其出入时间、事由、房号及姓名。

d. 制定钥匙使用制度。客房部服务员领用工作钥匙时必须登记签名,使用完毕后将其交回办公室。

e. 建立部门资产管理制度,定期进行有形资产清算和员工存物柜检查活动,并将结果公之于众。

f. 积极开展反偷盗知识培训和对偷盗者的教育培训活动。

② 要防止客人的偷盗行为。客房部制订科学、具体的"宾客须知",明确告诉客人应尽的义务和注意事项,也可以采取以下措施防止客人的偷盗行为。

a. 在饭店用品上印上或打上饭店的标志或特殊标志,使客人打消偷盗的念头。

b. 制作一些有饭店标志的精美的纪念品,如手工艺品等,给客人留作纪念。

c. 做好日常的检查工作,制定严格的管理制度,杜绝不良客人的企图。

③ 防止外来人员的偷盗行为。酒店周围可能会有一些不法分子在盯着客人伺机而动,因此:

a. 加强楼层进出口控制,以及进行其他场所的不定时巡查。

b. 加强安全措施,对于有价值的装饰品摆放在公共场所的,要注意加以保护。

c. 注意来往人员携带的物品,对于可疑人物尤其要高度重视。

（4）失窃事故的处理。

虽然防盗工作一直在做，但仍无法完全杜绝盗窃事故的发生，因此，一旦发现此类事情，对于酒店而言，还是要正确处理好。

① 接获客人投诉在房间内有财物损失，应立即通知以下单位（人员）：值班经理、保安科、房务部。

② 封锁现场，保留各项证物，会同警卫人员、房务部人员立即到客人房内。

③ 将详细情形记录下来。

④ 向保安部调出监控系统的录像，以了解出入此客房的人员，便于进一步的调查。

⑤ 过滤失窃前曾逗留或到过失窃现场的人员，假如没有，则请客人帮忙再找一遍。

⑥ 不要让客人产生"酒店应负赔偿责任"的心态，应树立客人将贵重物品放置在保险箱内的正确观念，这是首要预防盗窃的措施。

⑦ 遗失物确定无法找到，而客人坚持报警处理时，应立即通知警卫室人员代为报警。

⑧ 待警方到达现场后，让警卫室人员协助客人及警方对事件进行调查。

⑨ 将事情发生原因、经过、结果记录于值班经理交代本上。

⑩ 对于此类盗窃事件，除必须通知的相关人员外，一律不得对外公布。

4. 钥匙管理

酒店的钥匙通常有以下几种。

（1）住客用钥匙（guest key）。只能开启某一房间，供该房间的客人使用。

（2）通用钥匙（pass key）。供客房服务员打扫房间使用，可开启十几个房门。

（3）楼层总钥匙（floor master key）。供楼层领班使用，可开启该楼层的所有房间。

（4）总钥匙（housekeeper master key）。可开启各楼层及公共区域的所有房间，专供客房部及工程部经理使用。

（5）紧急万能钥匙（house emergency key or great grand master key）。只供总经理使用，也称饭店总钥匙。

（6）楼层储藏室钥匙（floor pantry key）。供楼层服务员使用。

（7）公共区总钥匙（cleaning master key）。供公共区领班使用。

酒店的钥匙是关系到客人生命、财产及酒店本身安全的一个重要因素。钥匙管理是楼层安全管理的一个重要环节，一般应采取以下几个措施。

（1）做好钥匙的交接记录。

（2）因公需用钥匙时必须随身携带，不得随处摆放。

（3）禁止随便为陌生人开启房门。其他部门员工如需要进入房间工作，如行李员收取行李、餐饮服务员收集餐具、工程部员工维修房间设施设备等，均须客房服务员开启房间。

5. 其他意外事件的防范

凡是能导致对客人造成伤害的任何不安全因素，都在被严格防范之列。在酒店运营过程中，防止意外事故的发生是不可忽视的重要内容，客房部对此类情况更要做好妥善处理工作。

（1）遇到自然灾害的处理。

自然灾害常常是不可预料或无法抗拒的,包括水灾、地震、飓风、龙卷风、暴风雪等。自然灾害的发生,会引起客人的恐慌,作为酒店的服务人员应以轻松的心情、沉着的态度来稳定客人的心,同时客房部应做好相关的安全计划,具体的内容包括以下3个方面。

① 客房部及其各工作岗位在发生自然灾害时的职责与具体任务。

② 应具备的各种应付自然灾害的设备器材,并定期检查,保证其处于完好的使用状态。

③ 必要时的紧急疏散计划(可以类似火灾的紧急疏散计划)。

(2) 突然停电的处理。

停电事故可能是外部供电系统引起的,也可能是酒店内部设备发生故障引起的。停电常会造成诸多不便。因此,酒店须有应急措施,如采用自备发电机,保证在停电时能立即自行供电。客房部在处理停电事故方面,应该制定周密的计划,使员工能从容镇定地应对。具体的内容包括:

① 若预先知道停电消息时,可用书面通知方式告知住店客人,以便客人早做准备。

② 及时向客人说明是停电事故,正在采取紧急措施恢复供电,以免客人惊慌失措。

③ 即使停电时间较长,所有员工都要平静地留守在各自的工作岗位上,不得惊慌。

④ 如在夜间停电,使用应急灯照亮公共场所,帮助滞留在走廊及电梯中的客人转移到安全的地方。

⑤ 加强客房走廊的巡视,防止有人趁机行窃,并注意安全检查。

⑥ 防止客人点燃蜡烛而引起火灾。

⑦ 供电后检查各电器设备是否正常运行,其他设备有没有被破坏。

⑧ 向客人道歉并解释原因。

⑨ 做好工作记录。

(3) 客人遗留物品的处理。

酒店管理客人遗留物品的归口部门是客房部,由客房服务中心或办公室负责处理。

要设立物品登记保管制度,详细记录失物或客人遗留物品的情况,包括物品的名称、遗留的地点及时间、拾获人等。对遗留物品要注明房号、客人姓名、离店时间等。

① 当客人结账离店时,客房服务员应迅速查房,如发现遗留物品,应立即通知客房中心或直接与前厅部联络;如果是散客的物品,客房服务员可通过前厅部与客人联络;若是团队客人的物品,则与团队联络员联系;若找不到失主,服务员应立即将物品送至客房中心或指定地点。

② 房内遗留的一般物品,由服务员在《服务员工作日报表》上"遗留物品"一栏内填写清楚。下班前,在《遗留物品控制单》上填写此物品的房号、名称、数量、质地、颜色、形状、成色、拾获日期及自己的姓名。《遗留物品控制单》一式三份,一份归拾获者,一份随物,一份留底,一般物品要与食品、钱币分开填写。将遗留物品连同填好的表单送至客房中心或指定地点。

③ 早、晚班服务员收集的遗留物品交到客房中心或指定地点后,由当班的中心联络员或专人负责登记在《遗留物品登记本》上。

④ 钱币及贵重物品经登记后,交主管进行再登记,然后交秘书保管。

⑤ 一般物品经整理后应与《遗留物品控制单》一道装入遗留物品袋,将袋口封好,在袋的两面写上当日日期,存入遗留物品储存室。

⑥ 遗留物品储存室每周由专人整理一次。如有失主前来认领遗留物品,须要求来人说明失物的情况,并验明证件,由领取人在《遗留物品控制单》或《遗留物品登记本》上写明工作单位并签名后取回该物。领取贵重物品时需留有领取人的身份证件的影印件,并通知大堂副经理到现场监督、签字,以备查核。若认领遗留物品的客人在前厅等候,则由秘书或主管将物品送到前厅。经客人签认后的控制单贴附在该登记本原页的背面备查。

⑦ 若有已离店的客人来函报失及询问,客房管理人员在查明情况后,亲自给客人以书面答复。所有报失及调查回复资料应记录在《宾客投诉登记簿》上备查。

⑧ 若客人打电话来寻找遗留物品,需问清情况并积极帮助查询。若拾物与客人所述相符,则要问清客人领取的时间,若客人不立即来取,则应把该物品转入待取柜中,并在《中心记录本》或工作日报上逐日交班,直到客人取走为止。

⑨ 若客人的遗留物品经多方寻找仍无下落,应立即向部门经理汇报。酒店对此情况应予以重视并尽力调查清楚。

⑩ 所有的遗留物品处理结果或转移情况均须在《遗留物品登记本》上予以说明。

(4) 客人意外受伤的处理。

客人在客房内遭受的意外伤害大多数与客房内的设备用品有关,一是设备用品本身有故障,二是客人使用不当。一旦发生客人负伤、生病等紧急情况时,必须向管理人员报告,同时应立即采取救护行动。

① 开房门发现客人倒在地上时,应注意客人是否在浴室倒下;是否因病倒地;是否在室内倒地时碰到家具;身上是否附着异常东西(绳索、药瓶等);倒地附近是否有大量的血迹;应判明是否因病不能动弹,是否已死亡。

② 在事故发生后,应立即安慰客人,稳定伤(患)者的情绪,注意观察病情变化,在医生来到之后告知病情。

③ 服务人员在医护人员来到之前,也可以进行临时性应急处置:如果伤处出血时,应用止血带进行止血,如果不能缠绕止血带时,用手按住出血口,待医生到达后即遵医嘱。

④ 如果是轻度烫伤,先用大量干净水进行冲洗;对于重度烫伤,不得用手触摸伤处或弄破水泡,应听从医生的处理。

⑤ 如果四肢骨折时,先止血后用夹板托住;如果是肋骨骨折,应在原地放置不动,立即请医生处置。

⑥ 如果头部受了伤,在可能的情况下要小心进行止血,并立即请医生或送往医院。

⑦ 如果后背受了伤,尽量不要翻身体,应立即请医生或送往医院。

⑧ 如果杂物飞进眼睛,应立即用洁净的水冲洗眼睛。

除此之外,为尽量避免发生客房内的意外事故,在平时的工作中,服务员要增强责任心,细心观察,严格按照岗位职责和操作规程办,管理人员查房时也要认真、仔细,不走过场,许多不安全因素就会被消灭在萌芽状态。

（5）客人食物中毒的处理。

食物中毒多是因为食品、饮料保洁不当所致，其表现多见于急性肠胃炎症状，如恶心、呕吐、腹泻等。为了保障所有来店客人的人身安全，必须采取以下措施。

① 采购人员把好采购关，收货人员把好验货关，仓库人员把好仓库关，厨师把好制作关。

② 发生客人食物中毒时，客房服务人员应马上报告总机讲明自己的身份、所在地点、食物中毒人员的国籍和人数、食物中毒程度和症状等。

③ 做好记录，并通知医务室、食品检验室、保安部、餐饮部、公关部、行李房、车队人员及总经理、副总经理到达食物中毒现场。

（6）客人死亡的处理。

客人死亡是指客人在酒店内因病死亡和自杀、他杀或原因不明的死亡。

① 正常死亡客人的处理规定。

a. 正常死亡需公安机关对尸体做出检验才能定论。

b. 国内人员可根据死亡者所留下的证件、电话号码等与其亲属联系，并根据中国法律进行处理。

c. 国外人员除以上方法与大使馆或领事馆取得联系外，还要尽可能根据各国的民族风俗进行处理。

② 非正常死亡客人的处理规定。

a. 立即报告公安机关。

b. 无论是室外、室内的死亡现场，都必须保护尸体和保护现场的各种痕迹、物证不受破坏。

c. 遇悬挂着的尸体，检查是否还有体温，是否还有脉搏、呼吸，应首先考虑抢救，抢救时可先用剪刀剪断颈部的绳或带，将人体卸下时避免造成新的伤痕，并将绳或带保存好；如确认已经死亡，则不要移动尸体，待公安人员到场后进行处理。

d. 如室外遇急救人命、抢救财物、排除险情等必须进入现场或必须移动现场物品时，保安员应尽量避免踩踏现场的足迹和触摸现场的物品，对罪犯留在现场的物品、工具等不要用有浓烈气味的物品遮盖，以免破坏嗅源。

③ 客人在店期间不幸死亡的处理程序。

a. 发现住客死亡之后，应立即与医生、保安主任和房务主管一起进房。

b. 迅速通知死者的家属、工作单位、接待单位、同行人员。如是境外人员，须及时通知投保的保险公司。

c. 通知饭店总经理及有关部门的经理，通知总台接待部封锁该房，注意房号保密。死者运出之前该层一般不安排客人入住。

d. 征得死者家属或单位同意后，报公安机关，并接受法医验尸。

e. 尽快将死者转移出饭店，转移时注意避开住客，可选择夜深人静之时从员工梯降到后区出店。

f. 死者的遗留物品应及时整理、清点和记录，作为遗留物品妥为保存，待死者有继承权的亲属或委托人认领并做好领取的签收手续。

g. 前厅部经理应根据调查的结果写出客人在店期间死亡及处理经过的报告,经总经理审阅通过,一份留饭店备案,其余的交给死者亲属及有关单位和人员。

h. 对死者的死因不做随意的猜测和解释,统一由饭店指定的权威人士解答。

i. 请卫生防疫部门严格消毒客房,客人用过的物品和卧具做焚毁处理。

(7) 客房防爆管理工作。

饭店客房的防爆工作是指为了客人的人身和财物安全,对需要保护的人员、特殊财物、特殊区域,如重要客人、秘密文件、特殊设施、保密会议等的保卫工作,以及对于企图破坏酒店或客人安全的不安定分子进行警戒、防备、探察、制裁等积极的防范工作。因此,酒店应做好客房防爆管理工作。

① 要让酒店的所有管理人员和职工尤其是客房部员工明白防爆的重要性和懂得防爆的知识。酒店内不得存放任何危险品。平时整理客房时要注意观察异常物品;在服务过程中要注意可疑的人。

② 酒店要制定防爆方案,进行防爆演习,可以同防火工作联系在一起。

③ 对于发生爆炸以后的现场,立即组织人员警戒,除医务人员、消防人员和公安人员,其他人员一律不得进入现场。已死亡者,应等待法医鉴定处理。应向现场目击者问清情况,并详细记下姓名、住址、单位等,以便事后询问。

④ 事故处理完后,写详细报告并存档。

(8) 预防外来侵入和骚扰事件。

客房部安全管理工作还要预防外来侵入和骚扰事件,此类事件既会影响酒店的正常营业,威胁酒店员工及客人的安全,干扰、妨碍客人在酒店中的正常活动与休息。因此,要做好预防工作,防患于未然。

① 预防外来侵入。为防止客人在客房内遭受外来的侵扰,客房门上的安全装置是十分重要的,包括能双锁的门锁、安全链、无遮挡视角一般不低于160°的门镜、其他能进入客房的入口处的门(阳台门、连通门等)都应能上闩或上锁。

② 预防骚扰。预防外来的对住客的骚扰,尤其是娼妓骚扰(往往采用打电话方式),是客房安全管理中很棘手的一个问题。不但影响酒店的声誉和正常营业,也干扰了客人在酒店中的正常活动和休息,威胁着客人的安全。根据国内外一些酒店的经验,可以采取如下较为灵活的方法加以控制。

a. 保安人员和服务人员不动声色地进行监视,一旦有娼妓嫌疑的人准备乘电梯上楼时,保安人员即用对讲机或电话通知楼层服务员,告知其特征,注意对其的"接待"。

b. 当"客人"走出电梯时,客房服务员可让其办理访客登记手续,并以巧妙的方式提问试探,必要时可委婉地请其上楼。

c. 客房服务员应尽量记住住客和访客,特别是一些可疑者的特征,如发现异常情况及时向管理人员或保安部门报告。

d. 可在酒店总机房安装电话来电显示器,如发现有相同号码的电话经常打往酒店不同客房时,可采取预防措施。

e. 当客房部员工发现有住客带暗娼进房时，应报告酒店保安部。

三、知识拓展

（一）客房部常规消防安全工作

1. 一线服务员

（1）每天检查电器设备运行是否正常，有无超负荷运行，电线、电缆的绝缘有无老化、受潮、漏电短路等。

（2）每天检查消防器材及消防系统的完好情况。

（3）每个员工每天对本岗位、本地段进行一次火情安全的检查，排除本身能够排除的一般不安全因素，上报本身不能解决的火情隐患及不安全因素。

视频：巡楼工作

（4）发现问题应及时处理、及时报告，否则发生事故则由本岗位当班人员负责。

（5）接班时应提前 10 分钟进入岗位，并向上一班了解安全情况，检查内容进行验收并签名。发现的问题一般由接班班长负责处理，较大的问题以书面形式报部门领导处理，不得忽视或拖延。

2. 管理人员

（1）部门管理人员每周组织主管对客房部管辖地段、设备物资（特别是易燃易爆物品）进行一次检查。

（2）每周落实一次对防火安全工作的执行情况。

（3）组织处理本部门的火险隐患及整改情况。

（4）每周将消防安全情况书面报告总经理室。

（二）夜遇醉酒客人的处理

醉酒客人常见的问题是神志不清、开错门、吵闹、呕吐，严重的还会危及性命。所以，遇到醉酒客人时除了思想上要重视外，还需要有一定的处理知识和处理技巧。比如，要避免单独处理，以免事后解释不清。

（1）呼叫客房服务中心，安排一名工作人员，最好是领班或主管前往共同处理。

（2）若醉酒者是住客，请其出示房卡，与前来协助的工作人员共同帮助其进入房间，安顿好。若客人烂醉，无法说清自己的房号且无法查实时，可以报请值班经理先安置其进入空房或搀扶其到大堂吧休息醒酒。入房后，倘若需要躺下，注意帮助客人侧睡，将多余的床上用品撤除，将垃圾桶放置床头附近，并在床头柜上放好毛巾，打开夜灯，关闭房门。此后，至少每隔半小时入房巡查，并做记录，以避免发生意外。

（3）若醉酒者非住客，通知保安部，协助其离开楼层。

四、实践演练

（一）醉酒客人需要开门

1. 任务情境

假设你是一名客房服务员，在夜里巡楼时，发现一醉酒客人迎面走来，声称钥匙找不到了，请服务员帮忙开门。当询问其住哪个房间时，该客人一会说是 1202 房间，一会说是

1220 房间。你该怎么办？

2. 任务实施

（1）代客开门服务的工作程序。

（2）醉酒客人的处理。

3. 任务评估

（1）考核时间：10 分钟。

（2）考核场地：模拟客房楼层。

（3）考核用品准备如表 1-26 所示。

表 1-26　醉酒客人开门服务操作准备单

名　称	数　量	要　求
房卡	1	可用任意磁卡模拟
工作手机	1	可用任意手机模拟
工作记录本	1	可用任意本子模拟
笔	1	

（4）操作考核评估如表 1-27 所示。

表 1-27　醉酒客人开门服务考核评估表

任务要求		评估意见
服务用语是否得当		
是否通知值班经理		
操作程序是否合理	询问	
	核对	
	记录	
服务效率是否高（不得超过 10 分钟）		

（二）发现火情

1. 任务情境

下午 4 点 30 分，你在十一楼巡查时，突然闻到有较浓的烧焦物品的味道。你该怎么办？请进行模拟演练。

2. 任务实施

（1）操作程序，如图 1-44 所示。

（2）干粉灭火器的使用方法如图 1-45 所示。

3. 任务评估

（1）考核时间：5 分钟。

（2）考核场地：模拟客房楼层。

（3）考核物品准备如表 1-28 所示。

保持冷静，迅速找到火源，并查明掌握失火的燃烧物及火情

立即使用最近的报警装置进行报警，拨打酒店规定的报警号码，通知总机，报告保安部和酒店高层主管具体的着火地点和燃烧的物质

迅速利用就近的消防器材进行灭火工作，并注意保护客人的人身和财物安全

迅速打开紧急出口和安全梯，保持其安全通畅，切断所有电器的电源并关闭通风、排风设备及电梯，逐一检查每一间客房是否还有客人，并引导客人撤离，然后保持在安全距离之外。如果火势不能控制，应立刻引导全部客人离开火场，离开时沿路关闭所有门窗

等待消防人员到场，提供必要的情况说明

图 1-44 发现火情时的处理程序

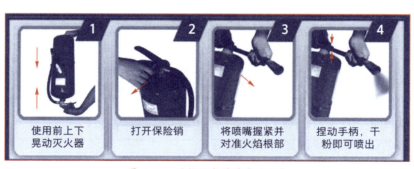

图 1-45 干粉灭火器的使用方法

表 1-28 发现火情服务操作准备单

名　称	数　量	要　求
模拟火情	1	可用模拟小火焰(纸板),放置于客房楼层的垃圾桶内
工作手机	1	可用任意手机模拟
报警装置	1	模拟按钮
便携式干粉灭火器	1	

（4）操作考核评估如表 1-29 所示。

表1-29　发现火情服务考核评估表

任务要求		评估意见
反应迅速		
操作程序是否合理	打电话	
	报警	
	灭火	
	保护客人	

视频：常客
服务

任务五　常客服务

一、情境导入

（一）情境内容

1616房间住进一位常客，根据客史信息（见表1-30），该客人已经是第7次入住本酒店了。服务员将如何对该住客开展个性化服务？

表1-30　客史档案列表

姓　名	性　别	年　龄	客史信息
王×× （××集团部门经理）	男	38岁	客房内的速溶咖啡消耗大，白天很少在房间，衣服洗后晾在房间，随身携带的资料比较多，曾表示很怕热

（二）任务实施

常客服务的任务实施流程如图1-46所示。

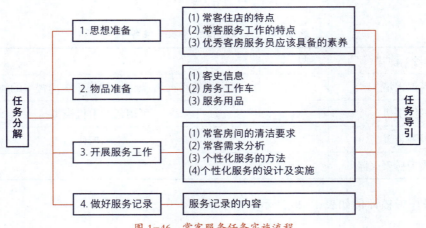

图1-46　常客服务任务实施流程

（三）任务评估

（1）考核时间：15分钟。

（2）考核场地：模拟客房。

（3）考核物品准备如表1-31和表1-32所示。

表1-31 常客服务考核用品准备单

物品名称	数　量
模拟客房	1间
工作车（清洁车）	1辆
客房用品	1套（根据实际情况提供）
水果	1篮

表1-32 常客服务考核表

组别：_____   姓名：_____   时间：_____

序号	考核内容	考核要点	评分标准	配分	扣分	得分
1	准备工作	小组在教师指导下做好接待用品准备	（1）未根据通知单确认房号、抵达时间、人数、特殊要求等扣3分 （2）未准备水果等扣2分	5		
2	布置房间	按常客接待要求完成客房个性化布置	（1）未根据客史信息设计并布置客房扣8分 （2）物品摆放不正确扣2分	10		
3	抵达迎接	扮演客人和服务人员进行现场情境模拟	（1）未规范站立进行梯口迎接扣2分 （2）未主动问候、热情接待、引领贵宾进入房间扣2分 （3）未以姓氏或者职务称呼扣1分	5		
4	客房清洁	住客房清洁	（1）未按照住客房清洁要求开展客房清洁扣3分 （2）未进行客史信息搜集及更新扣2分	5		
5	客房服务	个性化服务（包括擦鞋服务、小整服务、洗衣服务、夜床服务、离店服务等）	（1）未进行客史信息搜集及更新扣2分 （2）未根据客史信息开展针对性服务扣3分	5		
合计				30		

考核时间：_____年____月____日　　　　考评教师签名：_____

二、知识链接

(一) 客房服务质量管理

客人是评判服务质量的权威,客人对服务通常有如下要求。

1. 真诚

服务人员应全心全意地为客人服务,要做到这一点,关键在于是否对客人、对服务工作有正确的认识,服务工作中如果没有客人就没有消费,酒店也就失去了发展的基本条件。

2. 礼貌

服务人员在与客人的接触中,必须时刻注意礼貌,让客人自己感到时时处处受到尊重,同时,也表现出了服务人员自身的素质,使酒店有一个良好的形象。

3. 主动

服务人员在服务工作中要主动为客人提供帮助、提供便利,及时满足客人的合理需求,要做到"眼勤、嘴勤、腿勤"。主动来源于细心,要细心观察、善于思考,掌握客人的需求心理,把工作做在客人开口之前。

4. 耐心

在服务工作中,要始终如一地贯彻质量标准。客人形形色色,情况复杂多变。服务人员要能正确对待各种各样的人和事,要能经得起各种考验,能吃苦。耐心来源于意志上的坚强,而这些取决于良好的个人修养和高尚的职业道德。

5. 准确

准确包含了 3 个方面的含义:一是对客人的需求要了解、分析、判断得准确;二是对客人的吩咐要理解得准确;三是工作做得准确。

6. 有效

有效主要是要求服务必须具有实实在在的意义,要真正满足客人的实际需要,解决客人的实际问题,要避免做表面文章,落得好心办坏事的结果。

7. 安全

客人时刻都会关心自己人身及财产的安全,在服务中,服务人员必须把安全放在首位。客房部提高客房服务质量的途径通常有如下途径。

(1) 培养员工的服务意识。

(2) 强化训练,掌握服务技能。

(3) 增强员工的应变能力。

(4) 为客人提供微笑服务。

(5) 为客人提供个性化服务。

(6) 称呼客人的姓名。

(7) 为日常服务确立时间标准。

(8) 搞好与酒店其他部门的合作与协调。

(9) 征求客人对服务质量的意见,作为提高服务质量的切入点。

(10) 加强对员工在仪表仪容与礼貌礼节方面的培训。

（二）对客服务基本模式

酒店的客房服务模式是一个比较老的话题，它实际上说的就是酒店客房的宏观运营方式。由于各种类型的酒店设施设备配备不尽相同，因此，在客房服务模式的选择上，也各有各的做法。早期的酒店，楼层服务台和客房服务中心是最常见的客房服务模式。但随着酒店类型的增多，酒店业的不断发展，新的客房服务模式应运而生，即前台直管模式。由于各种模式的侧重点不同，所以在岗位安排、人员配备等具体做法上也有所不同。

1. 楼层服务台模式

酒店在客房区域内，各楼层在靠近电梯口或楼梯口的位置设置为客人提供服务的服务台即为楼层服务台。楼层服务台一天 24 小时都会有服务人员值班，为客人提供服务。从某种意义上来说，它就相当于酒店前厅驻楼面的办事机构。从整个酒店的宏观管理上来看，楼层服务台成为酒店其他部门与客房之间相互沟通的桥梁。

（1）楼层服务台的主要职能。

对于各种类型的酒店来说，楼层服务台基本上都会有如下基本职能：楼层服务台为本楼层的客人提供日常服务，如开房、客房清扫、访客登记、钥匙保管与发放等；楼层服务台是客房部与酒店其他部门的联络中心，如工程部的客房维修与保养、采购部的物品采购与配给、餐饮部的客房送餐等；楼层服务台是本楼层的安全管理机构，楼层服务台安排服务人员 24 小时值班，可以大大降低酒店安全事故发生的概率。此外，楼层服务台还是楼层信息的传达中心。

（2）楼层服务台模式的优缺点。

由于楼层服务台有服务人员值班，这大大加强了客房部与住店客人之间的交流，能够为客人提供较好的面对面的针对性服务；楼层服务台的设置也有利于酒店楼层的安全保卫工作的开展；楼层服务台的设置还有利于酒店客房部及时、准确地了解酒店客房的房态及运营情况，为前厅管理工作提供及时、准确的信息参照。

但是，楼层服务台模式慢慢被现代高星级酒店淘汰，主要因为楼层服务服务台的如下缺陷：楼层服务台三班倒，投入的人力较多；每层都有楼层服务台，这导致管理点分散，不利于酒店客房的统一管理；楼层服务台一般设置在楼层走廊较为显眼的位置，这会使客人感到不自由，客人的隐私得不到有效保障；此外，我们常常看到，由于无人监管（一般的酒店没有监控设备来监控楼层服务台），楼层服务台的服务人员行为过于散漫，做一些与工作无关的事情，如看报、织毛衣等，如被客人看到，会严重影响酒店的声誉。当然，楼层服务台的诸多缺陷在一般招待所、旅社、旅馆是比较常见的。

2. 客房服务中心模式

客房服务中心是现代酒店客房管理的主导模式，是酒店客房管理的神经中枢。它一般设置在酒店员工更衣室与员工电梯之间的隐蔽处，主要通过电话的形式为酒店的客人提供周到的服务。一般情况下，客房服务中心应该具有同时接听两个以上电话的能力，大型酒店可以采用小型交换机来保证信息运量。在客房员工管理方面，一般酒店都会建立一个BP 机寻呼系统，以保证客房部员工信息沟通顺畅。

此外，现代酒店在建立客房服务中心时，通常注意了消毒间、工作间、物品存储间的合理分布。在没有设置楼层服务台的酒店,一般在每个楼层都会设有工作间,工作间主要是楼层服务员工作和休整的区域,它的设置一般较为隐蔽,但也需要让客人能够很容易找到。而有的酒店在设有客房服务中心的同时,也会在每个楼层设置楼层服务台,这在国内的三星级酒店使用较多。这种客房服务中心加楼层服务台的做法,往往导致人力资本的大量增加,却并未起到较好的管理效果,很多设有客房服务中心的酒店,楼层服务台总是没有服务人员值班,形同虚设,反而还占用了酒店的投资成本。

(1)客房服务中心的主要职能。

客房服务中心的主要职能是对酒店客房进行统一化、综合化和全面化的管理。一般情况下,凡是与酒店客房部有关的工作信息,都会在第一时间先传达到客房服务中心,然后经过客房服务中心的工作人员的初步处理再具体传达给其他工作人员,这种方式可以提高工作效率。客房服务中心的设置,使其成为和酒店其他后台部门类似的封闭式的管理部门(即不直接面对客人),这对工作人员的素质提出了较高的要求。工作人员要时刻关注房态、做好各类物品的登记与发放、制作住房报表、及时处理客人的要求、及时安排清扫工作等。

(2)客房服务中心模式的优缺点。

客房服务中心模式大大减少了人员的编制,节省了人力,降低了成本开支;保证了客房楼层区域内的安静,为客人提供了一个较为安宁和私密的空间;有助于对客房服务人员的调度与控制;保证了客房管理信息的畅通,有助于加强对客房整体运作效果的把握。

但客房服务中心并非没有缺陷,其缺陷主要表现在对设施设备和人力资源的要求方面。首先,在设施设备方面,由于客房服务中心仅在酒店某个楼层开设,同时又要其运力较强,因此对客房服务中心的硬件设施提出了较高的要求。客房服务中心一般需要设置呼叫系统、电话系统,还需要在楼层安装监控设备,以保证酒店楼道的安全,这样一次性投入的成本是比较大的。同时,即使这些设备安装后,客房对内对外管理方面还是会存在一些不安全的因素,会影响客人的安全感。其次,在人力资源方面,客房服务中心的管理模式需要训练有素的员工队伍来支持,一旦配合得不好,会影响整体功能的发挥。客房服务中心不提供面对面的对客服务,使服务不具有直接性,缺乏人情味,致使客人对客房服务人员的信赖度降低。而且由于是通过电话来进行呼叫的,导致服务人员往往不能够主动发现客人的需求并及时提供服务。

3. 前台直管模式

前台直管模式是基于现代酒店发展的类型增多而出现的一种新的客房服务模式。中小规模的住宿企业,如商务快捷酒店、短租酒店、民宿等都是近年来逐步发展起来的住宿企业。这些企业一般规模不大,通常以提供客房产品为主,客房数量在几间到几十间不等,价格差异较大,客房从经济型到豪华型均有。这类住宿企业由于客房数量较少,业务种类不多,往往采取的客房服务模式是前台直管模式,将客房直接划归前台管理,不设楼层服务台,也不设置客房服务中心,而是在前台班组中设客房服务和清扫小组来对客房进行管理。

(1)前台直管模式的主要职能。

前台直管模式与前述两种客房服务模式在职能方面差异不大,主要也是对客房进行基本的管理,为客人提供日常周到的服务。主要职能包括钥匙分发、安排客房清扫、保障客房安全、物品管理与分发、信息统计等。

（2）前台直管模式的优缺点。

前台直管模式的最大优点就是节省了人力成本，将客房纳入前台管理系统之内，保证了前台管理与客房管理的统一性。但是，前台直管模式的缺陷也比较明显，即在对客服务方面不能够做到面对面和及时性，同时也存在较大的安全隐患，住客在客房区域发生问题不能够被及时发现。不管如何，前台直管模式对于小型酒店来说，优势比较明显。时下在精品民宿中流行的"民宿管家"就是前台直管模式的演变。

高星级酒店在客房服务模式的选择上可以重点考虑客房服务中心模式，或者是客房服务中心加楼层服务台的混合模式。中低档次的星级酒店在客房服务模式的选择上可以重点考虑楼层服务台模式，来提高对客服务的效率，弥补硬件设施的不足。而一般小型的商务酒店则可以采取前台直管模式以提高人力资本的使用效率。但无论如何，任何类型的酒店在选择客房服务模式时，都应该重点考虑酒店本身的客源结构和档次，同时也要考虑当地劳动力成本的高低及当地社会治安环境的情况等因素。

如何在节省人力成本、提高设施设备使用效率、保障酒店客房安全、提供高效的客房服务等方面找到一个平衡是未来酒店客房管理应该关注的一个重要话题。本书所阐述的 3 种客房服务模式在具体执行的时候都会有一定的局限性，任何模式都不可能放之四海而皆准。在实际的经营中，酒店客房管理中还是会出现各类问题，如客人在客房自缢等特殊情况，哪种模式都不会替酒店解决诸如此类的特殊事件，因此，加强客房管理，使管理环节畅通，必须要有全体员工的通力配合才能完成。

（三）客人投诉的处理

酒店投诉是指客人对酒店所提供的产品或服务不满时，而提出的具有批评意见的信息反馈。

1. 客人投诉的原因

在酒店服务和接待的过程中，产生投诉的原因多种多样，大致可以归纳为以下两方面。

（1）酒店方面的原因。

① 服务形象不佳引起的投诉。这是指由于饭店服务人员在对客服务过程中服务意识不强、态度不佳与仪容仪表不整洁等引起的客人投诉。例如，某些服务员冷淡的态度、无礼的语言、过分的热情或者极不负责任的承诺，以及服务员仪容仪表不整、个人卫生不佳等。

② 服务技能不够娴熟引起的投诉。这是指由于饭店服务人员服务技能不够娴熟，服务效率低，出现差错，引起客人的投诉。例如，叫早服务不准时或者无效，邮件、传真、留言等不能及时传递，洗衣服务提供不及时等。

③ 设施、设备、用品质量问题引起的投诉。酒店设施、设备由于保养不善，运行发生困难，客房客用消费品或租借品质量不佳，都会给客人带来不便，也是引起客人投诉的主要原因。例如，空调失灵、照明或供水不正常等。

④ 管理不善引起的投诉。这是指酒店管理不善，制度不严密，或各部门、各岗位及各班次之间沟通不畅，联系脱节导致工作失误引起客人的投诉。

（2）客人方面的原因。

① 客人醉酒。客人在醉酒情况下，失去理智，提出一些无理要求遭到拒绝而产生投诉。

② 客人因自身原因情绪不佳，寻求发泄，引起投诉。

③ 客人对饭店方面的有关制度规定不了解或产生误解而引起的投诉。

2. 处理客人投诉的原则

（1）真心实意地帮助客人解决问题。

酒店服务人员及管理人员要明白，处理客人投诉时的任何拖沓或"没了下文"都会招致客人更强烈的不满。

（2）不与客人争辩。

即使是客人错了，也不能与客人争辩，不能与客人正面交锋，只能耐心地解释，取得客人的理解和谅解。

（3）不因小失大。

酒店服务人员和管理人员在必要时要把"对"让给客人。

（4）"双利益"原则。

处理客人投诉既要保护酒店的利益，也不能损害客人的利益。如果片面地追求酒店的利益，其结果必然会损害客人的利益，最终结果将是损害酒店的长远利益。

3. 客人投诉处理的流程

为保证客人投诉处理达到预期目标，必须有一系列投诉处理流程作为支撑。

（1）一般情况下的处理流程。

① 客人投诉的事项有明确的文件规定，可以正常处理。

② 投诉信息清楚无误，足以作出判断。

③ 受理人有足够的权限可以进行处理。

④ 客人接受饭店预订的解决方案。

（2）升级处理的流程。

① 处理投诉所需采取的行动超出了受理员工的权限。例如，某酒店规定客房部主管在处理投诉时有不超过 500 元的权限。

② 可能对饭店的声誉或经济造成重大影响的投诉。例如，惊动新闻媒体的投诉要上报总经理。

③ 关系复杂，牵涉酒店多个部门的投诉。

④ 客人不接受酒店提出的解决方案。

通过升级处理，可以避免因某些人为因素而使投诉处理停滞不前，当投诉处理和客人发生分歧时，升级处理可以缓解对立情绪，避免事情影响扩大。

（3）外部评审流程。

尽管客人的投诉问题最好能在酒店内部解决，但是再好的投诉处理也不能期望让所有的客人满意。因此，当客人不接受饭店提出的解决方案，且无法继续协商时，甚至要准备采取法律行动时，就需要进入外部评审流程，即通过酒店行业主管部门、酒店协会、消费者协会或仲裁委员会等机构进行处理。

酒店可采用多种处理投诉的方法和技巧力争内部解决。如果到了双方僵持不下的地步,为防止事态扩大,避免进入法律程序,应主动推荐进入外部评审程序。

在进入外部评审程序前应做好的准备工作包括:澄清双方愿意接受的底线、收集投诉受理、双方的沟通情况和已经采取的措施等用于外部评审时所需的证据。

从整个流程的角度看,所有的投诉处理都可以归纳为 5 个步骤:受理—答复—行动—回访—改进。

(四) 客史信息的收集和使用

客史档案是酒店服务与经营的珍贵工具,它是一切工作的信息来源。建立完善的客史档案管理可以帮助酒店构筑良好的口碑、较高的回头率和卓越的企业形象。

1. 酒店客史档案

酒店客史档案是酒店对在店消费客人的自然情况、消费行为、信誉状况和特殊要求等信息所做的历史档案,是酒店改善经营管理和提高服务质量的必要资料,也是酒店用来促进销售的重要工具。建立客史档案的部门主要有销售部、前厅部、餐饮部及客房部。

2. 酒店建立及管理客史档案的重要性

(1) 有利于提升酒店的服务品质。

酒店通过客史档案对客人信息进行深入分析,能够全面了解客人的爱好和个性化需要,开发出"量身定制"的产品,提高客人的满意度。此外,酒店通过个性化服务及与客人间"一对一"的情感沟通,客人对酒店会产生信任感,客人满意将升华为客人忠诚,酒店服务的品质会得到客人进一步的认同。

(2) 有利于培养酒店的创新能力。

通过对客史档案的管理和应用,酒店能够及时掌握客人消费需求的变化,适时调整服务项目,不断推陈出新,确保持续不断地向市场提供具有针对性、吸引力的新产品,满足客人个性化的消费需求。

(3) 有利于提高酒店的经营效益。

客史档案的科学运用将有助于酒店培养一大批忠诚客人,一方面,可以降低酒店开拓新市场的压力和投入;另一方面,由于忠诚客人对酒店产品、服务环境比较熟悉,具有信任感,因此他们的综合消费支出也就相应比新客人更高,而且客人忠诚度越高,保持忠诚的时间越长,越有利于酒店的长久发展。

(4) 有利于提高酒店的工作效率。

客史档案为酒店的经营决策和服务提供了翔实的基础材料,使得酒店的经营活动能够有的放矢,避免许多不必要的时间、精力、资金的浪费。良好的客户关系的建立,也有助于酒店工作氛围的改善,员工的工作热情、主动精神将得到有效地发挥,酒店整体的工作效率也将得到极大的提高。

(5) 有利于塑造酒店的品牌效应。

口碑效应是酒店品牌塑造的关键因素,忠诚客人的一个显著特点是会向社会、同事、亲戚朋友推荐酒店,义务宣传酒店的产品和优点,为酒店树立良好的口碑,带来新的客源。根据客史档案划分、培育忠诚客人,可以为酒店创造更为重要的边际效应。

3. 酒店客史档案的内容

(1) 常规档案,如客人姓名、国籍、性别、公司名称、职务、常居住地、出生日期等。

(2) 住店记录,如每次住店房号、日期与天数、订房渠道、接待单位、联系人等。

(3) 消费档案,如消费金额、消费项目、消费时间等。

(4) 个性特点,如客人的脾气、性格、宗教信仰、风俗习惯、言谈举止、外貌特征、经历、交往、需特别留意之处等。

(5) 意见或建议,如客人对酒店的表扬、批评、投诉记录等。

4. 酒店客史档案的信息来源

(1) 预订单。

(2) 登记单。

(3) 账单。

(4) 客人拜访记录。

(5) 客人意见书。

(6) 客人需求调查表。

(7) 服务人员通过与客人交流、观察获得的信息。

(8) 与接待单位的沟通。

(9) 互联网等。

5. 酒店客史档案管理的重点对象

(1) 重要客人。

(2) 商务客人。

(3) 有潜力的散客。

(4) 回头客等。

6. 有效建立酒店客史档案的方法

(1) 准确建立并选择客史档案,避免重建。

(2) 收集客人的名片,准确录入常规档案的内容。

(3) 对酒店常客,消费潜力大或对酒店声誉影响大的客人,应视为重点或目标客人。

(4) 多渠道收集信息,尽可能多地积累客人信息是档案建立的基础。

(5) 对信息进行筛选整理,选择有价值的信息,储存在信息库中。

(6) 加强与客人的沟通。

(7) 保持内部沟通渠道的畅通等。

7. 酒店客史档案的充分利用

(1) 提前准备登记资料,减少常客的等候时间。

(2) 根据入住次数划分 VIP 等级、信用等级等,让常客感受到与众不同的待遇。

(3) 通过晨会、班前会让员工提前掌握客人的信息。

(4) 由专人对客人喜好落实工作进行检查。

(5) 提前准备,通过一点一滴向客人渗透饭店对客人的关怀与友善。

(6) 利用客史档案的数据资源,进行相关市场分析、客源结构分析等。

8. 酒店客史档案的系统化管理
(1) 档案的补充、更新与管理要保持同步,信息要互动共享。
(2) 提前核对客人的喜好,确保准确性、及时性。
(3) 对重点客人的档案调用情况进行审核,为个性化服务提供信息保障。
(4) 建立客人隐私保护程序。
(5) 设立客史档案经理职位等。

 数字化实践

任先生过几天将前往杭州宋城附近出差,他查看周边的酒店后,仍然选择之前入住过的铂卡曼洲际酒店。

当任先生抵达酒店时,前台接待员亲切地称呼他"任总"并给他安排了位于5层、远离电梯的大床房。任先生满意地接过房卡并入住房间。一踏入房间,客房舒适的温度、可口的水果、欢迎卡上真诚的语句,都是一种真诚的礼遇。次日一早,进入餐厅时,餐厅员工热情地为任先生引座,并随后呈上一碗热腾腾的馄饨,以及两个单面煎蛋,任先生舒心地品尝起来……这一切的幕后功臣就是客史档案。

即使在疫情期间,铂卡曼洲际酒店仍能保持一定的入住率,它在经营方面的过人之处就在于它利用客史档案(见图1-47)来辅助客户服务。

图1-47 客史档案管理系统界面

对企业来说,能够了解客户的来源、状态、历史记录等资料是非常有意义的,过去服务行业可能会对每个客户建立档案,我们叫客户档案信息表,通过完善客户档案信息来管理客户信息的收集和追踪。

随着客户数量的增加,纸质化的客户档案信息表的管理方式显得低效,数量的增加不仅使档案难保管、难查询,也不易于新人接手和数据分析,还很容易丢失。

目前,客户档案信息管理可以用专业的软件来实现,像铂卡曼洲际酒店使用的绿云系统不仅可以把企业在用的客户档案信息表完全搬到线上,实现随时随地登记、检索、查询(见图1-48)等,实现所有字段全局搜索,快速查询,便于销售人员、客服人员快速查看客户的所有档案,这是过去纸质化表格、Excel表格完全无法企及的。

客户档案信息管理最重要的功能是可以关联其他模块,如报价、商机、合同、订单、收款等,实现销售过程自动化、业务流程自动化、任务智能提醒等。

图1-48 协议单位档案查找界面

(五)常客服务分析

常客在酒店住宿次数较多,停留时间较长,最容易发现酒店的问题,也最容易对酒店的形象起到宣传作用,将常客认定为VIP,做好常客服务工作,用优质的服务使他们满意,是酒店得以持续发展的关键因素之一。

一般酒店常客的消费能力比较强,在住宿期间对客房的设备设施的要求也比较高,他们通常有一些特殊的要求,如咖啡机、果汁机等的配备或电视节目的收看;此外,他们对客房服务也有其特殊的要求,如送餐服务、擦鞋服务、叫早服务、洗衣服务等,因此客史档案中对常客的饮食、就寝等方面的完善在常客服务中显得尤为重要。为常客提供客房服务时除了要按照客人的一般习惯外,还要注重提供个性化、优质的服务。

(六)个性化服务

为客人提供个性化服务,不仅是提高客房服务质量的重要途径,而且是未来酒店管理的发展趋势。要使客人高兴而来,满意而归,光凭标准、严格的规范化服务是不够的,只有在规范化的基础上,逐渐开发和提供个性化服务,才能给客人以惊喜,才能让客人流连忘返。

个性化服务的基本含义是为客人提供具有个人特点的差异性服务,以便让接受服务的客人有一种满足感,从而对酒店留下深刻的印象,成为酒店的回头客。个性化服务也可以指酒店提供有自己个性和特色的服务项目。当然,提倡个性化并不能单纯片面地理解为只是为少数人提供优质的服务,而是要让每一位客人都能感觉到自己是在享受着为自己所特别安排的服务。例如,大多数客人晚上休息时,喜欢将客房的遮光窗帘拉合好,才会睡得香甜,然而有的客人却因一天的工作劳累,常常一觉到天明,为了不影响第二天的繁忙工作,希望将遮光窗帘中间留出一条缝,这就需要细心的服务员发现、分析、判断,在夜床服务时提供客人满意的服务。

1. 个性化服务的要求

(1) 了解酒店的规范化和程序规程。

规范化的服务程序是个性化服务的基础,个性化服务是规范化服务的延续和补充。不仅如此,在实施个性化服务时,为满足客人的一些特定要求,所提供的服务往往会超出酒店职能部门的界限,通过各种部门的统一和协调来为客人提供服务。所以,服务人员要熟悉和了解酒店各部门的操作规程,必要时应打破部门的局限,为客人提供及时的服务。

(2) 具有超前服务意识。

"想客人之所想,急客人之所急"。在提供个性化服务时,服务人员能有一些超前意识则更加完美。例如,住店客人有客到访,房间内人数增加为 5 个时,值台的服务人员应主动加三套茶具供客人使用,同时还应征求客人的意见,是否为其提供其他的服务。

(3) 尽快减少与客人的陌生感。

在接到客人的入住信息之后,服务人员要尽快熟悉客人的个人资料、生活习惯。这样,才能为客人提供高质量的服务,拉近与客人的距离,为他们建造出一个真正的"家外之家"。

(4) 要保持持续性。

无论是以住宿时间,还是以客人入住次数来记录,只要是相同的客人,对其所提供的个性化服务都应该是有持续性的。小到一杯咖啡应放几块糖,大到入住房间的摆设等,都应该尽可能与客人前一次入住时最满意的服务为基础。这样就可以减少客人对酒店的陌生感,吸引更多的回头客。同时,还要对客人的特定服务进行记录,制定出详细的客史档案。

2. 个性化服务的内容

(1) 灵活服务。

只要客人提出的合理要求,就尽量可能地去满足。大多数灵活服务的技术技能要求并不高,但却最不可捉摸、不可预测。因此,它要求员工具备积极主动为客人服务的意识,做到心诚、眼尖、口灵、脚勤、手快。

(2) 突发服务。

由于客人在酒店消费过程中发生了急需解决的问题,需要酒店的帮助。如果此时服务准确到位,效果就会事半功倍,客人将永远难忘。

(3) 针对性服务。

凡是满足客人心理需求的任何个性服务都能提高酒店的价值。这就要求服务人员有强烈的服务意识,应该站在客人的立场上看问题,使服务更加到位、准确。

(4) 延伸服务。

有时客人临时遇到一些困难,试探性地向酒店提出要求,客人也知道这些要求超出酒店的服务规范,酒店不提供或婉言谢绝他们亦可接受。但若此时满足了客人的需求,则会使客人感到惊喜,对酒店大加赞誉。作为酒店,为了增加产品附加值也可以主动延长产品线。这样虽然会增加产品开支,但能赢得客人的心。

（5）细微服务。

细节出口碑,细节出真情,细节出效益,细节是酒店制胜的法宝。正是一些细微服务让客人感动,从而提高其对酒店的认可度,扩大酒店的客源市场。

3. 客房个性化服务措施

虽然个性化服务这一理念在酒店业越来越流行,但是一些酒店还是说得多、做得少,或者只是做了一些皮毛。因此,个性化服务要真正体现在酒店日常的管理和服务之中,而不仅仅表现在某一个具体的项目、一个规章制度或者一个口号之上。

（1）完善激励机制。

保持个性化服务的持续性需要依赖于基层管理人员和广大员工高度的敬业精神和良好的职业习惯,而高度敬业精神和良好的职业习惯需要酒店有一套行之有效的激励机制来保证。青岛海景花园大酒店让用心做事的员工把自己的个性化服务案例在报告会上进行宣讲,然后进行评比。用员工教育员工,同时通过宣讲,让其他员工从中学到个性化服务的方法。作为宣讲的员工,本身就是一种自我精神激励。然后通过评选,酒店颁发物质奖励进行肯定。这种激励机制保证了个性化服务的持续性。

（2）实现两个转化。

① 偶然性向必然性的转化。通过对于个性化服务案例的分析、推介,实现由个别员工出于"偶然性"的个性化服务,向全体员工有意识的"必然性"的个性化服务的转化。青岛海景花园大酒店倡导"以情服务、用心做事"的初期,客房部一名员工主动把客人替换在房间的脏衣物洗干净并晾晒好。客人为此写了一封表扬信对此事进行了表扬。酒店管理层和客房部对这种做法提出表扬后,为客人洗脏衣物的服务在客房部蔚然成风。

② 个性化向规范化的转变。通过对于个性化服务案例的全面分析,对于其中反映客人普遍需求的服务,实现由"个性化"的服务向规范化服务的转化。往往一些客人的个性需求也许是客人的共性需求。酒店质量管理部门应对个性化服务案例进行认真分析,研究个性化服务是否是客人的普遍需求,衡量推广的难度和可行性。例如,有一个客房部员工在清理房间时主动为客人脱落纽扣的衬衣缝补纽扣。质管部和客房部分析认为这是客人的共性需求,而且很容易操作,随后作为规范性服务在部门中进行推广。总之,个性化服务转化为规范性服务是服务质量的一个飞跃。

（3）提倡"三全"。

提倡"三全"(即全员参与、全过程控制、全方位关注)是做好个性化服务的必然要求。个性化服务不仅是对基层管理者和一线员工的要求,也是对酒店全体员工的要求。一线员工的对客个性化服务离不开二线员工甚至管理人员的帮助。没有部门与部门之间的合作、其他员工的参与,个性化服务也许只停留在员工的心里,很难实施。

（4）注重"四小"。

"四小"是指"生活小经验""媒体小消息""客人小动向""言谈小信息"。生活小经验是提供个性化服务的依据和源泉,掌握更多的生活小经验才会采取正确、有效的个性化服务。例如,客人被蜜蜂蜇伤,员工立即找来牛奶和镜子帮客人疗伤,让客人非常感激,也是基于对生活小常识的掌握。关注媒体小消息,会为个性化服务提供指导。"客人小动向"和"言谈小信息"是提供个性化服务的线索,客人的一举一动和客人的谈话能为酒店服务人员提供许多有价值的信息。

（5）强调五个环节。

五个环节即客史档案的建立和使用,客人信息的快速反馈,创建优质的内部服务链,关注长住客人和续住客人的生活习惯,不断激励和培训,塑造员工的良好职业习惯。

酒店在接待客人时实行个人跟踪服务,将客人的爱好、饮食习惯、消费特点,甚至生活习俗、癖好都留心记录下来,作为客人的个人材料档案,当客人再次入住时就可以给予特别关照。酒店管理人员在日常工作中应加强现场管理,从一线服务中发现"个性"的典型事例,待积累到一定程度时,组织各岗位的管理人员进行整理归纳,分门别类地形成文字。如酒店业唯一荣获美国企业最高质量奖的饭店——丽思·卡尔顿酒店,其个性服务就名副其实地达到了最高标准。该店的回头客达数十万万之多,人人都有个性化的档案,人人可以得到心满意足的个性服务。高水平的个性服务还会主动激发客人的潜在需求,实现个性化满足。

将整理归纳后的典型事例组织推广应用到一线工作中去,根据各岗位工作程序和要求的不同,在实践中不断对其增加、修改、完善,从而形成系统化、规范化的材料,以此作为衡量和考评服务质量的一个标准。服务标准要制定准确,便于服务人员在服务过程中执行。饭店服务不像其他工业产品,能够用具体的参数来测定,但必须尽量定量地描述服务过程中的具体方法和步骤、具体的要求。

4. 个性化服务与规范化服务的关系

个性化服务与标准化服务并不是两种对立的不同服务,可以说标准化服务是基础,个性化服务是标准化服务的延伸和细化。在强调个性化服务的同时,不能放弃或弱化标准化服务的作用。因为,标准化服务是一家酒店服务质量的基本保证,没有了标准、规范的服务,服务质量就成了无本之木。当某些个性化服务成为大多数客人的需求时,这部分个性化的服务就成了新的服务标准和规范,以此不断改进酒店业的服务水平。

21 世纪是崇尚个性的时代,各种各样的消费品都已改头换面,从整齐划一向品位各异发展,从更深层次上满足消费者的"个性"需求,使消费者得到自我实现的满足。酒店产品属于高消费产品,在个性化设计上更应注重客人的精神需求,更应深层次地关怀人、尊重人,从而体现出饭店产品本身的个性。

 **企业案例**

那些打动客人的酒店细节服务（从客人感受角度）

❖ 酒店每个房间的写字台上都有一个小鱼缸,一个人的时候可以对着里面的小鱼发发呆,神游天外。还有一个魔方,提供高质量、高智力含量的住宿时光。

◇ 纽约的一家设计酒店。曼哈顿这地方，寸土寸金，通常 300 美元也就能住一间简陋的经济型酒店，印象最深的是该酒店的一个可推拉折叠的电脑桌，就在床边，角度可调，有防滑垫和散热片，还有放咖啡杯的卡槽，极其精巧的设计，后来找了很多地方都没看到类似的电脑桌卖，不知是不是设计师定做的。

◇ 某度假酒店，阳台上有露天 SPA 算不上稀奇，但附送精油就很贴心了。另外专门为住店女客准备的盥洗包，除了常见的那几种东西之外，还有一小瓶用来补丝袜的透明指甲油，想得很周到啊。

◇ 酒店里的沐浴露和精油。印象深刻的有中国香港某酒店的洗浴全套，希腊某酒店里的薰衣草味道的香皂、沐浴露、洗发水，还有中国台北某酒店里的香皂，像白玉雕刻的艺术品。

◇ 在广州的一家酒店借雨伞，服务生在把伞递给我之前，先撑开确认伞是好的，再双手递给我，就这一个动作我和好多人念了好多次。

那些细致周到的对客服务案例（从员工工作角度）

◇ 服务员早上清洁房间时发现，客人将开夜床时已折叠好的床罩盖在床上的毛毯上，再看空调温度是 23℃。这时服务员立即主动加一张毛毯给客人，并交代中班服务，夜床服务时将温度调到 26℃左右。

◇ 服务员为客人清洁房间时，发现客人的电动剃须刀放在卫生间的方石台面上，吱吱转个不停，客人不在房间。分析客人可能因事情紧急外出，忘记关掉运转的剃须刀，这时，服务员要主动为客人关闭剃须刀开关。

◇ 服务员清洁房间时，发现一张靠背椅靠在床边，经过不断地观察，才发现床上垫着一块小塑料布，卫生间还晾着小孩的衣裤，服务员这才明白，母亲怕婴儿睡觉时掉到地上，服务员随即为客人准备好婴儿床放入房间。

◇ 服务员清洁房间时，发现床单、毛毯、床垫等各处都有不同程度的秽污。服务员马上意识到，是客人外出游因饮食不慎引起肠胃失调而呕吐，应将所有脏的物品更换一新，还通过楼层主管及时与导游联系，并通知医生对其进行及时治疗，让客人得以康复。

◇ 服务员清洁住房时，发现暖水瓶盖开着，不知是客人倒完开水，忘记盖好瓶塞，还是客人喜欢喝凉开水，故意打开瓶塞。疑虑不解，难以断定。为满足客人的需要，服务员为客人送去了凉水瓶装满的凉开水；同时，暖水瓶照例又更换好了新的开水。

◇ 服务员发现客房中放有西瓜，想必是旅客想品尝一下本地的西瓜，绝对不会千里迢迢带个西瓜回家留个纪念。所以服务员主动为客人准备了托盘、水果刀和牙签。

三、知识拓展

（一）VIP 接待服务流程
酒店根据客人的身份、社会影响力及对酒店本身的利益，把 VIP 分为不同的等级，不同的等级有不同的接待标准。在客房服务中主要表现在准备服务、迎接服务、住店服务和离店服务这4个环节上。

1. VIP 抵达前的准备

（1）了解客情。客房服务人员通过"贵宾接待通知单"全面了解客人的基本情况，以便客人到达时，服务人员能够称其名、道其职，按其生活习惯安排工作，进而提供个性化服务，使客人真正感到宾至如归，受到与众不同的接待。

（2）清理客房。接到贵宾接待通知书后，要选派经验丰富的服务人员将房间彻底清扫，按规格配备好各种物品。通常贵宾房除了按照一般规程进行客房清理外，还必须做好客房的计划卫生项目。为了表示对贵宾的欢迎，一般在写字台上摆放有总经理签名的欢迎信、名片，摆放酒店的赠品，如鲜花、果篮、饮料、点心等。

2. VIP 抵达时的迎接

VIP 在酒店相关人员陪同下抵达楼面时，客房部主管、服务人员要在楼梯口迎接问候，并根据情况进行适当引领和介绍，并随时做好服务工作。

3. VIP 住店期间的服务

优质的对客服务，可让 VIP 在住店期间感受到特别的尊重和不同于普通客人的礼遇。客房服务人员需要用姓或职务尊称客人，并主动问候。根据所了解的客人情况和服务中观察到的客人生活习惯、爱好和工作规律，把握时机，为客人提供各种有针对性的服务。

在提供各项客房服务时应优先考虑贵宾房，务必在客人最方便时进行服务，以不打扰客人休息和正常生活起居为原则。在客人外出期间安排整理服务并及时更换客人用过的卫生间用品。

配合保安部做好安全工作，如服务中注意为客人保密，不将房号告诉无关人员等，对特殊身份的访客更要谨慎，以确保客人的安全。根据客人的要求随时提供服务。

4. VIP 离店送行

楼层服务员接到客人离店通知后，应主动进房向客人表示问候，征询客人意见，询问有无需要帮助的事宜，通知行李员为客人提携行李。

客人离开房间和楼层时，应向客人道别，为客人按下电梯按钮，客人进电梯后，祝客人一路平安并欢迎再次光临。

之后迅速检查客房。检查客房酒水使用情况及客房设施设备有无损坏，并使用房内电话报到前厅收款处。检查有无客人遗留物品，如有应尽快归还客人。

（二）客房贴身管家服务

贴身管家（见图1-49）这个词听起来很新鲜，也会让人产生很多遐想，特别是随着电视连续剧《五星大饭店》的热播，很多人也知道了这个角色。但是贴身管家的主要工作内容和工作方式、工作程序应该怎么设计？贴身管家服务主要负责对客提供全过程跟进式的服务。对客人入住期间的需求进行全过程的提供，针对不同客人的不同需求做好客史档案的收集与管理工作。

JOBS 招聘信息

职位：**Butler** 贴身管家

职位性质：全职	工作地区：北京市
招聘人数：1人	学　历：本科
工作经验：3年以上	所 在 地：不限
户 籍 地：不限	提供食宿：提供食宿
年龄要求：不限	计算机能力：熟练
语言要求：英语(熟练)中国普通话(精通)	国际联号工作经历：优先
薪资待遇：月薪6千-7千元	职位有效期：2023-03-20至2023-06-18

岗位职责/职位描述

Implement the new butler motto "To be invisible but available" by providing prompt, accurate & courteous services to the resident guests at the Manor Club by ensuring the efficient operation of the floor(s) under his / her control to maintain the highest standards of Butler service and to maximize guest satisfaction & organizational profitability in an atmosphere of high employee morale. To provide a fresh, professional, intimate level of service that becomes a market leader in China and sets new standards in the market place. Offer personalized service to the guests who stay at the Manor Club with close communication with other related departments of the hotel.

More than 2 years' working experience in luxury hotel Butler Team / Front Desk / Guest Relations is a must.

图 1-49　北京瑰丽酒店贴身管家招聘要求

1. 贴身管家的素质标准

（1）具有基层服务工作经验,熟悉宾馆各前台部门工作流程及工作标准;熟悉餐饮部各个部门的菜肴,以及红酒的搭配。

（2）具有较强的服务意识,能够站在客人的立场和角度提供优质服务,具有大局意识,工作责任心强。

（3）具有较强的沟通、协调及应变能力,能够妥善处理与客人之间的发生的各类问题,与各部门保持良好的沟通与协调。

（4）了解酒店的各类服务项目,本地区的风土人情、旅游景点、土特产,具有一定的商务知识,能够简单处理客人相关的商务材料。

（5）形象气质佳,具有良好的语言沟通能力。

（6）具有较强的抗压能力。

　2. 贴身管家的岗位职责

（1）负责检查客人的历史信息,了解抵离店时间,在客人抵店前安排赠品,做好客人抵达的迎候工作。

（2）负责客人抵达前的查房工作,客人抵店前做好客房间的检查工作及餐室的准备情况,准备客人的房间赠品,引导客人至客房并适时介绍客房设施和特色服务。提供欢迎茶（咖啡、果汁）,为客人提供行李开箱或装箱服务。

（3）与各前台部门密切配合安排客人房间的清洁、整理、夜床服务及餐前准备工作的检查和用餐服务,确保客人的需求在第一时间予以满足。

（4）负责客房餐饮服务的点菜、用餐服务,免费水果、当日报纸的配备,收取和送还客衣服务,安排客人的叫醒、用餐、用车等服务。

（5）对客人住店期间的意见进行征询,了解客人的消费需求,并及时与相关部门协调沟通予以落实,确保客人的需求得以适时解决和安排。

（6）了解酒店的产品、当地旅游和商务信息等资料,适时向客人推荐酒店的服务产品。

（7）致力于提高个人的业务知识、技能和服务水平,与其他部门保持好良好的沟通,协调关系,24 小时为客人提供高质量的专业服务。

（8）为客人提供会务及商务秘书服务,根据客人的需要及时、有效地提供其他相关服务。

（9）整理、收集客人住店期间的消费信息及生活习惯等相关资料,做好客史档案的记录和存档工作。

（10）客人离店前为客人安排行李、出租车服务欢送客人离店。

（11）严格遵守国家相关的法律法规、行业规范及酒店的安全管理程序与制度。

　3. 贴身管家房内用餐服务规程

（1）接到客人房内用餐要求后,及时将客人的饮食习惯反馈到餐饮部。

（2）根据客人的要求,将点餐单送到客房。

（3）根据客人的用餐人数及饮食习惯为其推荐食品与酒水。

（4）及时将客人的点菜单反馈到餐饮部,做好餐前的准备工作,安排送餐。

（5）点餐送入房间后由管家服务人员为客人提供服务。

　4. 贴身管家服务的注意事项

（1）注意客人的尊称,能够用客人的姓名或职务进行称呼。

（2）注意客人是否有宗教信仰。

（3）将自己的联系方式告知客人,向客人介绍管家服务职能是 24 小时为其提供服务。

（4）注意客人的性格,选择相应的沟通、服务方式。

（5）注意房间的温度、气氛（味、花）及音乐是否调到适宜。

（6）客人遗留衣物应洗好并妥善保存。

四、实践演练

(一)任务情境

12月5日,一位来自上海的VIP(企业高管)下榻××国际大酒店(五星级)。请小组模拟客房部经理、主管、接待服务员对客人进行服务分析,并制定相应的工作计划,拟写接待工作任务单(见表1-33和表1-34)

表1-33　VIP接待通知单

姓名	张××	照片
职位	A集团华北区域总裁	
生日	1986年5月26日	
住宿时间	20××年12月5日~20××年12月8日	
喜好		
1. 不吸烟 2. 喜好喝矿泉水 3. 入住期间会致电总机要求夜床服务 4. 每天睡觉之前喜欢喝点红酒才会睡得香 5. 每天会去健身及游泳 6. 每天都需要洗衣服务 7. 喜欢吃本地特色食物,能吃辣的(如毛血旺) 8. 喜好吃虾仁水饺 9. 早餐咖啡喝拿铁		
要求		
1. 付费方式为挂账,由A集团财务月结 2. 行李较多,尽量安排站内接站或者机场VIP通道 3. 早餐需要送餐 4. 房间要有绿植		

表1-34　VIP接待工作任务单

序号	涉及岗位	项目/内容	特殊要求/注意事项	责任人	责任人电话

(二)任务实施

VIP客房服务任务实施如图1-50所示。

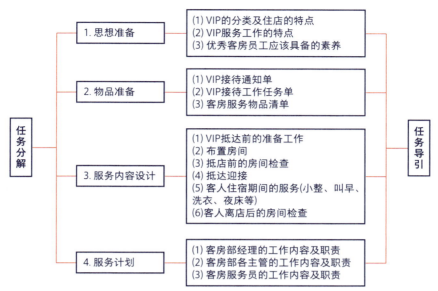

图 1-50　VIP 客房服务任务实施流程

（三）任务评估要点

（1）服务需求分析是否准确。

（2）服务环节是否完整。

（3）工作布置是否合理。

（4）工作职责是否明确。

模 块 小 结

本模块教学内容侧重客房部对客服务的相关知识，学习任务的设计基于住宿企业的工作实际，涵盖了清洁卫生工作和对客服务工作，涉及工作规范、工作流程和服务技巧等方面，介绍了时下各类型住宿企业应用广泛的数字化技术，为学习者拓展酒店数字化视野打下基础。

学习者通过本模块的学习，应熟悉客房部的日常工作，理解客房服务的内容和内涵，并以拓展任务作为学习的延展。

本模块特别提示：虽然数字化技术已经发展到很高的水平，但是在客房这个私密性要求高的场所，数字技术的应用只有基于客人体验才能产生积极的效果。

【英语积累】

酒店业：hospitality

客房服务：housekeeping

整理服务：arrangement service

擦鞋服务：shoe-cleaning service

洗衣服务：laundry service

叫早服务：morning call service

VIP：very important person，重要客人

布置：fix up；decorate

投诉：complaint

处理：deal with

钥匙：key

锁：lock

房卡：room card

防滑垫：bath mat

监控器：monitor

报警器：alertor

窥镜：peephole

对不起，快洗服务需要加收费用。

Sorry，you'll have to pay extra for express service.

地毯烧焦了。

The carpet is stuck.

很抱歉，安全起见，我们不能开门。

I'm sorry for security reasons we can't open the door.

对不起，请再说一遍，好吗？

I beg your pardon.

非常高兴为您服务

It's my pleasure.

开夜床服务，我能进来吗？

Turn down service，may I come in？

我是服务员，请给我看一下您的房卡好吗？

I am the assistant，would you please show me your room card？

标准间：standard room

单人间：single room

大床间：double room

双人间：twin room

三人间：triple room

标准套间：standard suite

豪华套间：deluxe suite

总统套间：presidential suite

客房状态：room status

空房：V，vacant

走客房：C/O，check out

已清扫房（即 OK 房，可直接出售，安排客人入住）VC，vacant clean

未清扫房：VD，vacant dirty

维修房：OOO，out of order

住客房：OCC，occupied

干净的住房：OC，occupied clean

未打扫干净的住房：OD，occupied dirty

外宿房：S/O，sleepout

长住房：LSG，long staying guest

请勿打扰房：DND，do not disturb

请即打扫房：MUR，make up room

准备退房：E/D，expected departure

预抵房：arrivals

窗户：window

窗帘：curtain

纱帘：yarn curtain

地毯：carpet

床头柜：night table

床垫：mattress

床罩：bed cover

床单：sheet

毛毯：blanket

枕头：pillow

枕套：pillowcase

备用枕头：extra pillow

点餐牌：room service menu

电话机：telephone

电话本：telephone directory

落地灯：floor lamp/light

台灯：reading lamp/light

镜灯：mirror lamp

壁灯：wall lamp

夜灯：night lamp

走廊灯：corridor lamp

床头灯：bed lamp

开关：switch

服务指南：service guide

信封：envelope

信纸：writing paper

明信片：postcard

圆珠笔：ball pen

铅笔：pencil

壁橱：closet

鞋刷：shoe-shiner

拖鞋：slipper

衣柜：wardrobe

卫生间：washroom

毛巾架：towel rack/towel rail

毛巾／面巾／浴巾：(hand/shower/face)towel

洗脸盆：wash basin

马桶：toilet bowl

浴帽：shower cap

浴衣：bathrobe

浴帘：shower curtain

浴室：bathroom

浴缸：bathtub

浴巾：bath towel

淋浴：shower bath

淋浴喷头：shower

梳妆台：dresser

镜子：mirror

废纸篓：waste-paper basket

卫生纸：toilet paper/toilet roll

卫生纸架：toilet paper holder

电吹风：hair dryer

水龙头：tap

浴皂盒：soap dish

剃须刀：shaver

肥皂：soap

牙膏：tooth paste

牙刷：tooth brush

剃须膏：shaving cream

针线包：sewing kit

梳子：comb

指甲剪：nail clipper

小酒吧：mini-bar

空调机：air-conditioner

插座：socket

吸尘器：vacuum cleaner

请勿打扰牌：DND card

面巾纸：facial tissue

购物袋：shopping bag

客房部：HSKP, housekeeping department

您需要我现在打扫还是待会儿再来？

May I clean your room now or I'll come again later？

抱歉打扰您了。

I'm sorry to disturb you.

【课业】

1. 课后收集各种类型客房的图片资料。
2. 课后自主练习中式铺床的技术。
3. 课后搜集了解时下流行的客房智能设备。
4. 试分析女性客人和男性客人在住宿方面需求的差异。
5. 搜集有关酒店客房住宿安全方面的案例。

模块二 督 导 管 理

◆ 模块导引

　　督导管理工作贯穿于管理工作的全过程,包括计划、检查、反馈、修正等内容,涉及报表分析、员工培训、流程优化等方面。应该说,督导工作并不指向某项具体明确的工作任务,它是一项综合性极强的工作。在客房部的督导管理工作中,清洁卫生工作的监督检查是基础,服务质量的管控是保障客房产品品质的关键,日常督导工作从合理的工作任务安排开始。本模块通过卫生检查和排班两个任务来帮助学习者理解督导工作的意义和实践路径。

◆ 学习目标

1. 了解客房部基层管理人员的清洁检查工作内容。
2. 了解排班工作的工作流程。
3. 理解客房卫生质量管理的意义和要求。
4. 理解排班工作的具体要求和目的。
5. 掌握客房清洁检查工作的各项要领。
6. 能够开展客房清洁检查工作。
7. 能够制订合理的排班计划。

◆ 学习任务

1. 走客房的清洁检查工作的流程及要求。
2. 数字化工具在客房清洁检查工作中的运用。
3. 影响客房部劳动定额的因素。

任务一　客房清洁卫生检查

一、情境导入

（一）情境内容

根据视频的内容,总结客房检查的程序和检查的项目,并学会检查一间走客房的卫生情况。

视频:卫生
检查

（二）任务实施

客房清洁卫生检查任务实施流程如图 2-1 所示。

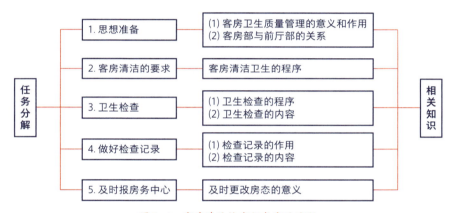

图 2-1　客房清洁检查任务实施流程

（三）任务评估

（1）考核时间:5 分钟。

（2）考核场地:模拟客房。

（3）考核用品准备如表 2-1 和表 2-2 所示。

（4）走客房清洁检查操作考核如表 2-3 和表 2-4 所示。

表 2-1　客房清洁卫生检查操作准备单

名　　称	数　　量	要　　求
模拟标准间	1	客房面积不小于 36 平方米
抹布	2	一块干抹布,一块半干抹布
工作手机	1	智能手机(模拟查房系统界面表单)

表 2-2　客房卫生检查表（查房系统界面模拟表单）

房号：(既定)		
□通过		
□不通过	原因：	
	图片：	
	是否需要清洁返工：是□　否□	

表 2-3　走客房清洁检查操作评分表

工作程序	标　准	分　值	得　分
仪容仪表	参见表 1-3	10	
了解房态	查看当日房态，了解住人房是否在房，如果客人在房，不得进房检查卫生	2	
进房	用手指轻敲房门 3 次，间隔时间 2 秒，同时报："客户服务"；如房内无人回答，重复一次，再无应答，开门	2	
	开锁后，缓慢推开房门约 30 度角，同时报："客户服务"；确认无人后，方可打开房门	2	
	插卡取电、开灯	2	
	在验房工作单上写下进房时间	1	
检查房间卫生	入房印象审视	3	
	从房门开始环形检查	5	
	检查物品的规范位置、清洁度、完整度等	15	
	检查设施设备的正常工作情况	10	
检查卫生间卫生	入卫生间印象审视	3	
	从房门开始环形检查	5	
	检查物品的规范位置、清洁度、完整度等	12	
	检查设施设备的正常工作情况	10	
填写并提交查房情况	对于存在的简单问题先进行修改，再做记录	2	
	存在严重问题的，重点通知该房清洁员返工	2	
	按要求及时填写查房表并提交	4	
综合印象	操作过程中动作娴熟、敏捷，姿态优美，能体现岗位气质	5	
	操作规范，手法卫生	5	
合计		100	
注：每超时 10 秒扣 2 分，超时 1 分钟不计分			

表2-4　走客房清洁检查要求

检查区域	物品名称	细节要求
整房	空气	无异味
房间	房门	(1) 门边上的门铃上无污迹,正常好用 (2) 门、门框擦洗干净,把手上无污迹、光亮 (3) 门开动灵活、无吱呀声 (4) 房间号码牌清楚、无污迹,窥镜、门反锁功能良好 (5) 门后"请勿打扰""请速打扫"牌无污迹 (6) 门后磁吸及闭门器正常、好用 (7) 门后的安全疏散图完好、无污迹、无翘起
	壁柜	(1) 壁柜内外无灰尘,衣架及衣架杆无灰尘 (2) 门轨无损坏,柜门正常好开 (3) 衣架只数配备齐全,摆放规范,鞋篮、保险柜摆放规范 (4) 棉被或毛毯摆放规范 (5) 洗衣袋及洗衣清单(一式三份)配齐、摆放规范
	酒吧柜	(1) 酒吧柜表面清洁,玻璃及镜子无污迹 (2) 电热水瓶无污迹,瓶口不漏水,茶盘无灰尘 (3) 冷水瓶、茶杯、冷水杯、茶叶缸清洁无污迹 (4) 零食架内物品摆放规范、无灰
	电冰箱	(1) 内外干净、工作正常 (2) 饮料按规定配齐,在保质期内 (3) 冰箱刻度按规范调节
	行李柜(架)	干净、稳固、无灰
	电视柜	(1) 柜面干净、无灰 (2) 柜门开关灵活,转盘或轨道正常好用 (3) 电视机荧光屏外壳干净、无灰 (4) 音质良好,图像清晰、稳定
	写字台	(1) 桌椅无灰尘,抽屉内外干净 (2) 服务指南内容齐全、无污迹、无破损,摆放规范 (3) 其他物品齐全、无污迹、无破损,摆放规范
	茶几	(1) 茶几擦净,物品清洁无污迹 (2) 座椅、茶几摆放规范
	窗户	(1) 窗框、窗台无灰尘,玻璃清洁明亮 (2) 窗帘无破损、污迹,窗帘轨、钩完好 (3) 窗帘箱内及窗台外四周无蜘蛛网
	床头柜	(1) 柜内外无灰尘 (2) 灯光及电视等的开关完好 (3) 电话机正常、干净,电话线无绕线 (4) 其他物品正常、干净,摆放符合要求

续表

检查区域	物品名称	细节要求
房间	床	(1) 床铺得规范匀称 (2) 床单、被套、护垫、枕套、床头板干净、无破损 (3) 床脚稳固
	灯具	(1) 所有灯具、灯泡及灯罩无落灰 (2) 灯罩接缝朝向应按规范朝内 (3) 开关完好、无污迹
	空调	(1) 运转正常 (2) 开关上无污迹 (3) 进、出风口无蜘蛛网
	天花板	(1) 无蜘蛛网 (2) 无裂纹和小水泡(如有,说明天花板漏水,应及时报修) (3) 石膏线无裂纹
	墙壁	(1) 墙纸无污迹和脱落之处 (2) 墙上挂的画要摆正、无灰尘 (3) 全身镜无灰尘、无污迹
	贴脚线	无落灰及污迹
	地毯	(1) 干净无污迹或破损线头 (2) 靠贴脚线处无小垃圾
	垃圾桶	(1) 桶内外清洗干净 (2) 垃圾袋按规范套好 (3) 按规范摆放
卫生间	门	(1) 门锁清洁、正常 (2) 门下出气孔干净、无落灰 (3) 门擦洗干净,无污迹 (4) 门后磁吸正常 (5) 门开动灵活,无吱呀声
	灯	灯正常,开关、插头灵活好用,无污迹、无破损
	电吹风	(1) 干净无污迹 (2) 位置摆放正确
	换气扇	(1) 干净、运转正常、无异常噪声 (2) 卫生间顶干净、无污迹、无蜘蛛网
	墙壁	(1) 瓷砖干净、无破损 (2) 皂槽干净、无污迹

续表

检查区域	物品名称	细节要求
卫生间	洗脸池	(1) 内外无污迹、水珠 (2) 不锈钢笼头、水池下弯管干净、光亮 (3) 云台及易耗品盘要擦干净、无灰尘 (4) 易耗品要配齐,并按规范摆放 (5) 镜面无污迹、水珠 (6) 烟灰缸清洁、无污迹 (7) 面巾纸架干净、无污迹,摆放规范
	浴缸	(1) 浴缸内外擦洗干净,无污迹、无毛发 (2) 冷、热水龙头及落水塞子正常、好用 (3) 不锈钢笼头、浴缸扶手、浴帘杆干净、光亮、牢固 (4) 浴帘干净、无异味并按规范拉好 (5) 晒衣绳架完好、光亮
	淋浴房	(1) 淋浴房内外擦洗干净,无污迹、无毛发 (2) 冷、热水龙头及落水塞子正常、好用 (3) 不锈钢龙头干净、光亮、牢固
	恭桶	(1) 已消毒、无异味、正常、好用 (2) 恭桶盖、坐圈及桶内外擦洗干净 (3) 三角阀处擦干净 (4) 卫生纸架无污迹、光亮 (5) 卫生纸按规范折角
	四巾(手巾、毛巾、浴巾、地巾)	(1) 四巾架干净、光亮、牢固 (2) 四巾按规范折叠摆放,无污迹、无破损
	地面	(1) 清洁、无水渍、无毛发 (2) 地漏干净

二、知识链接

随着生活水平的提高,人们对生活质量的要求也越来越高,其中,对卫生条件更加重视。不论什么原因入住酒店客房,客人都会首先关注客房的卫生状况,且大部分人对清洁卫生的要求只高不低。因此,客房的清洁卫生工作的好坏直接影响到客人对酒店服务质量的评价,不可忽视。

(一) 客房卫生质量管理的意义和作用

客房卫生质量管理是客房产品质量管理的一部分,而且是最基础的部分,做好客房卫生质量管理工作,有利于提高客房产品的使用价值,稳定客房产品的价值。同时,通过客房卫生质量管理,有利于进行有针对性的清洁卫生培训指导工作,有利于洞察客人的消费需求和消费倾向。

（二）客房卫生质量控制的途径

1. 树立正确的卫生质量意识

可以通过岗前培训、岗位培训、检查督导、主题活动等方式树立和强化卫生质量意识。卫生质量意识的树立和强化是一个持续的过程。频度要高，不能三天打鱼两天晒网，虎头蛇尾。同时要具有一定的广度，不能做井底之蛙，要走出去看，走出去学习，了解客人对卫生质量的合理需求。

2. 制定合理、明确的卫生操作程序和标准

制定合理、明确的卫生操作程序和标准的度要把握好。

（1）标准的制定要强调标准化。服务质量的标准化、服务方法的规范化和服务过程的程序化是标准化管理的主要内容。

服务质量的标准化要求制定标准时要明确标准摆件和标准分量。如摆件的位置、件数、种类等。服务方法的规范化强调操作过程的专业性。比如，取拿干净的杯具时要使用托盘，使用清洁剂要佩戴橡胶手套等。服务过程的程序化要关注动作的先后，避免重复和遗漏。比如，添补物品必须在清洁地面之前，否则地面有可能污染，需要重新清洁。再如，客房清洁要求从门开始进行环形整理，环形整理的目的就是避免遗漏。

（2）制定标准时要兼顾几个重要原则：以酒店的经营方针和市场行情为依据；以营造无干扰服务氛围为目标；贯彻"三方便"原则。

每家酒店的规模、档次、客源等要素都不尽相同，服务规格和服务项目也有差异。

客房不同于酒店的其他场所，客人在客房的主要目的是休息，营造安静无干扰的服务氛围显得尤为重要。比如，对DND房的处理，一般情况下，只有当DND灯持续亮到14点时，出于安全的考虑，才会旁敲侧击地询问是否需要客房清洁服务。另外，确定客房清扫的顺序时也需要考虑是否会打扰到客人。

"三方便"原则指的是：方便客人、方便操作和方便管理。方便客人指的是清洁整理工作的结果要让客人感觉像在家里一样方便。比如，衣架放在衣橱里，垃圾桶在书桌下和卫生间内等，容易找到，且使用方便。方便操作指的是程序和标准制定合理，对操作有很好的指导作用。要避免程序和标准制定得过细或过粗。过细的程序和标准难以操作，影响工作效率，降低工作灵活性；过粗的程序和标准则会造成卫生不达标，影响质量。

3. 实施符合企业实际的卫生检查制度

通常，客房的卫生检查至少要经历服务员自查、领班普查、主管及主管以上的抽查3个层次的检查。但是有的规模小、档次低的酒店，检查只到领班普查的层面。有的规模大、档次高的酒店也会因为人手不够的原因，检查也只到领班普查的层面。有的酒店却在这3个层次的检查之外再设置一个专门的检查环节，比如，青岛海景花园大酒店就专门设立了质检部，额外抽查客房清洁质量。

4. 定期进行总结和整改

卫生质量控制的途径和方法并不是一成不变的。在行业竞争日趋激烈、从业人员紧缺的当下，很多酒店纷纷开动脑筋，创新工作方法，设计各式各样的卫生质量控制方法，如卫生免检制度，既保证了客房卫生的质量，又降低了劳动力成本，同时还能充分激发员工的劳

动积极性。

另外,制定的程序和标准,也需要随着行业的发展、需求的变化而不断改善。在总结和整改的过程中,不能忽视基层员工的实践经验。

 **数字化实践**

近年来,出于低碳环保的社会责任和降本增效的企业目标,很多酒店纷纷开始采用无纸化的工作方式,将原有的各种检查记录单、返工单都简化为在线操作(见图2-2)。移动端适用于在各种工作场所的即时操作,电脑端适用于任务分配、查看报表等。

图2-2　蓝豆云系统移动端客房清洁检查操作页面

三、知识拓展

酒店作为一个整体,每一个部门的正常运作,都离不开其他部门的协助。同样,客房部的正常运转,也离不开与其他各个部门的沟通与协调,其中,客房部与前厅部的关系最为密切。

前厅部应将客人的入住信息及时、准确地通知客房部,以便客房部服务人员随时掌握房态。对客人的到店时间、人数、宗教信仰等方面做一定了解,从而为客人提供针对性的服务。

前厅部应将客人的换房、离店信息及时通知客房部,而客房部服务人员应在客人离店时及时查房,看看有没有客人的遗留物品,房内的设备、用品有无丢失和损坏现象,有没有消费酒水并将检查结果立即通知前台。

客房部应将客房的实际使用情况及时通知总台,以便核对和控制房态。

前厅部销售的主要产品是客房,故而,客房部应该对前厅部员工进行相关的产品培训。

一些规模不大的住宿企业甚至将客房部和前厅部进行重组,将工作内容相近的岗位进行合并,以提高组织效能。例如,将前厅部的总机与客房部的客房服务中心进行合并。

四、实践演练

1. 任务情境

扫描二维码,观看视频:新上任领班的客房清洁检查。

2. 任务实施

(1)客房清洁检查的程序和标准。

(2)不同类型客房清洁检查的差异。

3. 任务评估

填写视频纠错单,如表2-5所示。

表2-5 视频纠错单

序 号	错漏内容	正确做法
1		
2		
3		
4		

任务二 排 班

一、情境导入

(一)任务情境

某滨海城市的度假型酒店A,共有客房322间。按照惯例,楼层主管小王查看了7月3日16点客房入住率柱状图(见图2-3)和员工的7月预排班表(见表2-6)。由于7月4日酒店接待了一个重要的团队,入住率比预计的要高出许多。

7月3日的排班按预排班表执行,工作有序开展,人手充足,B班员工还完成了部分客房的烧水壶卫生工作。参照客房入住率柱状图,小王准备调整次日楼层的排班表,并发布通知。如果你是小王,会如何调整次日的排班?

(二)任务实施

排班的任务实施如图2-4所示。

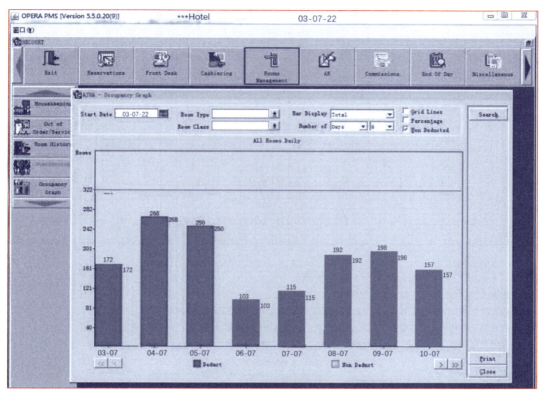

图 2-3　A 酒店 7 月 3 日 16 点客房入住率柱状图

表 2-6　A 酒店 3 号楼 7 月预排班表

日期 员工	1 五	2 六	3 日	4 一	5 二	6 三	7 四	8 五	9 六	10 日	11 一	12 二	13 三	14 四	15 五	16 六	17 日	18 一	19 二	20 三	21 四	22 五	23 六	24 日	25 一	26 二	27 三	28 四	29 五	30 六	31 日
张	×	×	A	A	A	A	A	×	×	B	B	B	B	B	×	×	A	A	A	A	A	×	×	B	B	B	B	B	×	×	A
陈	A	A	×	×	B	B	B	B	B	×	A	A	A	A	A	×	×	B	B	B	B	B	×	×	A	A	A	A	A	A	×
王 (实习)	A	A	A	×	×	B	B	B	B	B	×	A	A	A	A	A	×	×	B	B	B	B	B	×	×	A	A	A	A	A	A
孟	A	A	A	A	×	×	B	B	B	B	B	×	A	A	A	A	A	×	×	B	B	B	B	B	×	×	A	A	A	A	A
李	A	A	A	A	A	×	×	B	B	B	B	B	×	A	A	A	A	A	×	×	B	B	B	B	B	×	×	A	A	A	A
赵 (实习)	B	B	B	×	×	A	A	A	A	A	×	×	B	B	B	B	B	×	A	A	A	A	A	×	×	B	B	B	B	B	B
卢	B	B	×	×	A	A	A	A	A	×	×	B	B	B	B	B	×	×	A	A	A	A	A	×	×	B	B	B	B	B	B
林	B	B	B	B	×	×	A	A	A	A	A	×	×	B	B	B	B	B	×	A	A	A	A	A	×	×	B	B	B	B	B
顾	×	B	B	B	B	B	×	×	A	A	A	A	A	×	×	B	B	B	B	B	×	A	A	A	A	A	×	×	B	B	B
潘 (实习)	B	×	×	A	A	A	A	A	×	×	B	B	B	B	B	×	×	A	A	A	A	A	×	×	B	B	B	B	B	×	×

105

续表

日期\员工	1 五	2 六	3 日	4 一	5 二	6 三	7 四	8 五	9 六	10 日	11 一	12 二	13 三	14 四	15 五	16 六	17 日	18 一	19 二	20 三	21 四	22 五	23 六	24 日	25 一	26 二	27 三	28 四	29 五	30 六	31 日
刘（实习）	C	×	C	×	C	×	D	×	D	×	D	×	C	×	C	×	C	×	D	×	D	×	D	×	C	×	C	×	C	×	D
徐	×	C	×	C	×	C	×	D	×	D	×	D	×	C	×	C	×	C	×	D	×	D	×	D	×	C	×	C	×	C	×
杜	D	×	D	×	D	×	C	×	C	×	C	×	D	×	D	×	D	×	C	×	C	×	C	×	D	×	D	×	D	×	C
吴（实习）	×	D	×	D	×	D	×	C	×	C	×	C	×	D	×	D	×	D	×	C	×	C	×	C	×	D	×	D	×	D	×
施（实习）	×	D	×	D	×	D	×	C	×	C	×	C	×	D	×	D	×	D	×	C	×	C	×	C	×	D	×	D	×	D	×

注：× 为休息。

清洁班：A 班为 7:00~15:30，B 班为 11:30~20:00。

服务班：C 班为 8:00~20:30，D 班为 20:00~8:30。

清洁班的工作内容：楼层和客房的日常清洁卫生、计划卫生、楼层工作间整理等。

服务班的工作内容：住客服务、巡楼、协助日常清洁卫生和 20 点后的楼层工作间整理等。

旅游旺季可向客房部提交清洁班钟点工申请。

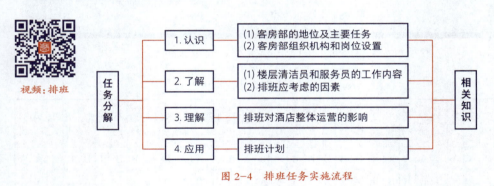

视频：排班

图 2-4 排班任务实施流程

（1）排班的目的。考虑运营成本、员工能力提升、淡旺季节奏等要素，根据侧重点的不同，选择合适的排班方案。

（2）排班应合理。保证客房清洁、客房服务和楼层安保工作到位，能够应对各种突发情况，达到排班的目的。

（3）排班应考虑劳动法的要求，每周工作超过 40 小时需要支付加班工资。

（4）在部门员工工作量超额的情况下，应考虑使用外部员工，如酒店其他部门的支援或者酒店外钟点工等。

二、知识链接

（一）客房部的地位及主要任务

客房产品是酒店的主要产品，打理客房产品的客房部自然成为酒店经营管理的重要部门之一,它在酒店的经营管理中起着重要的作用。

1. 客房是酒店的主体,客房部是为客人提供服务的主要部门。

酒店是通过向客人提供住宿、饮食、康体、娱乐、购物等服务产品而取得经营收入的服务企业。在酒店的诸多服务产品当中,客房是基础和主体部分。因为客房的面积占酒店总建筑面积的 70%~80%;酒店的固定资产绝大部分集中在客房里;酒店经营活动所必需的各种物品设备和物料用品,亦大部分在客房部。客房产品是酒店的主体产品。

另外,从整个酒店的人力资源配备来看,酒店的人员编制也是主要以客房数量为依据的,当然,也不能忽略餐位的数量。另外,对于会议型酒店,单参照客房数量也是不合理的。对于传统的四星级以上的综合型酒店,一般每间客房配备的员工数量为 1.15~1.4 人。需要特别说明的是,在管理得当的情况下,每间客房配备的员工数量越多,服务质量就越好,每间客户配备的员工数量越少,服务质量就会越差。

2. 客房是带动酒店一切经济活动的枢纽

酒店的收入主要来源于三部分——客房收入、餐饮收入和综合服务收入。其中,客房收入是酒店收入的主要来源,一般占酒店总收入的 50%~60%,而且客房收入较其他部门收入更加稳定。客房虽然在初建时投资大,但投入使用后耐用性较强,在每一次销售后,经过服务人员的清洁整理和补充消耗品后又可以再次销售。因此从利润来分析,客房消耗低、经营成本较小,因此,客房创利较高,其利润通常可占酒店总利润的 60%~70%,是酒店利润的主要来源。

此外,只要客人住下了,往往会连带发生对其他服务项目的需求。而且,住宿时间越久,需求越大,经营成本越低。

3. 客房服务的质量是客人评价酒店服务质量的要素

客人把酒店当作临时的家。据统计,客人在客房逗留的时间占其住店期间的绝大多数。因此,客房是否清洁卫生,客房服务人员的仪容是否整洁,礼貌修养程度的高低,服务态度是否热情、周到,客房的服务项目是否周全、方便等,将直接影响到客人的情绪,是客人衡量酒店产品"价"与"值"是否相符的主要依据。另外,客房部的公共区域保洁组、洗衣房、棉织品房等岗位的工作都会直接或间接影响对客服务的质量。

所以,客人对客房服务质量的评价是对酒店服务质量评价的重要构成,甚至会影响其对酒店的整体评价,客房服务质量是酒店等级水平的重要标志。

4. 客房部的管理水平直接关系整个酒店的运行和管理

如前所述,客房部负责整个酒店环境、设施的维护和保养,为酒店全体员工保管、修补、发放制服,为餐饮、娱乐等部门洗烫、保管各类布草等,其工作内容涉及整个酒店的角角落落,为其他部门的正常运行打好基础、做好后备。此外,从员工角度讲,客房部员工数量占酒店员工总数的比例很大,其培训管理水平对酒店员工队伍整体素质的提高和服务质量的改善有着很重要的意义。因此,客房部的管理会直接影响酒店的正常运行和管理。

由此可见,客房是酒店的主体部分,客房数的多少决定了酒店规模的大小;客房是住店客人的物质承担场所,是酒店接待能力和接待水平的重要标志。

客房部又称房务部或管家部,负责管理客房产品生产的相关事项。它的主要职责是为客人提供安全、清洁、舒适、美观的住宿环境;提供各种客房对客服务,满足客人的要求;负责整个酒店公共区域的清洁和保养工作,使酒店时刻处于清洁、优雅、常新的状态;为酒店其他部门提供布草洗涤、保管等服务。

(二) 客房部的具体工作任务

1. 负责酒店的清洁保养工作,为客人提供舒适的环境

清洁保养是客房工作的首要任务。客房部负责的清洁保养工作包括客房和酒店大环境两方面的内容。具体来说,客房部需要负责每间客房的清洁保养、酒店公共区域的清洁保养工作。清洁和保养不能分家,清洁是为了得到干净的效果,保养是为了保持物品的使用效果,两者求平衡。比如,不能在清洁釉面瓷器的时候图方便省事,用硬质的钢刷,虽然一时获得了干净的效果,但实际上破坏了釉面,不久,釉色便会难看且难清洁。客房部必须制定科学、合理的清洁保养规程,加强督导,在确保清洁保养质量的同时,既方便客人又尽可能地减少对他们的干扰。

2. 为客人提供优质的专业服务

酒店从根本上说,主要销售一样东西,那就是服务。服务质量是酒店的生命线。客房产品由空间、设施用品、卫生、安全、服务等内容构成,而服务是客房产品的核心部分,客房是客人在酒店生活的主要场所和停留时间最长的地方。这个临时的“家”,即便陌生,也需要方便、贴心。房间清扫服务、小酒吧服务、会客服务、托婴服务、洗衣服务、夜床服务等,都是为了让客人感受方便和贴心的服务设计。客房部的服务工作很日常、很琐碎,甚至很不起眼。但是,将这些细小的服务做好了,累积起来,客人就觉得方便了、贴心了,真的和在家一样。客房部的服务就是要从日常生活中的小事做起,主动、热情、礼貌、耐心、周到、用心地为客人提供专业的优质服务,使客人在住宿期间的各种需求得到满足,从而体现高品质的客房产品价值,提高客房商品的美誉度,提高酒店在社会上的声誉。

值得一提的是,客房服务不仅仅局限在客人的入住期间,还应包括客人到店之前和客人离店之后这两个环节。

3. 肩负加强成本费用控制、降低经营成本的重任

客房部所管理的设施设备是整个酒店的重头戏,客房部管理的人员数量也占整个酒店的多数。从物品管理到劳动力管理,都是一个重量级的部门。物品管理不善产生浪费、损耗,提高经营成本;劳动力管理不妥,降低工作效率,影响工作质量,也提高经营成本。为此,在客房管理过程中要认真研究投入和产出的关系,加强客房设备用品管理,合理制定消耗定额,切实做好设备维护保养工作,提高设备用品的使用效率,科学、合理地配备、使用劳动力,减少浪费,降低成本,使酒店获得良好的经济效益。客房部的任务之一就是要在满足客人要求的前提下,经营成本最低化,以取得最佳的经营效果。

4. 保障酒店及客人生命和财产的安全

安全是客人最基本的需求之一。客房是为客人提供休息的地方,不论何时都要保持楼层的安全,保证客人的生命、财产安全,防止不法分子进入客房,为客人提供一个安全的环境。客房部每一位员工都必须具有强烈的安全意识,在平时的工作过程中,都必须严格遵守服务过程和安全守则。酒店每一位员工都应清醒地认识到,安全无小事,一个小小的疏忽,有可能引发一起重大的事故。所以,一旦发现问题要及时处理,把安全隐患消灭在萌芽状态。

5. 负责客衣服务及酒店员工制服、布草的洗涤保管工作

设有洗衣房(参见教学视频:洗衣场)的酒店,客房部每天要负责客衣的洗熨、全店员工制服的洗熨、客房及其他布草的洗熨等。这些工作虽然琐碎、细小,但是责任却重大。客房部的工作面向客人和酒店各个部门,涉及客人的需求、酒店的形象、用品的卫生、经营成本等方面,不容小觑。

6. 做好与其他部门的协调配合工作,保证客房服务的需要

酒店是一个整体,客房部的工作不能单靠一个部门完成,其他部门的工作也无法单枪匹马地达到目标,各个部门之间需要沟通协调。完整的客房服务项目涉及餐饮、前厅、康乐等部门,如房餐服务、商务中心服务、康乐项目服务等。这些部门的工作能否跟得上,质量是否过硬,对客房服务质量会产生很大的影响。所以,客房部要有整体利益的观念和长远的战略眼光,积极、主动地与各部门搞好配合,才能保证客房管理各项工作的协调发展。同时为整个酒店的沟通协调立好榜样。

(三)客房组织结构和岗位设置

1. 客房部组织机构设置的原则

客房部的组织机构是否合理、组织是否严密,是客房部搞好管理、运转、服务等各项工作的重要保证。客房部机构的设置要根据酒店规模、档次、接待对象、经营思维、劳动力成本、设施设备等实际情况来决定,而不能生搬硬套。根据客房管理的工作任务,客房部门组织机构的建立及岗位的设置应遵循以下的原则。

(1)统一。

客房部在设置组织机构时需要做到三个统一:统一划分各工作单位的职权范围,统一制定规章制度,统一发布指令和命令。统一是指客房部只能有一个指挥中心,必须建立上下级之间连续不断的等级链,不能越级指挥,但指挥中心要能够监督各级。

(2)精简。

精简的原则是要求客房部在设计组织机构时,贯彻"严密、紧凑、高效、精干"的要求。客房部承担了酒店物品管理和人员管理的重任,工作内容杂、工作区域广、工作人员多。倘若不强调精简,很容易出现机构臃肿、人浮于事的状况。根据客房部的工作特点,建议因事设岗,不能因人设岗;同时,注重岗位的弹性需求,可兼任就不要专任。例如,大型酒店一般会设公共区域保洁员岗位和保养工岗位。中小型酒店由于工作量的原因,可以不专门设岗,如某小型的四星级酒店,公共区域只设了保洁员岗位,共有保洁员 6 人,所有保洁员都需要学会使用抽湿机,3 名保洁员需要学会用洗地毯机清洗地毯,2 名保洁员需要学会用镜面机对大理石地面进行抛光打蜡。这样,工作的弹性自然就增加了。但是,机构精简并不意味着机构的简单化,一旦出现职能空缺的状况,就会造成服务质量的降低。

(3)分工协作。

分工协作是提高劳动效率的基本手段。客房部的分工,可以采用操作专业化的方式来划分,就是按操作技术进行分工。比如,有的酒店将楼层员工分为清洁员和服务员(管家)

两个工种。清洁员主要负责清洁工作,服务员(管家)主要负责对客服务工作。前者面客机会少,后者面客机会大。

分工能够提高工作效率,但只有分工没有协作的机构不可能成为一个有效的组织,因此各岗位之间还要加强协作。酒店规模越大,分工就越细,各岗位的协作也变得越来越重要。

分工是指明确具体的工作范围和职责,应该把主要的工作重心放在这项工作上。分工能体现个人的工作能力,分内工作的热情和用心能反映出个人的工作效能。而协作是整体范围内相互帮助、支持对方工作来完成工作。在某项事情上做到相互帮助、相互支持,是显示整体效能的一种方法。

(4)责权对等。

赋予下级与职位相称的权力是其开展工作的基础,有职无权的人是打不开局面的;若权大于职,也会造成不良后果。因此,必须保证被分配权力的下属有职有权、职权相称,更要有权有责、权责对等。有职则名正言顺,有权则水到渠成;责任是中心,权力是条件、是手段。权责对等原则要求部门在进行权力分配时,既不能让下属只承担义务和责任而不提供权力保证,又不能只分配权力而不使其承担一定的义务和担负起一定的责任,必须遵循职权一致的原则。

(5)合理的管理跨度与层次。

管理跨度也叫管理的有效幅度,是指一名管理者能够直接而有效地管理下属的人数。管理跨度是根据各工作的性质、经营的环境、管理者的能力及被管理者的素质等方面来确定的。管理跨度过大,管理难度就大,管理效果不理想;管理跨度过小,管理岗位就多,管理成本提高。搭建合理的管理跨度和层次是组织坚实的基础。目前,鉴于劳动力成本的提高,很多中小型酒店,将客房部领班或主管的岗位取消,以控制管理成本,提高沟通效果,实践证明,是符合目前行业发展特点的。此外,随着科技的发展,数字化技术的运用,为拓展管理跨度提供了技术支持。

2. 客房部组织机构设置的类型

由于酒店规模、档次、业务范围、经营管理方式、服务模式的不同,客房部组织机构也会有所区别。主要表现在如下两方面。

(1)机构的纵向层次呈现扁平化趋势。

比较规整的客房部管理层次有经理—主管—领班—服务员4个层次,但是,目前酒店的发展趋势是组织机构的扁平化,包括客房部在内的饭店各部门都尽可能地减少管理层次,以提高沟通和管理效率,降低管理费用,通常跳过主管或领班层次,只保留3个层次。

(2)机构的横向业务分工不尽相同。

可以认为横向分工体现了酒店客房部的个性。很多管理者用心设计横向分工,目的是为了使工作效率提高,服务质量更上一层楼。例如,有的酒店的客房部设有楼层服务台,有的则设有客房服务中心,也有的两者兼而有之;有的酒店的洗衣房和棉织品房隶属于客房部;有的另设部门管理;有的则根本没有洗衣房,洗衣服务采用外包的方式。

一般情况,横向分工的设置与客房服务模式有很大的关系。下面介绍两种在星级酒店最常用的客房服务模式。

① 楼层服务台模式。在客房区域内各楼层的设置的服务台称为楼层服务台（见图2-5），它发挥着前厅部总服务台驻楼面办事处的职能，24小时设专职服务员值班。楼层服务台受客房部经理和楼面主管的直接领导，同时在业务上受总台的指挥。

图2-5 客房部楼层服务台

楼层服务台是我国传统的接待服务组织形式。这种服务模式可以根据客人的需要，及时提供规范性和针对性相结合的面对面服务，能使客人感到亲切、方便，并有利于做好楼面的安全工作，能及时、有效地处理突发事件；有利于及时、准确地了解房态，有利于客房的销售工作。但楼层服务台通常需要24小时为客提供服务，员工数量要求多，不利于成本控制，也不利于工作的灵活性。而且，这种服务模式对于注重隐私安全的客人来说，也不受欢迎。

② 客房服务中心模式。为了满足客人对隐私安全的要求，也为了能保持楼面的安静，并降低酒店的经营成本，越来越多的酒店采用客房服务中心的服务模式。在客房服务中心模式下，客房楼层不设服务台，只设工作间。客人住宿期间需要找客房服务员时，可以直接拨内线电话通知客房服务中心。客房服务中心实行24小时值班制（见图2-6），在接到客人要求提供服务的电话后，通过酒店内部的呼叫系统就近的服务员上门为客人服务。

客房服务中心模式是从国外引进的一种服务组织形式。其优点是突出"暗"服务，给客人营造了一个安静、自由、宽松的入住环境。这符合当今酒店服务行业"无干扰服务"的趋势。客房服务中心模式还有利于降低成本、提高劳动效率。这在劳动力成本日益上涨的今天尤其重要。但这种服务模式给客人的亲切感较弱，弱化了服务的直接性，服务的及时性必将受到影响。另外，客房服务中心的模式对楼层上的一些不安全因素无法及时发现和处理，在某种程度上会影响住客的安全。

基于中国酒店业自身的特点，很多酒店创新了客房服务模式。例如，青岛海景大酒店根据其特有的园林式建筑特点，在每一幢客房设置楼座服务台。再如，广州白天鹅宾馆在客房服务中心的基础上，在商务楼层设置专属服务台，以提高对高级商务客人的服务质量。由此，可以发现酒店到底选择哪种服务模式，还是要根据酒店自身的实际情况并考虑客人的需要来确定的。比较理想的服务组织形式应该既能体现酒店自身的经营特色又能受到绝大多数客人的欢迎。在实际运作时要考虑酒店档次、客源结构、本地区的劳动力成本、酒店设备设施状况等因素。

图 2-6　客房服务中心一角

根据客房服务模式的不同,客房部组织机构横向业务分工的设置就有了比较大的差异,如图 2-7 和图 2-8 所示。

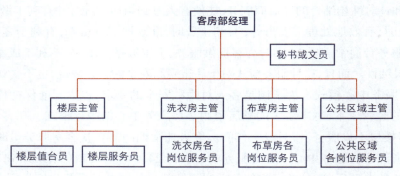

图 2-7　设立楼层服务台的客房部组织结构图

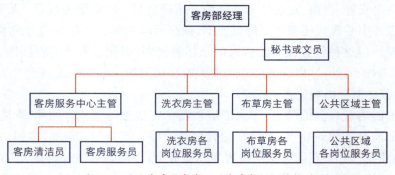

图 2-8　设立客房服务中心的客房部组织结构图

客房部组织机构图清晰地勾画出部门中的垂直领导关系及内部信息流通渠道。每个员工从组织中的顶头上司处接受指示。在酒店里张贴组织机构图,可以让员工清楚地知道自己在整个机构中所处的位置。

(四) 客房部的工作量

客房部的工作量往往跟客房部的业务范围有关。一般可分为固定工作量和变动工作量、间断性工作量等。

(1) 固定工作量是指那些只要酒店开业就会有,而且必须按时去完成的日常例行事务。例如,客房部管辖范围内的所有公共区域的日常清洁保养、保证内部正常运转所需要的岗位值勤等。

(2) 变动工作量是指随着酒店业务量等因素变化的工作量。在客房部主要表现在随客房出租率的变化而改变的那部分工作量。例如,客房的清扫数量、对客服务的工作量,以及一些特殊情况的处理等。这部分工作量通常以预测的年平均客房出租率为基准来进一步具体测算的。

(3) 间断性工作量是指那些不需要每天都进行的,但又必须定期进行的工作量。比如,地毯的清洗,家具的打蜡,地面的抛光等。

工作定额是指每个员工在单位时间内,在保证服务质量的前提下,平均应完成的工作量指标,它是指酒店经营活动中劳动耗量的标准。工作定额是对工作效率的要求,是实行定员编制的基础。

确定劳动定额是一项比较复杂的工作,要考虑多方面因素,如人员素质、工作环境、标准、器具配备等。规格标准高,每人的劳动定额就要少一些,以使员工能有充裕的时间把工作做得细致些。

三、知识拓展

布件管理是客房管理活动的中心内容之一。布件房又称布草房、棉织品房。负责全酒店布件及所有工作人员的制服的收发、分类和保管。布件的质量、清洁程度、供应速度等,都会直接影响到酒店经营活动的开展乃至成败。

常规来说,布件房的具体工作内容主要包括如下方面。

(1) 酒店客房、餐饮部布件的收发、分类。

(2) 对楼层、餐厅布件的定期盘点。

(3) 全店员工制服的储存、修补和交换。

(4) 定期配备、更新布件和制服,保证制服与布件的及时供应。

(5) 与店内洗衣房或外包洗衣场密切配合,搞好制服和布件的送洗、清点和验收。

(6) 做好客用布件、员工制服洗涤质量的检查、报废工作。

布件房一般归属洗衣房管辖,不设洗衣房的酒店,布件房直接归客房部管辖。根据布件房的规模、工作量的大小设立主管或领班。布件房的岗位设置主要有:布件房主管/领班、布件/制服服务员、缝补工等。在实际情况中,会根据酒店实际情况适当地合并工种,比如,布件/制服服务员就是缝补工。有的酒店采用智能化制服收发系统后(见图 2-9 和图 2-10),进一步缩减了布草房的用人数量。

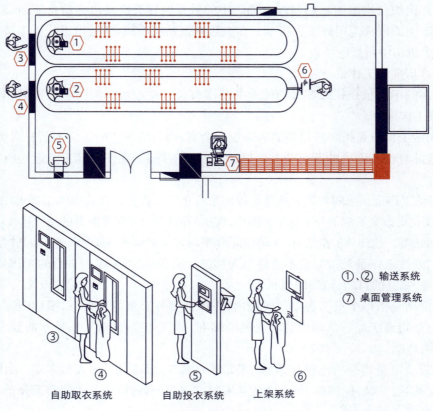

①、② 输送系统

⑦ 桌面管理系统

③④ 自助取衣系统　⑤ 自助投衣系统　⑥ 上架系统

图 2-9　智能化制服收发系统示意图

件房主管/领班的直接上级为客房部经理/洗衣房主管,直接下级为布草制服服务员、缝补工,工作职责如下。

（1）制定酒店布件的配置标准。

（2）制定酒店布件的控制管理制度。

（3）制定酒店布件的收发程序。

（4）监督各部门布件的使用和保管。

（5）负责布件的盘点,统计分析布件的损耗情况并向上级报告。

（6）负责布件的报废和再利用工作。

（7）协助人事部做好员工制服的管理工作。

（8）制订布件更新补充计划并督促落实。

（9）负责布件房的安全。

布件/制服服务员的直接上级为布件房主管。工作职责如下:

（1）负责布草、制服的换洗、收发、缝补和保管等工作。

（2）负责搬运及储存布件和制服。

（3）对洗烫完毕的布件和制服进行检查,发现问题及时报告。

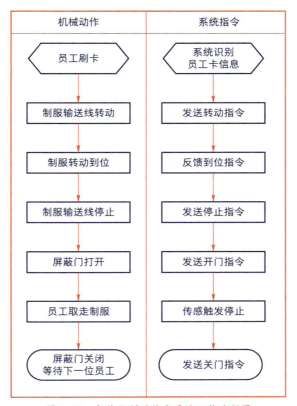

图 2-10　智能化制服收发系统工作流程图

🌐 **数字化实践**

　　虽然采用智能化制服收发系统有助于降低劳动力成本,但是许多酒店依旧不愿意采购该智能系统,究其原因主要是酒店在衡量采购和使用成本是否低于劳动力成本。当企业规模不大、劳动力成本较低时,酒店不愿意采购该系统。除此之外,还受到制服收发班制习惯、原有制服房空间的大小、招工难易度等因素的影响。

　　采用智能化制服收发系统后,制服房的制服收发工作将被机器代替,但是会增加设备维护保养的工作内容,总体上看,工作效率提高,工作不再受各个部门上下班时间的限制。

　　缝补工的直接上级为布件房主管,工作职责如下。

　　(1) 负责修补布件、制服、窗帘、软垫套等。

　　(2) 负责客衣的小修小补。

　　(3) 将报废的布件、制服改制成其他有用的物品。

四、实践演练

1. 任务情境

某酒店拥有 220 间客房、500 余个餐位、2 个会议室，员工共 247 人。该酒店没有自己的洗衣房，除餐饮部的布草（制服除外）自行与洗衣公司交接外，酒店所有布草均由布件房收、发、交接。布件房目前在编人员 3 人，一名张姓领班，一名王姓员工和一名陈姓员工。酒店的员工制服是 2019 年全面更新的，棉织品于 2019 年也开始陆续更新。布件房的工作时间是 8:00~16:30，2013 年 11 月的排班情况如表 2-7 所示。

表 2-7　某酒店 2013 年 11 月布件房的排班表

日期 员工	1 五	2 六	3 日	4 一	5 二	6 三	7 四	8 五	9 六	10 日	11 一	12 二	13 三	14 四	15 五	16 六	17 日	18 一	19 二	20 三	21 四	22 五	23 六	24 日	25 一	26 二	27 三	28 四	29 五	30 六
张	○	○	○	×	×	○	○	○	○	○	×	○	○	○	○	○	○	×	○	×	○	○	○	○	×	○	×	○	○	○
陈	○	○	○	○	○	○	○	○	○	○	○	○	○	○	○	○	○	○	○	○	○	○	○	○	×	○	○	○	○	○
王	○	×	○	○	○	○	○	○	○	○	○	○	○	○	○	○	○	○	○	○	○	○	○	○	○	○	○	○	○	○

注：× 代表休息，○ 代表工作时间 8:00—19:00。

酒店规定，每周二、周五、周日的 9:00~9:30 为餐饮服务员更换制服时间，每周一、周三、周五的 16:00~16:30 为楼层服务员更换制服时间，每周一、周五的 8:00~8:30 为行政人员更换制服时间，每周一、周五的 14:30~15:00 为前厅服务员更换制服时间。以上更换制服时间厨房员工均可更换。每周五进行周盘点，每月度最后一日进行月度盘点。

2021 年，酒店引进了智能化制服收发系统，布件房的编制发生改变：布件房归属 PA 班组管理，削减领班岗位，只留了 2 名员工。主要工作内容依旧是收发制服、缝补、盘点及与洗涤公司交接等内容，增加了对智能化制服收发系统设备的维修保养工作，收发制服工作由智能设备代替。请为布件房排班，并说明引进智能化制服收发系统后产生的意义。

2. 任务实施

排班调整任务实施流程如图 2-11 所示。

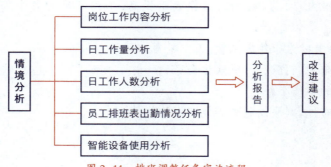

图 2-11　排班调整任务实施流程

3. 任务评估要点

(1) 对人力成本的认知正确。

(2) 定员水平的先进性。

(3) 班次设计是否合理。

(4) 各班次工作任务的分析是否准确。

(5) 排班的弹性是否足够。

(6) 人机合作是否合理。

模 块 小 结

该模块的设计意在指导学习者理解督导工作在基层管理工作中的意义,了解督导管理的工作范畴,并能实施卫生质量督导和工作任务安排工作。客房部的督导工作远不止于此,各酒店客房部的实际情况比任务情境中的情况复杂,需要考虑的问题多样化。

随着我国劳动力成本的迅速提升,酒店业作为一个劳动密集型行业,经营成本越来越高,许多酒店正在研究如何提高工作效率,降低劳动力成本。任务中引用了时下在企业中有一定应用规模的数字化技术和智能设备,希望能够拓展学习者的视野,了解行业发展的趋势。

【英语积累】

目标:objectives

行政管家:executive housekeeper

办公室文员:order taker

楼层主管:floor supervisor

楼层领班:floor captain

客房服务员:room attendant/housekeeper

公共区域:public area

公共区域保洁员:public assistant(PA)

岗位职责:responsibilities

工作服:work clothes/uniform

布件房:the linen room

员工餐厅:staff canteen

更衣室:changing room/locker room

安全通道:exit passageway/secure channel

升降电梯:elevator

自动扶梯：escalator
停车场：parking lot
责任人：duty officer/person in charge
巡查：patrol
工作量：workload
客房入住率：occupancy rate
检查：check

【课业】

寻找 1~2 家使用数字化工具开展客房清洁管理工作的住宿企业，每家企业访谈 2 名基层服务员、1 名主管，了解其在数字化工具使用过程中的情况，特别关注数字化工具使用难易度和使用效果两方面。

模块三　员　工　培　训

◆ **模块导引**

　　"从一家酒店的培训实力上,可以看出这家酒店的管理水平""培训是酒店成功的必由之路""没有培训就没有服务质量""培训是酒店发展的后劲之所在"。现代酒店业的竞争,本质是酒店员工素质的竞争,而员工素质的高低又在很大程度上取决于酒店对员工培训的重视。因此,客房部必须高度重视并认真做好员工的培训工作。

　　随着短视频技术的应用和在线学习方式的推广,酒店也开始借助在线平台开展业务培训,进一步拓展了员工培训的时间和空间。

◆ **学习目标**

　　1. 了解员工培训的意义与原则。

　　2. 了解培训活动的基本步骤。

　　3. 理解班前例会的培训功能。

　　4. 掌握班前例会的内容。

　　5. 掌握员工培训的方法和技巧。

◆ **学习任务**

　　1. 召开班前例会的流程和要求。

　　2. 新进员工的培训计划制定的步骤。

　　3. 客房部员工培训的内容。

任务一　班 前 例 会

视频：班前
例会

一、情境导入

（一）情境内容

2010 年 6 月，恰逢迎亚运会和世界杯，广州某五星级酒店入住率较高。某天早上 7:30，五班组白班主管一到岗位，就拿起工作交接本看起来，上面记录着：

（1）昨夜 1216 房客人投诉电视信号差，值班经理给客人做了换房的处理。

（2）昨夜 1633 房客人（带着婴儿入住），投诉隔壁 1631 房间深夜敲门声很响，惊动了孩子，值班经理出面道歉，并承诺给予房费 6 折的优惠。

看完交接班日志，主管又拿起工作任务单，上面写着：

（1）今日房务中心要求员工在每个房间书桌上统一放置告客人书，告知客人关于外墙整治的相关内容，并要求员工同时进行口头告知，确保每位客人都知晓。

（2）今日房务中心的每日英语为：What can I do for you ？

（3）房务中心已经安排五班组（负责 15、16、17 楼）今日白班上岗员工 7 人，15 楼 2 人，16 楼 2 人，17 楼 3 人，其中 17 楼的小王要跳楼层到 16 楼 2 间，这 2 间目前是空房，有预订。

照例，今天五班组的班前例会依旧在 16 楼工作间召开。如果你是该主管，请你完成一份班前例会工作提纲，并组织今天白班员工开一次班前例会，例会时间不超过 15 分钟。

（二）任务实施

班前例会任务实施流程如图 3-1 所示，班前例会工作提纲如图 3-2 所示。

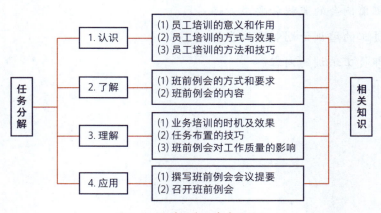

图 3-1　班前例会任务实施流程

___班组 班前例会工作提纲

___年___月___日　　　主管：_____

例会内容
常规工作(包括检查) 1. 2. 3.
昨日事故分析 1. 2. 3.
今日重点工作布置 1. 2. 3.
特别叮嘱 对象： 叮嘱内容：
学习内容
1. 2.

图 3-2　班前例会工作提纲

(三) 任务评估

(1) 班前例会会议提纲内容完整、条理清晰,涵盖仪容仪表检查、工作任务布置和业务学习等。

(2) 班前例会召开方式合理,与工作场景特点吻合。

(3) 语言表达清晰、任务布置明确到位,重点突出,达到一定的培训效果。

二、知识链接

(一) 员工培训的意义

要想让员工的工作达到既定的规格水准,严格的培训是一种必需而有效的手段。培训的意义体现在以下几个方面。

1. 提高员工素质

培训是员工获得发展的重要途径。通过培训,员工可以增强服务意识,提高沟通能力,获得专业知识,掌握服务技能和技巧,从而使其个人素质得到全面提高。

2. 提高工作质量

酒店员工,尤其是新员工,在工作中经常出错,这就是缺少培训的表现。没人告诉员工该怎么做,服务质量的标准是什么,遇到一些特殊情况应该怎样处理,因而"错误"百出,导致客人投诉不断。

培训中所讲授或示范的工作方法和要领,都是经过多次的实践总结出来的。通过培训,员工可以掌握服务的技能技巧和科学的工作程序,不但能够提高服务质量,还可以节省时间和体力,提高工作效率,起到事半功倍的作用。

3. 降低营业成本

员工掌握正确的工作方法,能够减少用品的浪费,降低物品损耗,从而降低营业费用和成本支出。

4. 提供安全保障

培训可以提高员工的安全意识,使其掌握正确的操作方法,从而减少各种工伤等安全事故。

5. 减少管理压力

如果员工素质低下,工作中会不断出错,管理人员将被迫"四处灭火",永无宁日。通过培训,员工的素质可得以提高,使客房部的工作有条不紊地进行,从而大大减少管理人员的工作量。此外,通过培训,员工和管理层之间可以加强相互了解,建立起良好的人际关系,管理者的管理工作变得轻松、愉快。

值得说明的是,培训的作用是潜移默化的,它对员工和住宿企业的影响是长期的,可谓"润物细无声"。那种鼠目寸光,急功近利,要求培训取得立竿见影的效果的思想是不对的,也是不现实的。对此,客房部管理人员应该有清醒的认识。

(二)员工培训的原则

培训工作应坚持以下原则。

1. 长期性

酒店员工的流动性比较大,再加上酒店也是在不断发展的,客人对酒店的要求也越来越高,科学技术在酒店的应用也层出不穷,因此,对员工的培训不是一朝一夕的事,必须长期坚持。

2. 系统性

培训工作的系统性表现在以下几个方面。

(1)培训组织的系统性。对员工的培训,不仅是人事培训部的事,也是各个部门的重要工作。系统思想就是根据企业的管理目标,把企业的统一培训和部门自行培训结合起来,形成一个相互联系、相互促进的培训网络。部门培训与企业人事培训部培训的内容和侧重点有所不同,客房部应该加强与企业人事培训部的沟通、合作与协调。

(2)培训参加者的全员性。各个岗位的员工、领班、主管及部门经理都必须参加培训,避免出现服务员经过培训而部门经理却是个"门外汉"的情况,结果造成"外行管内行"的混乱局面。

(3)培训内容的系统性。每次培训活动应该是酒店及各部门长、中、短期整体培训计划的一个组成部分,培训的内容应该与前一次及下次培训的内容相互衔接,避免培训工作的盲目性、随意性,以及培训内容上的相互冲突和不必要的重复。因此,客房管理人员应该建立培训档案,做好培训记录。

3. 层次性

虽然所有员工都必须参加培训,但由于岗位不同、级别不同、工作内容和要求不同,因此,培训工作要分层次进行。比如,可分为服务员培训、督导人员培训、经理培训等,以便取得良好的、有针对性的培训效果。

4. 实效性

培训工作是提高员工素质和服务质量的重要保障,企业为此需要投入可观的人力、物力、财力,因此,培训工作不能走形式,必须注重培训效果,管理者必须认真组织,严格训练,严格考核。对于考核不合格的员工不允许上岗,不达要求决不放行。培训的内容要针对部门服务和管理中存在的问题和薄弱环节加以确定,达到缺啥补啥的目的。

5. 科学性

要按照制定的岗位责任书的内容,利用科学的方法、手段进行培训,不能图省事,采取单一的、传统的培训方式。如,"师傅带徒弟"的方式相对比较简单、传统,但是不得不承认,这种方式见效最快,师傅对徒弟的督导最有利。这里所说的科学是如何保留"师傅带徒弟"方式的长处,用师傅竞选制、师傅责任制等激励机制避免"庸师"的存在。

(三)部门培训的意义

员工入职一般要经历两个层面的培训。第一个层面是企业层面的,也就是由人力资源部组织的培训,这个部分只针对新员工。通常培训内容包括企业文化、企业规章、员工守则等内容。第二个层面的培训是进入部门后的部门培训,部门培训不仅针对新员工,老员工也要与时俱进,不断培训。部门培训侧重操作技能培训,是企业能够正常运转的重要环节。部门培训的方式灵活多样,渗透在日常工作的各个环节,有专题培训、师徒式培训、例会培训、现场督导等。近年来,各个酒店积极拓展培训方式,在线培训成为新宠,适用于操作性不强的培训内容。不论哪种培训方式,基本流程都是准备、实施、评估,培训目标均为"理解""学会""应用"。

员工在部门接受的培训直接关系到其是否能胜任对应岗位的工作、能否快速上岗产生效益。同时,部门培训也是检验部门管理者技术技能掌握水平的有效方式。另外,部门的岗位培训还能促使部门不断自我改善。

三、知识拓展

(一)授课的程序和艺术

1. 授课的程序

(1)备课,即上课前的准备。上课前需要做哪些准备呢?

① 要备学员个人信息。就是要了解学习者的基本情况,如学习基础、学习能力等。

② 要备内容。就是要熟悉授课的内容,自己有一桶水,才倒得出半桶给别人。除了熟悉,还要有效组织授课内容,即先教什么,再教什么,最后教什么。

③ 要备进程(时间)。指的是如何安排教学的节奏,使教学活动有张有弛,学习效果达到最佳。

(2)上课,是将备课进行展示的环节,也是直接面对学员的环节。通常,上课至少需要有导课、主要内容、课堂小结 3 个环节。

① 导课是帮助学员迅速进入学习状态的环节。导课的方式有很多,如提问、故事、案例、游戏……其共同的目的是吸引学员的注意、引导学员主动进入学习状态。

② 主要内容部分是授课的关键,需要基于学员的现场表现,在备课的基础上适当调整。主要内容部分也占据了授课时间的大部分。

③ 课堂小结部分可以将此次授课内容进行点睛,也可以以授课内容的考核方式进行总结,还可以在这个环节布置课后任务。

(3) 课后评价。课后评价分教师评价和学员评价两部分。学员评价主要侧重对课堂的满意度评价,也可以适当引导学员提些建议。教师评价主要侧重对教学任务的完成情况和完成质量。

2. 授课的艺术

酒店的各种培训针对的都是成年人。首先要把握成年人学习的规律与方法。

(1) 让学员保持乐观的学习状态,多表扬和肯定。

(2) 设定明确的学习目标。

(3) 精心设计培训课程内容。

(4) 创造良好的学习环境。

(5) 让学习充满好奇与乐趣。

(6) 整合学习内容,使其精当。

(7) 让学习内容直观化、具体化。

(8) 注重表达情感,使教学互动良好。

(9) 注重教学的引导,促进学员自己去发现和体会。

(10) 以学员为中心。

(11) 注重个性化。

其次,要树立专业形象和自信。比如,进行礼仪培训,个人的仪容仪表要端庄。

再次,要注意表达方式。语言的幽默性在培训时很重要。能让紧张的学习有放松的空隙。此外,语言的形象化、简洁性都是上好课的必须。但是,单纯的语言表达不足以吸引眼球,还要学会应用肢体语言。

第四,精心设计开场白是授课成功的第一步。

第五,教学互动是提高授课效果的好办法。

第六,提问永远不会过时,关键是问什么以及如何提问。

(二) 洗地毯机的使用和保养

1. 使用前检查

(1) 机器所用电压是否合乎要求。

(2) 机器所用电线、插头是否破损。

(3) 机器各配件是否齐全、安装是否正确。

(4) 装地板刷前必须把机器放倒,用手装好。

2. 使用中

(1) 先将清水倒入水箱内或地板上，加清洁剂。

(2) 轻轻将定位杆调到自己合适的位置上。

(3) 打开水箱，看到有水流出再开动机器。

(4) 开动机器后将电源线放在肩膀上。

(5) 操作机器必须抓住定位杆上方电源开关将机器轻轻左右来回摆动。

(6) 不能对电线进行挤压等。

(7) 感到马达外罩过热或有异常声音时，应立即停机检查。

3. 使用后

(1) 将水箱内用水清洗干净。

(2) 地板刷用水冲洗干净，挂回原位。

(3) 用一块干净的潮布里外、上下擦干净，机器配件、电线确保存放前干净。

(4) 机器两个滚动轮要经常上油。

4. 注意事项

(1) 插头及电源线必须定期检查是否有破损，如有需维修通知主管。

(2) 机器不允许被雨水淋湿。

(3) 切断电源时，应该先关开关再拔插头，不得拉电源线来断电。

(4) 本机器上下楼梯必须有二人抬起，而且轻轻推。

(5) 使用后应将机器彻底清洁干净。

四、实践演练

(一) 任务情境

客房部新入职了 6 名实习生，均为职业院校的在校生，作为领班，客房部安排你对他们进行三项技能的培训，需要集中 6 名实习生，给他们上一堂简单的技能课。

1. 技能培训——敲门进房

请对新入职的 6 名实习生进行一次进房技能培训。培训场地为客房楼层，培训时间为 15 分钟。

2. 技能培训——中式铺床技能

请对新入职的 6 名实习生进行一次中式铺床的技能培训。培训场地为一间空的标准间，培训时间为半小时。

3. 技能培训——洗地毯机的使用和保养

请对新入职的 6 名实习生进行一次洗地毯机的使用和保养的技能培训。培训场地为中餐厅一包厢，培训时间为半小时。

(二) 任务实施

技能培训的任务实施流程如图 3-3 所示。

(三) 任务评估要点

(1) 授课环节设计是否合理？是否符合授课对象的特点？

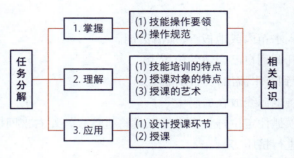

图 3-3 技能培训任务实施流程

(2) 授课时间的把握是否准确？

(3) 课堂评估的设计是否妥当？

(4) 授课效果是否理想？

(5) 授课者自身的技术掌握是否到位？

任务二 客房部新进员工培训计划的制定

一、情境导入

（一）任务情境

6 月中旬，A 酒店客房部来了 10 名实习生，他们是某职业技术学院的大二学生，已经学过"客房服务与数字化运营"课程中的客房服务部分内容，具备一定的职业素养，客房服务技能有一定程度的训练，实习期为 6 个月。请为这 10 名实习生制定一份客房部的新员工培训计划。

（二）任务实施

新进员工培训计划任务实施如图 3-4 所示。

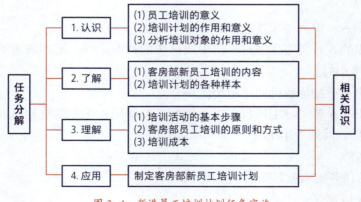

图 3-4 新进员工培训计划任务实施

（三）任务评估要点

（1）培训内容符合新员工的学习需求和企业的用人需求。

（2）培训周期符合酒店淡旺季需求和学习者的接受能力。

（3）培训计划的形式便于传达、检查。

（4）培训计划中须包含培训效果的评价方式。

（5）培训效果的评价方式可操作性强。

二、知识链接

（一）培训活动的基本步骤

完整的培训活动至少包含 4 个步骤，即培训需求的分析与确定、培训计划的制定与审核、培训的实施与运作、培训效果的评估与反思。这是个循环的过程，最后的评估与反思需要作为下次培训活动的借鉴。周而复始，培训的质量才能提高。

1. 培训需求的分析与确定

培训需求的分析包括对培训对象（知识结构、技能结构、年龄结构、培训期望值等）的分析、培训目的（新学、巩固、强化等）的分析、培训预算（时间成本、经济成本）等的分析，从而确定培训的内容。简单地讲，包括以下几个方面。

（1）员工想学什么？

（2）员工能学什么？

（3）员工想怎么学？

（4）企业需要员工学什么？

（5）企业允许员工怎么学？

（6）企业允许员工花多长时间学？

2. 培训计划的制定与审核

分析与确定了培训需求后，就应该基于需求制定合适的培训计划了。通常，培训计划制定好需要经过上一级的审核，方能实施。这么做事为了提高计划的可操作性，防止培训工作与其他工作的冲突。

3. 培训的实施与运作

培训计划制定与审核后，会传达通知，各相关人员需根据自己的生活、工作情况提前做好培训准备。在培训实施与运作过程中，为了督促员工自觉参加培训，常用的方法有签到、学分考核、奖励刺激等。

4. 培训效果的评估与反思

培训的实施与运作结束并不意味着培训工作的结束。培训的评估与反思的目的是总结和修订。酒店员工的构成越来越多样化，不论是年龄、知识水平还是价值观方面，都呈现出多样、复杂的特点，在这种行业环境下，缺少评估与反思环节的酒店培训必定无法走得更久、更远。

（二）员工培训的方法

掌握选择有效的培训方法，可以提高培训收效，培训有如下主要方法。

1. 课堂讲授法

课堂讲授法属于传统的培训方式,其优点是运用方便,便于培训师控制整个过程。其缺点是单向信息传递,反馈效果差。课堂讲授法适宜用于理论性内容的系统培训。

2. 视听技术法

视听技术法通过视听技术(如采用投影、视频会议等)对员工进行培训的方法。其优点是运用视觉与听觉的感知方式,直观鲜明,但学员的反馈与实践较差。通常多用于企业概况、传授技能等培训内容,也可用于知识性内容的培训。

 数字化实践

随着数字化技术在教育培训领域的应用,酒店行业也纷纷开始采用数字化平台开展业务培训活动,将视听资源进行碎片化整合,设计成各种主题的培训包,辅以相应的考核机制,督促员工进行自主学习,既满足了企业对员工业务培训的需求,也满足了员工碎片化学习的需求,拓展了员工培训的时空范围。图3-5为凯宾斯基酒店龙虾墨(Lobster Ink)员工学习平台,图3-6为万达集团员工学习平台,它们都是典型的酒店数字化培训平台。

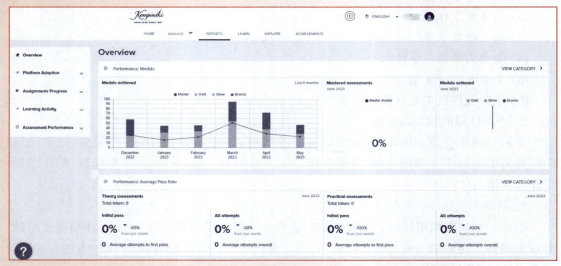

图3-5 凯宾斯基酒店龙虾墨员工学习平台

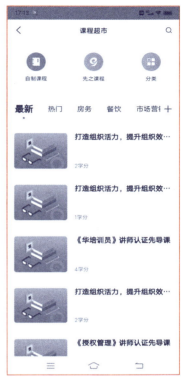

图 3-6　万达集团员工学习平台

数字化实践

　　数字化资源库的学习模式作为企业员工培训的新形态,同样也存在一定的缺点。首先,酒店基层从业人员的平均文化水平不高,特别是客房部员工,自学能力欠佳,学习效果未必能达到预期效果;其次,在线学习资源的制作成本和管理成本较大,实力不强的酒店难以承受。酒店如何降低资源库制作和管理的成本、客房部如何有效使用资源库的学习方式,是酒店和部门管理人员值得思考的问题。

　　3. 专人指导法

　　专人指导法多用于对新员工的培训,是指安排专门的指导老师,对新员工进行个别的甚至一对一的培训指导工作的培训方法。这种培训方法可以帮助新员工尽快消除陌生感、适应环境、熟悉工作。通常,由于部门管理人员有限,管理工作繁多,专人指的是工作经验丰富、技术技能比较强的老员工,他们被称为"师傅"。

　　4. 小组讨论法

　　小组讨论法的特点是信息交流方式为多向传递,学员的参与性高。小组讨论多用于巩固知识,训练学员分析问题、解决问题的能力与人际交往的能力,但运用时对培训师的要求较高。

5. 案例分析法

案例分析法是指由培训师向学员提供相关的背景资料,让学员进行讨论和分析,以寻找合适的解决途径的培训方法。这培训方法的效果较好,可以有效训练学员分析问题和解决问题的能力。另外,近年的培训研究表明,案例、讨论的方式也可用于知识类的培训,效果很好。

6. 角色扮演法

角色扮演法是指学员在培训师设计的工作场景中扮演特定的角色,如住客与服务员等,进行演练,其他学员与培训师观摩,表演后作适当的点评以促进知识与技能掌握的培训方法。角色扮演法信息传递多向化,反馈效果好、实践性强,多用于人际关系能力的训练。

(三) 员工培训的技巧

掌握一定的培训技巧,可以增强培训效果。培训管理人才的标准是:出得了方案,写得出教案,站得上讲台。

企业培训从内容上通常可分成两大类:知识性培训和技能性培训,培训师应根据培训类型选取适当的培训技巧。

1. 知识性培训的技巧

知识性培训是指对学员按照岗位需要进行的专业知识和相关知识的教育活动,其目的是通过培训使学员掌握并吸收所传授的知识,而掌握知识的关键是记忆。因此,培训师在知识性培训的授课过程中,应采取各种方法来提高学员的记忆效果,具体应注意以下几点。

(1) 培训师在授课前应先复习上次课已学过的内容,然后从已学过的内容过渡到新的培训内容,使学员对知识有一个较系统的认识,对授课内容有一个适应的过程。

(2) 培训师要紧密结合学员的实际情况,加强培训内容的针对性与实用性,防止单纯的就理论讲理论,脱离实际的倾向。培训师可根据学员的需求,在次序安排、重点及详略的处理方面发挥更大的主动性和灵活性。

(3) 授课内容要有逻辑顺序,循序渐进,由易到难。对授课内容分门别类进行讲授,同时注意层次步骤。

(4) 培训师在授课时要不断利用提问、做游戏、做练习等方法激励学员积极参与,同时可利用各种教具或图片资料、实物等刺激学员的视觉、听觉,使学员的大脑随着授课内容得到充分的开发、利用,让学员的思维紧跟培训师的思维。

(5) 培训师在授课过程中,要总结出最主要的内容,在授课时反复加以强调,要求学员掌握。另外,还可准备一些补充材料,以备在多余的时间里加以传授。

(6) 培训师应具有良好的仪容仪表和语言表达能力,在授课过程中注意恰当使用语言或非语言沟通技巧,及时了解学员对培训内容的理解与掌握情况。

2. 技能性培训的技巧

技能性培训是指对学员按照岗位需要进行的技能方面的训练与教育。其目的是通过培训使学员掌握运用所传授的技能,而掌握技能的关键是实际操作练习。

(1) 讲解示范。在讲解示范时培训师应注意如下方面。

① 应确认学员的背景,对学员的年龄、工作经历、文化程度等情况作详细的了解。

② 在讲解前明确告知学员操作应达到的标准,详细向学员讲解具体的操作步骤,在讲解时注意利用实物或模拟教学环境进行操作示范,同时边示范边再次重复、强调操作标准及步骤,使学员有较深刻、直观的印象。

③ 培训师在向学员讲解操作标准、示范操作步骤和方法的过程中,应向学员解释清楚如此做的原因,使学员不但"知其然",而且"知其所以然",这样会有更好的培训效果。

④ 培训师在讲解示范完毕时,应检查学员的理解和掌握程度。比较常用而且较为有效的考核方法是提问。

(2) 操作练习。

"我听到过,但还是记不住;我看到过,我就能记住;我做过,我就能理解(I hear—I forget;l see—I remember;l do—I understand.)"技能培训不能只停留在讲解示范这一环节上,而应坚持实地操练,让学员亲自动手,不断反复练习。

视频:敲门进房讲解

如铺床练习,培训师在讲解示范后,可以抽一名学员进行练习,其他学员则继续在一旁观摩。学员在练习操作过程中,培训师首先应要求学员边练习操作边讲解操作的步骤、方法及要求等,以及时了解学员对授课内容的理解程度;其次,培训师对学员所讲解的内容应及时进行反馈,对理解正确的及时肯定,给予表扬,而对操作失误或理解错误之处,应及时指明,并帮助学员分析错误产生的原因并纠正;学员练习结束时,应用提问的方法对其他学员再次进行考核,检查他们的理解与掌握程度。

为了增强培训效果,加强学员的动手操作能力,技能培训应坚持一对一的方式进行,使每位学员都能轮到一次上述的练习操作,切勿人多走过场。在每位学员都正确理解操作要求与标准,掌握正确的操作步骤的基础上,要进行反复的练习,培训师则在现场加以指导,以提高学员的操作技能,达到培训的目的。

(四) 员工培训的成本

员工的培训成本主要包括上岗前培训成本、岗位培训成本和脱产培训成本:

上岗前培训成本 =(培训者的平均工资 × 培训引起的生产降低率 + 新员工的工资率 × 员工人数)× 受训天数 + 培训管理费 + 资料费 + 培训设备折旧费。

岗位培训成本由上岗培训成本和岗位再培训成本组成,上岗培训成本主要通过"带薪培训"的方式完成,上岗培训成本和岗位再培训成本中的直接成本,由培训期内发生的培训人员和受训人员的工资费用构成,其计算公式如下:

岗位培训直接成本 =(培训者的平均工资 × 培训引起的生产率降低
+ 新员工的平均工资率 × 被指导次数)× 指导所需时间

岗位培训的间接成本 = 培训者离职损失费 + 被培训者不熟悉而造成的损失费
+ 培训材料费 + 各种管理费

脱产培训成本主要分为委托外单位培训成本和酒店自行组织培训成本两种,其计算公式如下:

委托外单位培训成本 = 培训机构收取的培训费 + 被培训者的工资及福利费
+ 差旅费 + 资料费 + 被培训者离岗损失费

酒店自行组织培训成本 = 聘任培训讲师的课时费及福利费

　　　　　　　　　　　 + 被培训者的工资及福利费 + 培训材料费

　　　　　　　　　　　 + 专业机构的各种管理费 + 被培训者离岗损失费

　　选择培训方式前,除了考虑培训的效果外,还要充分考虑培训的成本,避免高成本运作、低成本产出现象的发生。

三、知识拓展

　　新员工入职后,酒店会以师徒结对、专题培训、班前例会等方式对新员工进行培训,新员工通过考核方可独立顶岗工作。表 3-1 为浙江省某五星级酒店客房部的新员工培训内容。

表 3-1　某五星级酒店客房部新员工培训内容

序　号		培训内容
1		客房部规章制度、架构
2		服务员仪容、仪表
3		酒店设施介绍
4		工作区介绍
5		客房部防火措施
6		迎送服务
7		铺床单的操作流程
8		客房清洁程序
9		物品摆设标准
10		吸尘器的使用
11		工作表的填写
12	标准与程序	钥匙的控制
13		报吧程序
14		来访登记工作程序
15		工作车、工作间的标准
16		DND 房的处理
17		客衣收洗工作程序
18		遗留物品处理工作程序
19		加床 / 开床服务工作程序
20		客用品租借工作程序
21		其他服务介绍
22		杯具清消工作程序
23		走客房、住客房、空房清洁的区别
24		清洁剂的用途

序　号		培训内容
1		客房部内部管理教材
2		服务理念学习
3		班前准备的工作内容、结束工作的标准要求
4		工作车的摆放及整理工作车的注意事项
5		开门的程序
6		客房清扫工作程序
7		做空房的注意事项
8		二次打扫的工作程序
9		翻转席梦思的注意事项
10		维修房的操作程序
11		抢房的工作程序
12		走廊洗地毯的操作程序
13		团队入住的工作程序
14		VIP 的进店程序
15		团队退房的结账程序
16		查走客房遗留物品的注意事项
17		上报上交遗留物品的工作程序
18	理论	一次性消耗品的价格
19		巡视楼层的注意事项
20		长住房的服务跟进程序
21		DND 房的操作程序
22		办公房清洁及钥匙管理程序
23		接打电话的规范操作
24		换房的操作程序
25		停水、停电的应急处理
26		疏散疏离的注意事项
27		处理意外损坏的操作程序
28		遇客人突发疾病的处理程序
29		客人打地铺、使用电器等不符合酒店制度问题的处理程序
30		特殊客人入住的注意事项
31		客人投诉的处理技巧
32		钟点房的工作程序
33		灭虫工作的注意事项
34		借用物品及租电脑的程序
35		门锁的检查和报修

序　号		培训内容
1	实践	杯具洗涤、消毒的注意事项
2		怎样更换杯具
3		怎样领用及存放客用消耗品
4		如何开饮料账单及计算机输入小酒吧账单的程序
5		做夜床的程序、夜床要求现场示范
6		为 VIP 上茶水、毛巾, 客房布置定位标准
7		新婚房布置要求现场示范
8		西软酒店管理系统知识培训(计算机信息系统的使用)
9		擦皮鞋的注意事项
10		吸尘器的使用和保养
11		报维修项目及开维修单的标准(客房保修跟进)
12		卫生计划实施及工作标准现场示范——清洁电话、电话消毒、擦壁橱门、擦洗电冰箱
13		卫生计划实施及工作标准现场示范——家具打蜡、地毯边缘除尘
14		卫生计划实施及工作标准现场示范——清洁空调进风口和出风口、洗恭桶水箱
15		卫生计划实施及工作标准现场示范——洗浴缸内外侧、洗卫生间地面
16		卫生计划实施及工作标准现场示范——擦金属部件、除家具斑迹、除地毯污渍
17		引领
18		客梯迎接
19		入住接待工作的程序
20		提供衣物熨烫工作的程序
21		提供整理行李工作的程序
22		加床的标准要求
23		楼层清洁剂的使用

客房部培训的内容需要根据部门的实际情况来设计,主要考虑的因素有客房服务模式、岗位设置、员工的学习能力、部门的培训需求等。有时,由于人手问题,或者忙闲问题,无法一气完成所有的培训任务,可以将培训内容划分不同的阶段进行分阶段学习,每个阶段的培训均需要有及时的评估和总结,以便及时调整培训计划,提高培训质量。

企业案例

　　浙江省某五星级商务酒店有客房 343 间,属于中等规模的酒店。客房部主要的工作班组有客房楼层、客人服务中心、康乐服务区(游泳池)、公共区域等。为了保证服务质量、提高工作效率、加强班组合作,客房部每个月都会根据经营情况确定月度培训主题,制定详细的培训计划表,并开展培训评估,以适时调整培训方案。表 3-2 和表 3-3 为该酒店 3 月份的部门培训计划和培训评估表。

表 3-2　某五星级酒店客房部 3 月份培训计划

培训内容	培训日期	参加对象	培训地点	培训方式	授课人	考核方式
公共区域仪态及对客礼仪指引(一)	3 月 1 日 16:00~16:30	楼层全体员工	会议室	情景模拟	赵××	演练
厅堂考核细则	3 月 1 日 15:00~15:30	前后台	签到间	教学式	徐×	问答
泳池考核细则	3 月 4 日 14:00~14:30	泳池员工	泳池工作间	教学式	罗×	问答
清扫员考核细则	3 月 5 日 16:00~16:30	楼层全体员工	会议室	教学式	陈×	问答
厅堂考核细则	3 月 6 日 15:00~15:30	前后台	PA 签到间	教学式	徐×	问答
客房常用英语词汇	3 月 9 日 15:30~16:00	楼层管家	会议室	教学式	周×	问答
清洁程序与住客房核对身份程序	3 月 12 日 16:00~16:30	楼层全体员工	会议室	教学式	赵××	演练
××酒店标准化服务礼仪手册	3 月 13 日 14:00~15:00	泳池员工	泳池工作间	现场演练	罗×	演练
厅堂夜班考核细则	3 月 13 日 23:00~24:00	大夜班员工	PA 签到间	教学式	李×	问答
递交物品礼仪	3 月 16 日 16:00~16:30	楼层全体员工	会议室	教学式	陈×	演练
客房开夜床的操作流程及注意事项	3 月 19 日 15:30~16:00	楼层管家	会议室	现场演练	周×	演练 问答
泳池对客服务用语规范	3 月 20 日 14:00~14:30	泳池员工	泳池工作间	教学式	罗×	问答
厅堂简单英语	3 月 20 日 15:00~15:30	前台	PA 签到间	教学式	徐×	问答

续表

培训内容	培训日期	参加对象	培训地点	培训方式	授课人	考核方式
××酒店标准化服务礼仪手册	3月23日 16:00~16:30	楼层全体员工	会议室	教学式	赵××	问答
客房设施检查及下报	3月25日 16:00~16:30	楼层管家	会议室	现场演练	陈×	演练问答
客房对客口语	3月30日 15:30~16:00	楼层管家	会议室	教学式	周×	问答

表3-3　某五星级酒店客房部3月份培训评估表(培训员培训总结部分)

培训对象	楼层所有员工	培训方式	授课式
授课人	王××	培训人数	30人

培 训 总 结

　　根据第三方反馈的问题,尤其针对清洁程序和主课核对身份程序进行了强化培训,同时重新制定了夜床操作流程并进行了重点的培训及讲解,培训中进行现场模拟突发情况处理、常见问题交流分析,过程中不断激发员工的参与性与学习兴趣。为了更好地完成后半个月较多的团队接待活动,在月初对员工进行了仪态仪表礼仪的各项培训。

　　本月也是部门新进的实习生独立上岗培训的关键时刻,加强对他们进行清洁程序、日常服务、查房细节、夜床服务等培训,临近月底他们已经逐渐开始独立定岗了。

　　本月针对酒店提出完善考核制度,于是各个班组都制定了相应的考核细则并逐步开始实行,另外,为了提高各级员工的英语口语表达能力,对楼层员工继续进行基础培训,希望在今后的外宾服务中能更加有效。

培训员签名:王××、陈××、周××

××××年3月30日

四、实践演练

(一)客房部旺季新招员工培训计划

1. 任务情境

青岛某酒店预判5月本地会进入旅游旺季,且入住率将高于去年同期。但是目前客房楼层员工数量已达历史最低,客房部经理急需新的员工补充进来。人力资源部立马行动,于4月19日招聘了6名员工。该6人的情况如表3-4所示。

这6名员工将于4月21日正式参加由人力资源部组织的入职培训,4月23日将到客房部报到。客房部需要为这6个人制定为期7天的集训,以保证5月1日6人中的大部分能胜任客房楼层的工作,以解酒店的燃眉之急。

请你为这6人制定一个为期7天的部门培训计划。

表 3-4　客房部新进员工基本情况

序号	姓名	性别	婚否	年龄	户籍所在地	工作经历
1	蔡某	女	已婚	45 岁	外省	有 3 年经济型酒店客房清洁员工作经验
2	单某	女	已婚	33 岁	本省外市	无相关工作经验
3	刘某	女	已婚	35 岁	本市	有 1 年客房清洁兼职工作经验
4	胡某	女	已婚	42 岁	外省	有家政服务工作经验
5	张某	女	已婚	31 岁	本省外市	有半年四星级酒店客房清洁员工作经验
6	王某	女	已婚	29 岁	本省外市	有 2 年四星级酒店餐饮服务员工作经验

2. 任务实施

客房部新员工培训的任务实施流程如图 3-7 所示。

图 3-7　客房部新员工培训的任务实施流程

3. 任务评估要点

（1）培训需求分析是否准确。

（2）培训内容的确定是否合理。

（3）培训计划是否完整。

（4）日常安排是否合理、紧凑。

（5）培训方式是否合适。

（6）考核方式是否有激励机制的引入。

（7）考核通过是否能胜任工作。

（8）评估问卷的设计是否针对培训目标、便于填写。

（二）客房部交叉培训计划

1. 任务情境

近年来，受大环境的影响，酒店客源不稳定，员工流动性大，各个部门均存在旺季人手不足的问题。考虑到酒店内部员工的交叉帮工可以在应急的同时保证服务质量，酒店高层决定，酒店将开展部门交叉培训，储备企业内部帮工，并将部门交叉培训工作定为酒店的常规工作。该项工作由人力资源部牵头，各个业务部门配合制定交叉培训计划。作为客房部经理，请制定一个短期（7 天）交叉培训计划和淡季交叉培训计划（2 个月）。

2. 任务实施

客房部交叉培训的任务实施流程如图 3-8 所示。

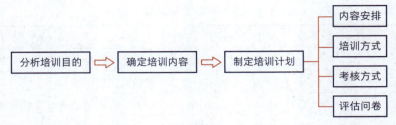

图 3-8   客房部交叉培训的任务实施流程

3. 任务评估要点

（1）培训目的分析是否准确。

（2）培训内容的确定是否合理。

（3）培训计划是否完整。

（4）培训方式是否合适。

（5）日常安排是否合理、紧凑。

（6）考核方式是否有激励机制的引入。

（7）考核通过是否能胜任工作。

（8）评估问卷的设计是否针对培训目标且便于填写。

模 块 小 结

该模块的设计意在指导学习者掌握部门最基本的培训工作，学会借助班前例会开展日常培训、理解和应用培训计划制定的要素开展具体的实践活动。

身为管理人员，借助培训工作树立管理威信是快速、有效的途径。而树立管理威信，首先，要理解"倒出一杯水，要有一桶水"的道理，其次，要学会分析培训对象、培训内容和培训目的，为开展务实、有效的业务培训活动打好基础，进而有效提高团队协作能力和工作效率。

【英语积累】

目标：objectives/target

态度：attitude

合适的：suitable

负责：responsible

听到　hear

忘记　forget

看到　see

记住　remember

做　do

理解　understand

酒店相关业务知识：basic knowledge of hotel

计划：plan

培训目标：training target

培训对象：trainee

培训要求：training requirement

培训者：trainer

设备和器材：equipment & materials

培训组织：training organization

培训考核：training assessment

培训评估：training evaluation

酒店介绍：hotel orientation

酒店基础设施介绍：general property orientation

具体工作指导：specific job orientation

【课业】

1. 总结各种培训方式的特点。
2. 汇总各种培训教具。

模块四 工作流程

◆ 模块导引

　　客房部以"暗"的服务为主,工作的流程化和规范化程度较高。在酒店数字化的改革中,客房部通过数字化技术降低成本最具潜力。

　　本模块将基于客房部的工作流程,以数字化技术在对客服务和后台管理中的应用实际为情境,引导学习者理解数字化技术在客房部成本管理中的优势,进而树立数字化运营理念,优化工作流程。

◆ 学习目标

1. 了解楼层工作间的基本布局和功能。

2. 了解租借服务的作用和意义。

3. 理解班后工作的重要性。

4. 理解工作流程修订的意义。

5. 理解数字化技术在优化工作流程中的作用和意义。

6. 掌握客房楼层工作间班后工作的内容。

7. 掌握租借服务的方法和原则。

8. 能够设计简单的工作流程和服务流程。

9. 能够根据设备的更新修订服务流程。

◆ 学习任务

1. 工作流程设计的原则。

2. 楼层工作间班后工作的内容。

3. 优质客房服务的原则和方法。

4. 智慧酒店的特点。

任务一　楼层工作间班后工作流程设计

一、情境导入

（一）任务情境

某日，一专业人士受邀督导检查一家新开业酒店的客房部，发现如下问题：8:00 早班班前例会后，楼层服务员回到各自的工作间做准备工作，可是大部分楼层服务员在工作间逗留的时间超过半小时，期间，不断有楼层服务员打主管电话，一时说工作间内 2 米大床的床上用品缺少两套，一时提出卷纸不足，一时又抱怨昨天晚班人员没有把杯具进行清洗、消毒……种种状况频出，主管忙着协调，场面一片混乱。9:00 有客人投诉：早餐回房后，发现要求请即打扫的房间没有打扫。

如此情况，你认为是什么原因造成的？该如何解决？

请为该酒店客房楼层工作间设计一个班后工作流程。

（二）任务实施

楼层工作间工作流程设计任务与实施流程如图 4-1 所示。

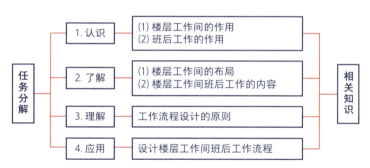

图 4-1　楼层工作间班后工作流程设计任务与实施流程图

（三）任务评估

（1）楼层工作间班后工作流程设计。

（2）根据设计进行楼层工作间班后工作的试验。

试验时间：20 分钟。

试验场地：模拟工作间。

试验场地设置如下：

① 工作间的布草不足（根据教学条件设定要求的数量）。

② 工作间的备用卷纸用完（根据教学条件设定要求的数量）。

③ 有 6 个脏杯子。

④ 房务工作车用品不足（可根据教学条件设计缺少的物品及数量）。

141

试验用品准备：

① 房务工作车。

② 工作交接本。

③ 任务评估表（见表4-1）。

表4-1　班后工作流程设计任务评估表

	任务要求	评估意见
流程设计	选择合适的工作流程格式，程序表达清晰	
	便于张贴	
	内容完整、要求明确	
	文字概括简练、准确	
流程试验	操作规范	
	修订及时	
	工作有效率	

二、知识链接

（一）楼层工作间的作用和布局

楼层工作间是客房楼层不可或缺的一个部分，它不仅是个重要的物品存放区域，还是楼层服务员后台操作的重要场所，其重要性不亚于餐饮部的厨房。

1. 楼层工作间的作用

（1）物品存放区。客房服务员日常使用的各类物品基本都存放于楼层工作间，如客用棉织品、低值易耗品、房务工作车、清洁工具等。所以，楼层工作间是一个小型的仓库。

（2）信息中转站。许多楼层工作间都配有电话，以便信息沟通。此外，客史信息、VIP信息、特别指示、部门应知应会信息等客房服务员所需的工作信息，以及服务员在工作过程中收集的客人信息等均会在楼层工作间进行交接、记录、流转。所以，楼层工作间是楼层工作的一个小型信息站。

（3）准备工作室。楼层工作间都配有专门的洗刷区域，清洗、消毒客用杯具、水果等；此外，楼层工作间还会配有专门的工作台，方便员工整理布草。楼层工作间是客房员工对客服务准备的主要工作区域。

（4）培训操练室。楼层工作间也是客房部员工学习、练习的重要场所。很多酒店的客房楼层工作间里都布置有工作流程、工作要求（见图4-2）等内容，便于员工边学边做。

2. 楼层工作间的布局

楼层工作间在布局上，一般设有洗刷消毒区（见图4-3）、用品储存区（见图4-4）、操作台等（见图4-5），有的还设有专门的脏布草传输通道。在布局上，以方便操作为首要考虑，此外，还要考虑是否便于保洁、是否符合物品存放要求等。

图 4-2　客房楼层工作间张贴的抹布使用要求

图 4-3　楼层工作间之洗刷消毒区

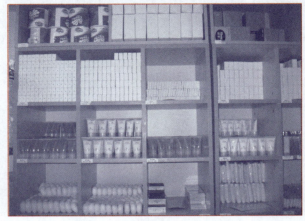

图 4-4　楼层工作间之用品储存区

图 4-5　楼层工作间之操作台

（二）班后工作的作用

班后工作指的是一个班次结束时的收尾工作。班后工作的主要作用是有效延续工作。员工的工作时长是有限的，但是客人住店的时长很可能超过一个班次。为了满足住店客人的需求,通常,客房部会安排 2~3 个班次来保证服务工作的持续性,每个班次由不同的服务员负责。上一个班次良好的收尾工作能够使下一个班次快速进入工作状态,提高整体的工作效率;上一个班次完整的交接能使下一个班次准确延续各项工作,提高服务质量,降低出错率。

此外,班后工作还能培养员工良好的工作习惯,有的酒店还要求员工在班后工作时,填写一天的工作心得,总结一天的优质服务等。

(三) 楼层工作间班后工作的内容

一般来讲,客房楼层每一个班次的班后工作都应包括总结、清洁、清点、归位、交接和关闭几项内容。

1. 总结

收尾工作要求员工自己对当班工作进行总结。通常,客房部会设计一些工作表,让员工来填写,表格的设计要便于填写和统计。通常填写的内容有:当日突发事件及处理方式、当日优质服务等。

2. 清洁

当班工作完成后,要对楼层工作间进行清洁整理。通常,楼层工作间都比较小,布局比较紧凑,内容物比较多。如此环境,倘若不好好清洁整理,很容易陷入一团糟的境地。而且,工作间存放很多客用品,整洁的环境是保证这些物品卫生的必须。

目前,大部分酒店对于客房用的杯具都进行集中清洗消毒,以保证杯具的卫生性。这项工作一般也会集中在班后工作中完成。

3. 清点

楼层工作间存放的物品种类和数量都很多,每天的消耗量也很大。清点工作是保证用品随时充足的前提,同时,还能协助管理者进行物品的统计管理,有效防止物品丢失现象的发生。

此外,对于布草,需要每天清点送洗数和归还数,避免布草丢失,特别是无自有洗衣房的酒店。这项工作通常也是在班后完成,至少清点送洗数是要在班后完成的。

4. 归位

归位指的是将物品按指定位置摆放好、补充好。比如,房务工作车上的物品乱了、少了,要整理好、补足。归位还指非工作间的物品应物归原处。例如,在退房客人房内发现的租借用品是从房务中心借出的,就要归还房务中心。

5. 交接

通常,酒店会设计两个相邻班次间有半小时的时间交叉,这半小时就是用来进行交接班的。虽然有面对面的交接,以防万一,还需要进行交班日志的交接。交班日志通常也需要在班后收尾工作时进行整理、补充。

6. 关闭

倘若下一个班次为空档,就需要在收尾工作时做好切断电源、关灯、关窗、关门、锁柜子等工作。

(四) 工作流程设计的原则

工作流程是有序、高效开展工作的指南。酒店业是一个劳动力密集的行业,近年来,基层员工的流动率普遍偏高,使用合理的工作流程作为员工的工作指南,能提高员工培训的效果,降低其工作失误。另外,酒店的服务对象存在一定的差异性,设计合理的工作流程能做到举一反三,提高服务质量。那么,作为酒店客房部来说,如何设计合理的工作流程呢?

1. 要基于使用者的理解水平进行设计

目前,我国酒店客房部的部分基层员工的文化水平有待进一步提高,理解能力较弱,特别是四星级以下的客房部员工。忽略员工的理解水平设计编写工作流程,会让使用者产生不理解或误解,甚至干脆不理会,工作流程的指导作用也就会降低或起不到应有的作用。

2. 要基于实践,并在实践中进行检验

工作流程通常由管理者设计编写,为了避免工作流程脱离实践,建议工作流程要通过实践的检验,定期讨论修订,保证工作流程的有效性。

3. 要言简意赅,尽可能形成流程图

工作流程切忌冗长,学习者将工作流程当作操作指导的"纲领",冗长的文字不利于快速记忆和掌握。可能的话,将其形成流程图,特别是图文并茂的流程图(见图 4-6),学习和掌握的难度就降低了。

1. 将所有客衣用具清洗干净,如客衣板、客衣刷、脸盆等,以防止衣服掉色

2. 打开客衣专用洗涤用料箱,将洗涤用料取出

3. 将待洗的衣服平铺在洗衣板上,判断污迹的种类,先用合适的去渍剂,放在衣服上有污迹的地方

4. 衣物袖子、领子等有污迹严重处,可以用软毛刷沾上专用洗涤液进行特殊的处理

5. 在洗衣机内放入适量的冷水,然后加上适量的洗衣粉和去油剂搅拌均匀。把刚才处理过的衣物放入洗衣机,并且根据衣物的污染程度,制定洗涤时间

6. 衣服洗好后,用客衣专用脸盆冲洗干净

7. 将冲洗干净的衣服放进洗衣机脱水桶内进行脱水

8. 将脱水后的衣服取出放在脸盆内,并放到烘干机内进行烘干

图 4-6　处理客衣流程图

4. 要做到举一反三

工作流程的设计要尽可能做到"合并同类项"。比如,制定客房清洁程序,只需要制定最复杂的"彻底清洁"的客房清洁程序,将"简单清洁""一般清洁",在"彻底清洁"工作流程的基础上作说明,员工就一目了然了,并能很好地分析得知不同类型的客房在清洁时的

差异何在。这样做,能降低管理工作量、提高工作流程的灵活性、培养员工的分析能力。

5. 要与时俱进

时代在变,需求在变,企业也会变,工作流程就不能一成不变。比如,我国在 20 世纪的客房清洁程序中,要求员工在客房的卫生间将客用的杯具清洗干净。如今,大部分星级酒店都将这一环节取消,而将客用杯具统一收到工作间进行集中清洗消毒,目的无非是为了更好地保证用品的卫生。

企业案例

某五星级酒店共有客房 468 间。客房内客用杯的洗消工作流程 25 年来经历了如下三轮的修改。

20 世纪 90 年代,客用杯的洗消由楼层服务员在客房内完成。通常是楼层服务员在清洁客房的卫生间时,将本房间的脏杯子进行洗消并擦干,套上"已消毒"字样的袋子(见图 4-7),放回原位。

2008 年,该酒店重新装修后,在楼层工作间划出一个专门的区域设置为洗消间,并修改了客用杯子的洗消流程:楼层服务员在每天工作的最后环节,将自己从每个客房内撤出来的脏杯子在洗消间统一进行浸泡消毒并清洗,放入专门的杯具柜(见图 4-8)。次日的服务员将干净的杯子放在杯筐里(见图 4-9),客房清洁工作完成后,将干净的杯子放入客房。

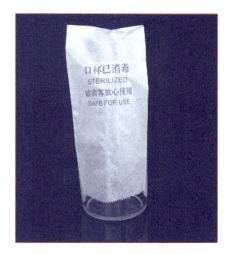

图 4-7　套袋杯子

图 4-8　洗消间

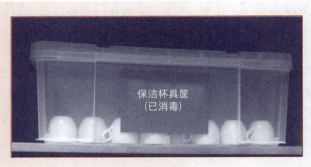

图4-9 干净杯子存放及运输筐(带盖)

　　2015年,酒店在房务中心隔壁装修了一间较大的洗消间,配备了洗杯机(见图4-10)、消毒柜(见图4-11),再一次改进了杯子洗消的流程。楼层服务员只负责将脏杯子从客房内撤出,每天下班到房务中心签退打卡前,将脏杯子用洗杯机配套的杯筐码放好,在杯卡上填好杯子的数量,放在房务中心隔壁洗消间中的指定置物架上。房务中心的夜班工作人员在凌晨2:00-6:00,清点核对杯子数量,填写杯卡,随后借助洗杯机和消毒柜将杯子清洗消毒好,最后将干净的杯子放进干净的杯具存放筐,放到指定的置物架上。楼层服务员上班签到后,将杯子连筐领走,客房清洁工作完成后,将干净的杯子放入客房。

图4-10 洗杯机

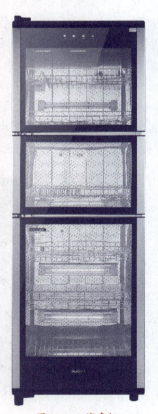

图4-11 消毒柜

通过这三次流程改革,使该酒店彻底解决了杯具的卫生质量管理问题,同时还优化了工作分工,基于酒店规模合理地以机器代替人工,不仅提高了工作效率,还降低了水电、洗涤剂的成本。

三、知识拓展

客房服务员身为楼层的"安保员",需要多方关注客人的动态、楼面的动态、设施设备的使用情况及楼面的卫生情况。巡楼是客房服务员的一项基本工作。根据每日时间段、楼层客房数和住客数的不同,巡楼的时间间隔也不尽相同。通常以半小时或一小时的间隔为多。巡视内容主要包括安全巡查、设备巡查和卫生巡查3个方面。

1. 安全巡查

客房楼层应努力为客人营造一个安全、安静的住宿环境。可疑人物、醉酒客人、楼层噪音、长时间开着请勿打扰灯等情况都需要及时发现、及时处理。巡楼工作能做到及时发现、及时处理,避免事态的扩大。

2. 设备巡查

客房楼层应保证楼层各项设施设备的正常运转。客房楼层通常设有公用内线电话、监控、消防、照明等设备,这些设备的存在是为了方便客人沟通、保证客人的入住安全。巡楼工作能很好地对其进行高频度的检查维护,避免因设备损坏影响对客服务工作的开展和安全保障工作的进行。

3. 卫生巡查

客房楼层不属于酒店的公共区域,公共区域保洁员不会上客房楼层来进行定期的保洁工作,这么做是为了减少楼层上的工作人员,为客人营造安静、安全的住宿环境。所以,楼层的保洁工作就需要由楼层服务员来承担。定期巡查能使客房楼层随时保持洁净。

四、实践演练

(一) 任务情境

某酒店客房部采用的是客房服务中心模式,楼层的夜间值班岗位的值班区域分布于连续的3个楼层,约40间客房。值班时间为20:00至次日8:00,工作流程如表4-2所示。

最近两个月,经常有客人提出夜间楼面卫生状况较差、深夜服务不及时的问题。酒店值班经理反映,夜间常有醉酒客人在楼层得不到及时的帮助、客人在楼层或客房喧哗吵闹未及时发现等现象发生。

请从工作流程分析这些问题出现的原因,并修订原有工作流程,尽可能避免工作疏漏的产生。

(二) 任务实施

夜间楼层值班工作流程修订任务实施流程如图4-12所示。

表 4-2　夜间楼层值班工作流程表

序　号	工作项目	要　求
1	巡楼	22:00 前每 1 小时巡楼一次，此后每 2 小时巡楼一次，每次巡楼做好相关记录。巡楼关注：楼道的长明灯、可疑的人或事
2	楼面清洁	零点以后做一次全面的楼面清洁工作
3	住客服务	满足住客提出的各项合理的服务要求
4	计划卫生	完成领班布置的计划卫生工作
5	交办工作	完成值班经理或前厅交办的工作
6	班后工作	清洁整理工作间、清点物品、填写交接日志等

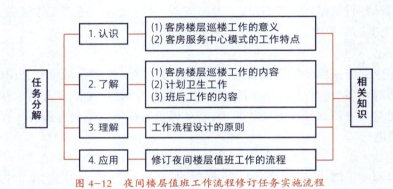

图 4-12　夜间楼层值班工作流程修订任务实施流程

（三）任务评估

填写表 4-3 所示的夜间楼层值班工作流程修订效果评价表。

表 4-3　夜间楼层值班工作流程修订效果评价表

序　号	评价项目	评估意见
1	夜间楼面卫生状况是否得到改善	
2	深夜服务是否及时	
3	楼面问题是否能及时发现	
4	工作流程的指导性是否得到提高	
5	工作内容是否明确	

任务二 租借刀具服务流程

一、情境导入

(一)任务情境

客房服务员小王是一名新员工。某天小王当班时,在客房走廊上遇到 1518 房间的住客张女士,张女士向小王诉说客房的水果刀太钝了,她需要一把锋利的,问小王能否帮她找到。小王有礼貌地回复张女士,自己需要去找找,请她稍等,便马上去工作间找。可是工作间没有备用的锋利水果刀,小王只能求助于客房服务中心。客房服务中心的小李接到求助后,立即阻止了小王的行为,并报告了主管。如果你是主管,将如何处理此事?请尝试编写客人租借刀具的服务流程。

(二)任务实施

租借刀具服务流程任务实施流程如图 4-13 所示。

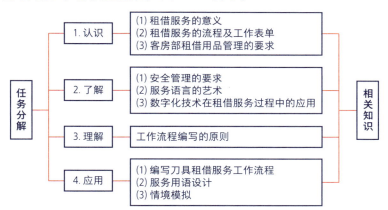

图 4-13 租借刀具服务流程任务实施流程

(三)任务评估

1. 绘制工作流程图

绘制工作流程图任务评分表如表 4-4 所示。

表 4-4 绘制工作流程图任务评分表

任务要求	分 值	得 分	扣分理由
选择合适的流程图格式,程序表达清晰	5		
环节设计合理	5		
文字概括简练、准确	5		
便于张贴	5		
合计	20		

2. 设计工作表单

设计工作表单任务评分表如表 4-5 所示。

表 4-5 设计工作表单任务评分表

任务要求	分　值	得　分	扣分理由
表单种类设计完整（盘存、领用、确认、押金）	5		
表单内容设计合理（每类表单 5 分）	20		
表单数字化转换合理，操作可行且便捷（每类表单 5 分）	20		
合计	45		

3. 服务用语设计

服务用语设计任务评分表如表 4-6 所示。

表 4-6 服务用语设计任务评分表

任务要求	分　值	得　分	扣分理由
不用拒绝的词汇表达	5		
能够引导顾客表达租借目的	5		
能准备表达危险品出借的规定	5		
合计	15		

4. 情境模拟

情境模拟任务评分表如表 4-7 所示。

表 4-7 情境模拟任务评分表

任务要求	分　值	得　分	扣分理由
能够用合理的方式跟客人解释服务延迟的原因	5		
能按照工作程序进行模拟表演	5		
能分清各个角色的工作内容	5		
能正确模拟数字化操作	5		
合计	20		

二、知识链接

（一）客房部物品租借服务

物品租借服务已成为客房部的一项重要服务项目。客房内所提供的物品满足的是一般情况下的住店客人的基本生活需求，当有特殊需求发生时，就需要一些特殊物品了，如婴儿车、充电器、变压器、接线板等。因此，客房服务中心应备有此类物品，向客人提供租借服务，且大部分租借物品不额外收费。影响酒店准备租借物品的种类和数量的因素有：饭店的服务标准、客人的种类、客房的数量、入住率等。

此外,客房部准备的租借物品种类和数量不应是一成不变的,管理人员应根据客人需求的变化,不断调整租借物品的品种和数量。未采用数字化技术的客房部,需要借助"租借物品记录表"(见表4-8)作为统计租借物品需求的依据。

表4-8 租借物品记录表

日期	房号	用品及数量	经手人	领用人	归还时间	备注

"租借物品记录表"记录了借出物品的时间、名称、数量、客人房间号码、收回的时间、经手人、领用人。在有些情况下还应将客人预计离店的时间备注上,因为有些物品通常要住客离店时才归还。该表可以反映出客人对租借物品的需求、需求量、借用时间的长短等信息。此外,该记录表还能跟踪物品的去向,从而确保所有物品能够收回。租借物品应进行编号和有序存放。有的酒店将不常用的物品存放于客房中心,将常用的物品存放于楼层工作间,以提高服务的效率。也有的酒店对价值低的物品不进行跟踪讨要,如鼠标垫等。

采用数字化技术开展工作的客房部,都根据自身的实际情况,选择更便捷的移动端设备,实现了实时的指尖化操作,在提高工作效率的同时,提高了工作过程的实时监管效率,管理人员可以随时随地查看租借服务的情况,如图4-14和图4-15所示。

图4-14 移动端租借服务工作界面

153

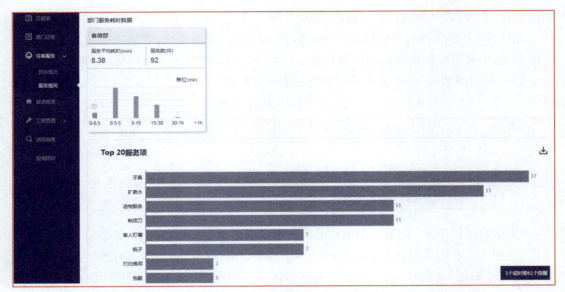

图 4-15　管理端租借服务数据报表界面

提供物品租借服务,是为了满足客人的特殊需求,但不能因此形成成本损耗漏洞。所以,要做好物品租借服务,要把握 3 个重要的工作环节:物品盘点、工作程序、物品跟踪。

物品盘点的频度不能过低,至少每月一次,记录要明确,包括物品名称、生产厂家、产品型号、数量、购进日期、单价、库存地点,任何物品由于损坏或丢失都应及时从清单中划除,新购置的物品应写入清单。物品盘点工作做得好,能有效控制成本,并能保证物品处于最佳状态。

数字化技术的使用,使得租借物品的管理更高效、租借服务的数据统计更精确、管理人员的监管更便捷。统计的数据有助于客房部做好客人需求的测算,进而做好充分的物品准备工作,保证服务的及时性,提高客人的满意度。

酒店需要根据自己的实际情况制定工作流程,既能稳定服务质量,又能降低投诉率和事故率。一般来讲,物品租借服务的工作程序可以包含如下环节。

(1) 接到服务请求时,仔细询问客人租借用品的名称、要求及租借时间等,复述一遍并记录到"租借物品记录表"上。在数字化技术越来越普及的当下,该项操作逐渐脱离电话沟通,指尖化程度越来越高,工作效率进一步提高。

(2) 将客人所需用品领出,迅速送至客人房间或按约定时间送至客人房间,并请客人在专门的物品租借单上签名。有的酒店会出于方便客人的角度出发,免去签名这一程序,还有的酒店会根据物品的不同,来决定哪些物品的租借需要这一签名环节。

(3) 当客人归还用品时,服务员应做详细记录,按规定进行处理后将用品归位保管,并在"租借物品记录表"做记录。使用数字化技术的酒店,服务经手人只需要动动手指就能完成,提高了内部沟通效率,省去了登记、签名的环节。

(4) 下班时若客人未将物品归还,则应在交接记录上做好记录,以便接班服务员继续跟进。客人离店时,还应特别检查客人租借的用品有无归还。使用数字化技术的酒店,交接班工作简化,直接查看工作手机的工作界面就可以了。

物品跟踪做得好不好,关系到物品准备的数量的多少。不及时跟踪讨要租借物品,会造成准备量不足,提高企业的经营成本。如果借出物品为刀具类(包括剪刀、指甲剪)或电器类,出借时间过长,还有可能存在安全隐患,所以一般的住宿企业不轻易出借,非出借不可,则可以由服务员上门协助使用,或者限时取回。

租借物品服务是一项附加服务,其目的是最大限度地满足客人的需求,但是,租借物品服务倘若处理不当,反而会引起投诉,甚至事故,所以,需要特别注意。

(1) 借出物品时,要检查其清洁、完好情况。

(2) 对电器类物品,须当面演示使用方法。服务员在将转换插座或接线板送至客人房间后不应立即离开,而应主动帮助客人接好插头,看所提供的转换插座或接线板是否符合要求。同时,这也给服务员提供了一次观察的机会,看客人是否准备使用饭店禁用的电器。

(3) 如客人需要租借经营类物品或价值比较高且体积比较小的物品时,如麻将、充电器、鼠标等,应事先向客人讲明租借价格标准、押金标准等。客人同意后,将租借物品登记,客人签字,服务员将物品送入房内。

(4) 服务员在交接班时,应注意查看交班信息,注意及时收回租借物品。对于过了租借时间仍未归还的物品,在客人离店前主动询问客人,但要注意询问方式。

(5) 借用物品收回后,要及时取消借用记录。检查完好程度并清洁消毒,方便下次使用。

(二) 优质客房服务的原则和方法

我国酒店业发展初期,普遍认为标准化服务是优质服务的标志。随着酒店业的发展和客人的消费成熟度的提高,仅提供标准化服务已经不能满足客人的需求了。因此,客房优质服务必须是站在客人的角度,以客人之需而随机应变,在标准化服务的基础上提供有针对性的服务,以达到或超过不同住宿客人的期望。

1. 做好对客服务的原则

(1) 情感原则。提供优质客房服务从情感层面讲,需要对客房服务工作的理解和热爱,本着"干一行、爱一行、专一行"的基本心态从事对客服务工作,才能达到优质的效果。

(2) 程序原则。程序是实施标准化服务的基础,而标准化的服务是稳定服务质量的有效方式。没有一家酒店会脱离标准化的工作程序开展个性化的服务。

(3) 适度原则。首先,适度原则要求在对客服务时考虑到饭店的档次、内部成本核算的要求、突出饭店的风格,体现"物有所值"的经营观念。其次,适度原则要求服务员认真分析客人的需求并准确把握,避免消极服务和过度服务。

2. 做好对客服务的方法

(1) 换位思考法。换位思考是人对人的一种心理体验过程。将心比心、设身处地是达成理解不可缺少的心理机制。它要求站在对方的立场上体验和思考问题,从而与对方在情感上得到沟通,为增进理解奠定基础。它既是一种理解,也是一种关爱。比如,清洁客房时,发现客人的枕头被全部摆放在沙发上。常规做法是将枕头放回床上,整理好。这种做法忽略了客人的需求,只是出于把自己工作按部就班完成的思维方式。换位思考法则会考虑:"我在什么情况下,睡觉不用酒店提供的枕头?"得出结论:枕头不符合睡眠习惯。接着,就可以尝试满足客人的睡枕需求了。方法可以有很多,可以直接询问、留言询问,还可以为其准备几款睡枕供选择(很多酒店提供睡枕菜单图,以满足客人的不同需求)。这种做法,基于客人的需求,服务结果会使客人满意度提升。

(2)经验积累法。顾名思义,经验积累法就是要通过积累经验,提高服务的水平。近年来,酒店行业的人员流动性比较大,员工积累经验仅仅依靠自己的经历来达到,已经很难实现了。所以,作为管理者,应该意识到经验共享的重要性。定期总结、学习是将他人经验转移给自己的有效途径。作为员工,要有虚心学习的良好心态,才能迅速成长。

(3)集思广益法。古人有云,"三个臭皮匠,顶个诸葛亮""三人行,必有我师焉"。客房服务工作表面看起来是"单打独斗",独立完成客房清洁工作、独立对客服务……但实际上,客房服务工作也要讲求团队合作。集思广益法就是建立在团队合作的基础上的,有问题大家一起帮忙,不仅工作效率能提高,服务方法也会最优,服务质量当然不在话下。

素养园地

优质服务的关键不在于服务员个人,而在于企业,具体讲,即在于管理者。优质服务的基础需要在平时打扎实,临时抱佛脚的心态是做不好的。所以管理者应该在平时多设计有利于团队合作的活动,多积累优质服务的经验,多培养换位思考的能力。

优秀的管理者都是能够抛却高高在上的俯视姿态,都是能够深度理解"员工的问题就是管理的问题""没有管不好的员工,只有不会管的领导"的含义的管理者,他们不会一味地将问题丢给员工,不会简单粗暴地发布指令,而是把员工的主人翁意识激发到极致,进而将服务做好,最终获得顾客的满意。

(三)服务语言的要求和应用原则

广义的服务语言包含书面语言、口语和肢体语言。良好的服务语言,会带给客人舒适的感受,有利于树立良好的服务形象、产生良好的情感沟通效果。

客人是服务语言的特定对象,与生活语言不同的是,服务语言中的情感表达,不取决于服务人员的个人情绪,而取决于其服务意识和工作责任心。还要善于根据客观存在的特定环境和特定的服务对象及其问题,及时用恰当的言行,机动灵活地加以处理,做好工作。

1.服务语言在形式上的要求

(1)恰到好处,点到为止。服务不是演讲也不是讲课,服务人员在服务时只要清楚准确地表达出自己的意思即可,不宜多说话,音量需要根据服务环境调节,以可以清楚听到为准。

(2)有声服务与肢体语言合理配合。服务过程中不能只有鞠躬、点头,没有问候;也不能只有手势,没有语言的配合。

2. 服务语言的应用原则

（1）尊重性原则。尊重，是与人交往的基础，有尊重才有理解，有理解才能做进一步的沟通和交流。具体地，需要建立"客人至上"的服务意识，学会在语言上以礼敬人、以诚感人。

（2）正确性原则。首先，清楚认识自己的角色，对工作岗位产生较高的认同感，并在服务中自然地表现出积极主动的行为；其次，做到正确对待服务对象：不"以貌取人"，保持微笑，说话要给客人留面子，不使用对客人造成伤害的语言。

（3）规范性原则。服务语言的规范性，是指服务语言要符合语言规范。首先，要做到语义准确，避免晦涩难懂，以免影响交谈或产生误解；其次，要做到语气得当，服务时语气应轻柔和缓，不能使用轻视、质问的语气说话，不能轻易使用"没有""不知道""我不管""不可以""没空"等带有否定语气、表示与自己无关或不耐烦的语句。

（4）适应性原则。服务语言的适应性，体现的服务过程中的应变能力。首先，要在语言上学会理解不同文化背景客人的思维方式和生活习惯；其次，要学会关注语境的差异，理解不同的时间、场合、地点和说话的前言后语等背景因素，合适地进行语言表达。

三、知识拓展

客房遗留物品指的是客房退房离店后，遗留在房内的物品。这些物品通常会在服务员查房或整理房间的时候发现。处理客人遗留物品时需要把握如下要求。

1. 认真判断

哪些是客人的遗留物品？有的酒店认为，只要没有被扔进垃圾桶的物品都应被视为遗留物品。显然，这样的笼统判断会造成酒店的工作成本急剧上升，保管遗留的压力增大。但是完全凭员工自己的感觉也不妥当，所以，有的酒店会将几类物品列为确定遗留名单中，如首饰类、服饰类、证件类等，除此之外的其他物品，无论是否已经在垃圾桶内，倘若自己无法判断的，一定要报请领班或主管，由他们来判断，否则，判断错误的，需要员工自己承担相应的责任。这么做的理由是，领班或经理的工作经验比较丰富，判断出错的概率较低。为什么垃圾桶内也可能有遗留？因为有的时候，客人会不小心将物品掉落在里面。

还有一些物品，即便明显是客人遗留的，也不能按照酒店的遗留物品处理规程来处理，如枪械、毒品、炸药、爆竹等。需要按照法律规定妥善处理。

2. 及时处理

一旦发现遗留，要第一时间与总台联系，争取在客人离店前将物品交还。倘若已经离开，也要尝试联系，主动交还。倘若联系不上，再按酒店的遗留处理规程来妥善处理。

3. 记录完整

无法及时交还的遗留物品，需要及时上交客房服务中心。在上交时，需要进行完整的登记，以便保管和查找。酒店会根据自己的实际情况设计遗留物品登记表，如表4-9所示。

采用数字化技术开展客遗登记的企业，通常都是以能够简化工作流程、提高工作准确度、降低人工成本为目的。各个企业会根据原有的工作流程设计指尖操作的界面，力求更简单，更精确。

表4-9　遗留物品登记表

日期	物品描述	数量	房号	上交人	记录人	存放地点	领取日期	发放人	领取认	备注

4. 专人专柜

遗留物品中不乏比较贵重的物品,有的物品即便价值不高,但对客人来说却有重要的意义。遗留物品种类多,形状大小各异,保管时需要定期整理,最好有专人负责,通常,酒店会将这项任务交给客房部的文员来做。另外,为了便于整理、保管和查找,酒店也会安排专柜或专区进行安放遗留物品。

5. 明确期限

遗留物品不能无期限保管,各类物品都需要根据物品的实际情况设定保管期限。行业目前没有对遗留物品的保管期限有硬性规定,但还是有惯例可循的。通常贵重物品的保管期限最长,为6~12个月,食品类为2~3天,药物为2周左右。其他一般遗留物品保管期通常为3~6个月。每个酒店可以根据自己酒店的实际情况确定保管期。但是,在保管期内必须要保证物品的完好。

6. 过期善后

保管期过后,物品的去向需作出明确的规定。大部分酒店会按行业管理,将物品归拾获者所有,但也有酒店将拾获物品进行捐献。各种处理方法只要得当,都可以。

四、实践演练

(一)客房拾遗处理工作流程的修订

1. 任务情境

某酒店客房部员工王××在清洁一间退房时,于沙发后的角落发现一枚戒指,王××审视了一下戒指,判断这是一枚不怎么值钱的戒指,看起来像不锈钢圈。即便这样,王××还是按照酒店的拾遗要求,用一个小密封袋将戒指包好,交到房务中心,把戒指交到当班的李×手里,并告知:"一个戒指,应该不值钱,先存着吧。"李×做好记录后,随意地将戒指放进"普通遗留"的柜子里。几天后,房务中心接到电话,询问是否有服务员捡到过一个戒指,经过核对房号和日期,确定正是王××捡到的那枚戒指。可是那枚戒指怎么都找不到,客人急了,说那是自己的结婚戒指,价值不菲。

此次事件中出现问题的环节在哪里?如何修订拾遗处理的工作流程来避免类似事件的发生?

2. 任务实施

客房拾遗处理工作流程修订任务实施流程如图4-16所示。

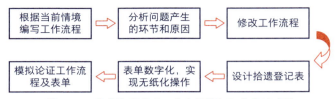

图 4-16 客房拾遗处理工作流程修订任务实施流程

3. 任务评估

客房拾遗处理工作流程修订效果评价表如表 4-10 所示。

表 4-10 客房拾遗处理工作流程修订效果评价表

序　号	评价项目	评估意见
1	遗留物品价值判断是否会出错	
2	遗留物品的保管是否合理	
3	遗留归还是否及时	

(二) 客房租借服务工作流程的编写

1. 任务情境

编写一个通用租借服务工作流程。

2. 任务实施

客房租借服务工作流程编写任务实施流程如图 4-17 所示。

图 4-17 客房租借服务工作流程编写任务实施流程

3. 任务评估

使用通用的租借服务工作流程进行以下物品的租借服务模拟,通过模拟评价租借服务工作流程的质量。

(1) 租借路由器。

(2) 租借剪刀。

(3) 租借泡脚桶。

(4) 租借鼠标垫。

租借服务工作流程质量评价要素如下。

(1) 是否方便客人。

(2) 是否方便员工操作。

(3) 操作过程是否规范、安全。

(4) 是否便于物品跟踪。

(5) 出借的物品是否安全。

任务三　跑腿机器人服务

一、情境导入

(一) 任务情境

近年来,出于环保,国家提倡酒店不主动提供一次性用品。因此,夜间需要房务中心提供牙具的客人数量较之前增加。加之无接触服务也受到欢迎。酒店采购了 2 台跑腿机器人,安置在房务中心,成为跑腿服务的主力军。请根据本模块任务二情境中的租借服务流程,基于跑腿机器人的特点,编写新的租借服务工作流程。

(二) 任务实施

使用跑腿机器人的租借服务设计任务实施流程如图 4-18 所示

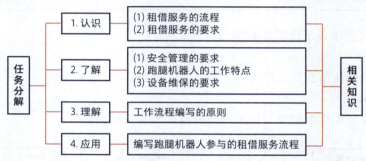

图 4-18　使用跑腿机器人的租借服务设计任务实施流程

(三) 任务评估

1. 根据跑腿机器人的租借服务流程设计进行情境模拟

(1) 模拟时间:5 分钟。

(2) 模拟场地:模拟房务中心、模拟客房。

(3) 模拟条件设置:

① 客人租借空气加湿器(拿到空气加湿器后不会使用)。

② 客人租借充电器(迟迟没有送到)。

2. 填写任务评估表

填写表 4-11。

表 4-11　使用跑腿机器人的租借服务流程设计成果评估表

任务要求		评估意见
流程设计	选择合适的工作流程格式,程序表达清晰	
	便于张贴	
	内容完整、要求明确	
	文字概括简练、准确	

续表

任务要求		评估意见
流程模拟	操作规范	
	修订及时	
	工作有效率	

二、知识链接

智慧酒店是将现代互联网、物联网、大数据、云计算、人工智能等高新技术运用于酒店的"吃、住、行、游、购、娱"等方面,实现酒店管理及服务信息化、网络化及智能化的高效整合和优化,为客人提供舒适、便捷的体验和服务。智慧酒店的核心包括智能化设施、智能化管理和智慧化服务(见图4-19)。

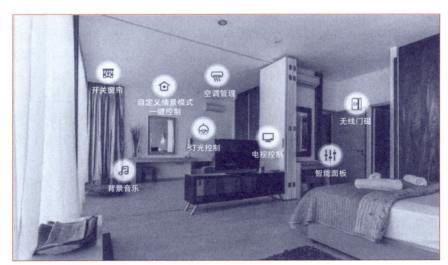

图4-19　智慧酒店客房系统示意图

(一)智慧酒店的特点

1. 设施设备智能化,满足客人的便捷需求

智慧酒店以互联网和信息技术为依托,推出在线选房、刷脸入住、行李寄送、跑腿机器人引领、跑腿机器人送物(见图4-20)等服务举措,简化了服务流程,节省了大量时间,使客人摆脱传统酒店繁杂的服务程序,给客人带来快捷、便利和高效的服务。

2. 服务"精细 + 精准"化,满足客人的个性化需求

不同消费群体对酒店客房、饮食、购物和娱乐等设施条件及服务要求存在差异。智慧酒店以智能化设备获取客人的需求、偏好和兴趣特征,进行精准细分及归类,准确定位客人的需求特征,并开展针对性的服务搭配和产品推荐,满足客人的个性化需求。

图4-20　跑腿机器人

3. 运营管理数字化，提升酒店的经营效益

智慧酒店依托数字化运营平台，借助互联网、大数据等技术对人、财、物等资源的智能分析和动态管理，优化了酒店的运营和管理，有效地节约了能源和资源。同时酒店以智能代替人工，减少人员的配备，降低了劳动力成本支出及管理成本，从真正意义上实现了降本增效。

4. 服务智慧化，提高安全和抗风险能力

智慧酒店以智能服务取代人工服务，客人入住、退房完全通过线上进行办理，送餐上门、卫生清洁等业务也由智能机器人代替人工完成，逐步实现"无接触服务"，在一定程度上消除了客人的安全顾虑，提高了酒店的安全和抗风险能力。

（二）智慧酒店的发展趋势

未来智慧酒店的发展将立足"创新、绿色、和谐"的理念，运用信息化、数字化、智能化、网络化、互动化及融合化等手段，以人脸识别、人工智能、万物互联等现代科技为引领，实现酒店全方位智慧管理、智慧服务及智慧营销。

1. 科技与人性融合

未来的智慧酒店融入人工智能、生物识别、语音交互、虚拟现实等高新技术，用机器人代替人工去做酒店运营过程中的简单的、标准化程度高的重复性工作，把更多有"体验感"的工作交给人来做。突出科技、文化和自然的高度融合，更加注重对客人的情感关怀和心理上的满足，融入更多的人文关怀元素，让客人在不同场景智能服务中体味到文化艺术的魅力。针对性地进行房间布置，给予客户"家"的体验。另外，智慧酒店融入绿色、低碳、可持续发展的理念，从设计到建设将选用大量监控及调节能源的智能设备，降低能耗，实现绿色发展。

2. 智慧与个性并举

未来酒店业将充分利用大数据深度挖掘客人的习惯、偏好和需求特征，为客人画像，整合推广各种平台资源，建立智慧营销模式。通过智能化的手段和技术，为客人提供差异化、定制化的服务，让智慧服务更加精细、个性和温馨，例如，可以通过智能灯光和温控设备改变氛围，创造惊喜，让旅途充满乐趣。智慧酒店将更加信息化、系统化和科学化，真正实现酒店的智慧功能，从而提高客人的满意度和忠诚度。

3. 安全与隐私并重

大数据时代智慧酒店信息化不断加深，客人入住、居住、离店过程都通过互联网发送身份信息、付费结账，这对智慧酒店的数据管理提出了新的要求。如何保护客人的数据，防止信息泄漏，为客人提供信息安全保障，是未来智慧酒店必须重视的问题。

素养园地

"我们只有一个地球"，环保是全世界永恒的话题。2019 年 7 月 1 日，上海开始正式要求酒店不再主动提供一次性用品，随后，各地纷纷落实执行。这是国家倡导创建绿色低碳环保酒店的重要举措。但是，由于习惯的改变和规定的被关注均需要时日，在不主动提供一次性用品的初期，很多酒店出现了夜间送房服务数量激增，服务员不够用的现象。有的

酒店为了降低劳动力成本,无视社会责任,偷偷违反规定,依旧在客房提供一次性用品。而有的酒店则勇敢地承担起社会责任,在遵守规定的前提下,尽最大的可能降低劳动力成本,跑腿机器人的出现就是对策之一。还有的酒店在客人预订或办理入住的时候均落实对客人的提醒,尽可能将需求的获得提前到办理入住的环节,降低夜间的工作量。

作为一家企业,无视社会责任将失去其发展的可持续力;作为一名员工,无视社会责任,将会被职场抛弃。类似的社会责任在客房部还有很多,如垃圾分类的严格落实、卫生消毒工作的落实到位等。

三、实践演练

1. 任务情境

基于跑腿机器人的特点,编写一次性用品送房服务流程。

2. 任务实施

使用跑腿机器人的送房服务流程设计如图4-21所示。

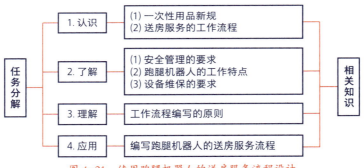

图4-21 使用跑腿机器人的送房服务流程设计

3. 任务评估

(1) 使用跑腿机器人的送房服务流程设计。

(2) 根据设计进行情境模拟。

模拟时间:5分钟。

模拟场地:模拟房务中心、模拟客房。

模拟条件设置:一次性用品迟迟没有送到。

具体如表4-12所示。

表4-12 使用跑腿机器人的送房服务流程设计成果评估表

任务要求		评估意见
流程设计	选择合适的工作流程格式,程序表达清晰	
	便于张贴	
	内容完整、要求明确	
	文字概括简练、准确	

续表

任务要求		评估意见
流程模拟	操作规范	
	修订及时	
	工作有效率	

模 块 小 结

　　该模块的设计意在指导学习者根据工作的实际情况设计或修订工作流程。在学习设计编写工作流程的过程中,学习客房楼层班后工作的相关内容、租借服务的相关知识、了解楼层工作间的基本布局和功能,了解智慧机器人在酒店中的应用情况,借助相关基础知识,开展任务活动。身为管理人员,必须树立这样的观念:工作流程规范是指导员工准确、高效工作的指南,智能机器人和数字化技术的应用有助于简化工作流程、提高工作效率。

【英语积累】

赔偿:indemnity

充电器:charger

押金:deposit

交班本:log book

工作流程:work flow

工作间:workshop

工作台:workbench

租借服务:rental service

类别:category

检查:check

平面图:floor plan

客房管家:housekeeping

对不起,让您久等了。

Sorry to have kept you waiting.

愿您在我们酒店过得愉快。

Wish you a most pleasant stay in our hotel.

请稍等一下。

Just a moment please.

我可以进来吗?

May I come in ?

我能知道您的房间号码和姓名吗?

May I know your room number and name ?

您还有什么事要我做吗?

Is there anything I can do for you ?

请在这里签名。

Could you sign your name here，please ?

您可以试用一下。

Would you can try out it.

【课业】

1. 搜集各种类型的工作流程(不局限于酒店业)。
2. 了解各种智慧设备和数字化工具在各类型住宿企业的应用情况。

模块五 组 织 结 构

◆ 模块导引

组织结构是表明组织各部分排列顺序、空间位置、聚散状态、沟通方式及各要素之间相互关系的一种模式，是整个管理系统的"框架"。

客房部的组织结构是客房部的全体成员为实现经营目标，在管理工作中进行分工协作，在职务范围、责任、权利方面所形成的结构体系。

组织结构必须随着组织重大战略的调整而调整。随着社会的进步，住宿业的消费需求不断发生改变，经营管理模式也随之变化，其中，智能服务的普及、数字化技术的应用，对原有的工作岗位产生了深刻的影响，如工作量的改变、工作流程的改变等。适时调整组织结构是应对变化最积极的态度和方法。

本模块将引导学习者对数字化改革背景下的行业变化典型情境进行分析，学习调整组织结构的具体做法。

◆ 学习目标

1. 了解房务中心的作用和工作内容。

2. 了解前厅部的工作内容。

3. 了解智慧化服务和数字化工具的特点。

4. 理解组织变革的目的和因素。

5. 理解定编定员的具体要求和方法。

6. 理解岗位职责的意义和撰写要求。

7. 理解高效组织的特点和组织变革的阻力。

8. 能够基于组织的发展进行岗位调整。

9. 能够基于环境的变化进行组织结构的重构设计。

◆ 学习任务

1. 客房部定编定员的程序和方法。

2. 组织结构设计的步骤。

任务一　客房服务中心岗位调整

一、情境导入

（一）任务情境

某四星级商务酒店 Y 拥有客房 216 间。该酒店坐落于城市中心，自 1998 年开业以来，在行业内具有较好的口碑，二十多年间，酒店经历了两次大规模的硬件改造，从 2018 年开始酒店着手进行全方位的智慧化建设，如前台的智慧服务、后台的智能设施和数字化系统工具，在提高工作效率的同时，也在慢慢地改变着传统的服务模式和习惯，进而对酒店的运营管理提出了新的要求。

该四星级酒店采用的是客房服务中心的服务模式（后简称为房务中心），房务中心共有员工 5 人，设有一个文员岗位和一个话务员岗位，话务员岗位需要保证 24 小时在岗，如遇短时间离岗情况，需由文员或者部门管理人员顶上。

文员岗位的主要工作职责如下：

（1）负责客人遗留物品的保管和登记工作。

（2）协助客衣洗涤的收送工作。

（3）部门仓库管理工作，严格控制客用品消耗，做好废品回收工作。

（4）客房部员工的考勤管理工作。

（5）部门各类表单的整理归档工作。

话务员岗位的主要工作职责为：

（1）接听客人和酒店各部门各岗位的来电。

（2）解决客人致电的各种问题和投诉。

（3）根据客人来电安排服务员上门服务。

（4）协调客房部与其他各个部门的工作。

（5）修改房态。

（6）租借用品的管理工作。

这两个岗位日常的排班情况如表 5-1 所示。

自动酒店采购了客房智能管家小度后，很多客人不再通过打电话提出服务需求了，而是直接向小度提出服务需求，比如，原来客人需要拨通房务中心的电话，告知服务员，需要借用一个充电器；有了小度之后，只需要在客房内发出"我需要一个充电器"的语音指令，后台便将该语音指令直接传送服务系统上，房务中心话务员的工作电脑上就会弹出对应服务需求的窗口，电话沟通的工作量逐渐减少。

此外，客房部采用了智慧酒店管理系统后，房态的修改、设施的报修、任务的派发等工作均可以实现指尖操作，大大减少了电话沟通的工作量。系统还可以完美地完成周、月和年度的数据汇总工作，形成可视化极强的数据图像，手工汇总工作被取代。

表 5-1 Y 酒店房务中心岗位 × 月排班表

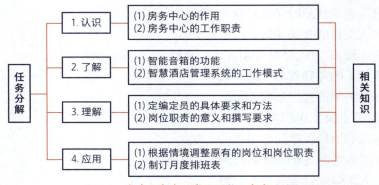

日期 / 员工	1 五	2 六	3 日	4 一	5 二	6 三	7 四	8 五	9 六	10 日	11 一	12 二	13 三	14 四	15 五	16 六	17 日	18 一	19 二	20 三	21 四	22 五	23 六	24 日	25 一	26 二	27 三	28 四	29 五	30 六
张	C	C	C	×	×	C	C	C	C	×	×	C	C	C	C	×	×	C	C	C	C	×	×	C	C	C	C	×	×	C
陈	A	A	×	×	B	B	×	×	A	A	×	×	B	B	×	×	A	A	×	×	B	B	×	×	A	A	×	×	B	B
王	B	B	×	×	A	A	×	×	B	B	×	×	A	A	×	×	B	B	×	×	A	A	×	×	B	B	×	×	A	A
李	×	×	A	A	×	×	B	B	×	×	A	A	×	×	B	B	×	×	A	A	×	×	B	B	×	×	A	A	×	×
刘	×	×	B	B	×	×	A	A	×	×	B	B	×	×	A	A	×	×	B	B	×	×	A	A	×	×	B	B	×	×

班次说明：A 为服务中心话务员白班 7：00~19：30；B 为服务中心话务员夜班 19：00~7：30；C 为文员行政班：8：00~16：30。

作为客房部经理，面对以上发展变化的趋势，你将如何调整原有的房务中心工作岗位和岗位职责？

(二) 任务实施

客房服务中心岗位调整任务实施如图 5-1 所示。

图 5-1 客房服务中心岗位调整任务实施流程

(三) 任务评估

(1) 房务中心工作岗位调整。

(2) 各个岗位工作职责的撰写。

(3) 调整后的月度排班表的编订。

具体如表 5-2 所示。

表 5-2 客房服务中心岗位调整任务成果评估表

	任务要求	评估意见
岗位调整	基于工作特点考量，确定岗位种类	
	基于工作量考量，确定员工数量	
	基于工作要求考量，确定工作时间	

续表

任务要求		评估意见
岗位职责编写	表述清晰	
	岗位工作内容设计合理,各班次重点工作明确	
	岗位工作量合理	
制订月度排班表	严格遵照国家劳动法的相关规定	
	根据客房部销售淡旺的实际情况	
	考虑各班次之间的衔接和协调	

二、知识链接

（一）客房部的定编定员

由于客房部涉及酒店的范围较大,员工数量一般占酒店的 30% 以上,人工费用是客房部经营管理费用中的大项。因此,人力资源管理工作也是不容忽视的,对于客房部来说,应把人力资源管理工作为最基础,最重要的工作来做,因为人力资源管理所产生的效能,是实现客房部各项目标的一个重要因素。

定编是在部门组织结构设置的基础上,对本部门的用工人数进行科学、合理的预测和配备。定编是部门人力资源成本控制的首要环节,定编如果欠科学,直接影响部门业务的运作、服务质量的稳定和运营成本的控制。

1. 定编应考虑的因素

（1）相关法律法规。在定编时首先要认真学习相关法律法规,必须严格遵守《中华人民共和国劳动法》,不能一味地追求降低人力成本而违反法律法规。

（2）部门组织结构。客房部组织结构从劳动组织形式上首先确定了客房部的业务分工、职责范围、用人数量与质量要求。客房部的服务模式、管理层次和业务范围是其中最主要的因素。

2. 定编的一般程序

（1）根据客房部管辖范围和业务分工,将各职能区域分开。比如,客房部下属有公共区域、洗衣房、棉织品房等职能区域。

（2）确定各区域所需的工种、岗位、班次。例如,公共区域需要保洁员、园艺师、地毯清洗员等岗位;保洁员需要 24 小时工作,园艺师则只能白天工作,班次设计就会不同。

（3）计算预测各区域的总体工作量。

（4）计算各岗位、各班次的工作定额。

（5）计算员工的出勤率。出勤率的计算要扣除包括假期和预计的各种假期(病假、事假等)。

（6）确定各职能区域所需的员工数量。例如,楼层服务台模式下的每个客房楼层需要保证有一名值台员。

（7）确定客房部所需的全体员工数量。

3. 定编的方法

（1）工作定额定员法。即按工作量、工作定额和员工出勤率来计算员工人数的定员方法，主要适用于客房清扫员，其计算公式是：

$$定员人数 = \frac{工作量}{工作定额 \times 出勤率}（出勤率 = \frac{实际出勤天数}{365} \times 100\%）$$

其中，工作定额的确定，以操作的测试结果为依据，利用公式即可计算，工作定额计算公式为：

$$X = [T-(t+B)]/(A+D)(1+f)$$

式中：T 为每天规定的劳动时间，t 为准备的作业时间，B 为结束工作的时间，A 为清扫一间房的时间，D 为随机服务时间（一般高级酒店的随机服务时间较长，应根据酒店的具体情况加以确定），f 为休息与自然停顿的系数。

经过测试结果如下：随机服务时间为 8 分钟，清扫一间客房的时间为 25 分钟，准备的作业时间为 8 分钟，结束工作的时间为 8 分钟，休息与自然停顿的系数为 0.14。

每天规定的劳动时间为 480 分钟（60×8 分钟），将上述数据带入计算公式得：

$$X = [480-(8+8)]/(25+8) \times (1+0.14)$$
$$=464/37.62$$
$$=12（间）$$

工作定额的确定，在运用科学计算方法的同时，还应考虑到班次、员工的实际情况等因素。一般早班员工要清扫 12~14 间客房，中班员工要负责 40~50 间的夜床服务，早班领班负责带 6~8 名服务员负责检查 60~80 间客房，中班领班要负责 160~200 间客房的工作区域，实习生和新员工开始工作时，工作定额较低，一般清扫 6~9 间客房，熟练之后工作定额随之增加。

在确定工作定额的基础上，要针对客房的工作岗位编制定员，按岗位定员，就是根据岗位组织机构服务设施等因素，确定需要人员工作的岗位。再根据岗位职责及业务特点，考虑各岗位的工作量、开动班次、员工的出勤率等，确定各岗位配置的人员数量，这种方法适用于从事固定性工作的岗位。

例如，某星级酒店拥有 480 间客房（均折成标准间计），所有客房分布在 20 个楼层，这 20 个楼层中有 5 个楼层是行政楼层，设有楼层服务台，配有早、中两大班专职值台员，负责楼层对客服务工作（每层每班次 1 名服务员值台）。其他楼层的对客服务工作由房务中心统一调控。客房服务员的工作定额为：早班每人 12 间客房，中班每人 48 间客房，客房楼层管理人员设主管和领班两个层次，该酒店实行每天 8 小时、每周 5 天工作制，员工除因固定休息外，还可享受每年 7 天的带薪假期和 10 天的法定假日，估计员工病事假为年平均 10 天，预计该酒店平均出租率为 80%。

根据上面介绍的编制定员方法，该酒店客房楼层部分岗位的人员编制可做如下计算。

① 楼层值台人员。

每位楼层值台人员的年出勤天数 = 全年天数 − 每周休息日 − 有薪年假 − 法定假日 − 病事假
$$=365-(52 \times 2)-7-10-10=234（天）$$

每天所需值台人数为 10 人,全年所需值台人次 =10×365=3 650(人次)

楼层值台人员的编制 =3 650/234 ≈ 16(人)。

如果只考虑员工每周的固定休息日,而不考虑其他假期和休息日,可按下列公式计算。

楼层值台人员的数量 =10×7/5=14(人)

② 客房服务员。

全年客房出租的数量 =480×80%(出租率)×365=140 160(间天)

服务员的全年出勤天数与楼层值台人员相同,即 234 天。

早班服务员的编制 =140 160 间天 /(12 间 / 人天 ×234 天)≈ 50(人)

中班服务员的编制 =50×(1/4)=12(人)

如果只考虑服务员每周的固定休息日,而不考虑其他假日和休息日,那么服务员的编制则为:

早班服务员 =480×80%×7/(12×5)≈ 45(人)

中班服务员 =45×(1/4)≈ 11(人)

③ 客房楼层领班。由于该酒店每楼层的客房数为 24 间,故为方便管理,每位早班领班可负责 3 个楼层。中班领班负责 8 个楼层,这些楼层所需的领班总数为约为 11 人。

④ 楼层主管。客房楼层主管可分早、中、夜三班,共需 4 人。

另外。这家酒店还需要安排 2 名夜班服务员,负责夜间客房的服务工作。

该酒店客房楼层的人员编制为 89 人左右。

(2)岗位定员法。岗位定员法是根据客房部的机构设置、岗位职责等因素确定员工人数的定员方法。主要用于行政人员和固定岗位人员,如经理、文员、楼层台班服务员、房务中心服务员、公共区域的部分员工等。

(3)比例定员法。比例定员法是根据饭店的档次、规模,按客房数量确定某工种和某岗位人数比例的定员方法。例如,设客房服务中心的酒店,楼层服务员人数与客房数的比例一般为 1:5 左右;设楼层服务台的酒店,楼层服务员人数与客房数的比例一般在 1:3—1:4。也可以根据某部分员工人数确定其他岗位员工人数的比例,如 5~8 名服务员配 1 名领班等。这一方法简单易行,但比较粗糙和平均化,通常用于估计大致的定员。

4. 定编时应注意的问题

(1)客房出租率预测要尽可能准确。酒店运营有很强的季节性,客房出租率会发生较大的变化,因此客房部的工作量尤其是变动工作量部分也会发生较大的变化。客房部应根据积累的资料,掌握客情变化的规律,尽可能准确地预测客房出租率,以便做好年度和季度甚至是月度的劳动力预测,做到合理定员。

(2)定员水平要合理。定员必须反映酒店已达到的平均劳动效率水平,又有可能提高现有的劳动效率。要使客房部大部分员工经过努力可以超过工作定额,而不应是现有劳动效率平均值的简单表现。

(3)科学确定各类人员的比例。应该使客房部内部的各类人员在质量和数量上相互协调。各层次人员配备既同本层次的工作要求相符合,又符合科学的管理幅度,避免部门内部因定员不合理而出现忙闲不均的情况。特别要处理好楼面服务人员同后台工作人员的比例关系、各岗位人员之间的比例关系及管理人员同服务人员的比例关系。

（4）体现人本管理原则。定编时要尽量体现人力资源成本控制的理念和要求，但必须在人本管理原则的前提下充分考虑人的需求与承受力，确定合理的用工数量。

5. 岗位职责的意义和撰写要求

岗位职责是企业实施标准化管理的基本制度，它明确了岗位的主要工作内容和基本要求，通俗地说，就是回答了岗位人员应该做哪些事、做到哪个界面、做到什么程度。系统化、规范化、针对性强的岗位职责是企业实施标准化管理的基础和前提。

岗位职责是指一个岗位所要求的需要去完成的工作内容及应当承担的责任范围。职责是职务权利与责任的统一，由授权范围和相应的责任两部分组成。简单地理解，就是担任什么职务、拥有什么权力，就需要对所管理的事项、人员承担相对应的责任。

撰写岗位职责需要把握好以下几个原则。

（1）清晰性原则。岗位描述要清晰透彻，用语准确、切忌模棱两可。例如，"每日清理并清洁保养工具和机器设备"就不如"每日下班前清理并清洁保养工具和机器设备"明确。

（2）具体性原则。具体指出工作内容、复杂程度、职责划分等信息，明确岗位的工作要求。

（3）可逆性原则。指该岗位及其上级、下级岗位的职责具有"均衡"的累加、分解。上级职责累加下级职责、下属职责总和小于或等于其直接上级职责。

（4）前瞻性原则。岗位系统须适应行业发展的需要，必须在现有岗位职责的基础上具有一定的前瞻性，延长岗位描述的有效性。

（5）社会化原则。结合酒店的实际，引进行业社会化标准、经验与要求，保证其先进性与竞争性。简单地说，就是行业内的互相借鉴，互相学习。

图 5-2 为某酒店公共区域保洁领班、保洁员的岗位职责。

（二）客房部对智慧酒店管理系统的要求

智慧酒店管理系统在我们现代酒店管理中已经成为不可或缺的辅助工具。客房部管理人员在选择智慧酒店管理系统时，需要充分考虑工作特点、员工的操作能力、降本增效的效果、功能的可拓展空间、智能工具之间的兼容性等方面的具体要求。可以从以下几个方面来着手考察。

（1）功能完善。能够实现物品管理、人员管理、工作沟通、客房状态、提醒预警、数据管理等内容，强调部门运营的管理细节及部门之间的协同办公需要。

（2）操作简单。好上手，学习简单，操作方便，方便培训。

（3）报表准确，呈现方式清晰。能够对客房部日常运营数据自动生成报表，且准确清晰，便于查看。

（4）扩展性能好。与酒店现有的系统兼容，并具有一定的扩展性，能够实现与部门管理的不断变革相匹配。

（5）售后优质。作为一个系统，使用时会遇到各种各样的问题，如漏洞、死机、系统升级等，这些都不是客房管理人员能够解决的，需要有优质的售后服务，才能保证系统能够正常、有效地运行。

(四)保洁领班

[管理层次关系]

直接上级:公区主管

直接下级:保洁员

[岗位职责]

1. 执行主管的工作指令,并报告工作。

2. 带领和督导班组员工,按照工作规范和质量标准,做好公共区域的清洁卫生,地毯、沙发的清洗工作,绿化的布置、养护、清洁工作。

3. 负责清洁机械,绿化工具和保管,保养和物料作品的领用、发放。

4. 了解公共区域风各种设备设施和家具的使用情况,及时报修和报告主管。

5. 负责本班组员工的工作安排和考勤,以及时对新员工的带教工作。

6. 负责交接班工作,做好交接记录。

7. 关心员工生活和思想状况,抓好文明班组建设。

(五)保洁员

[管理层次关系]

直接上级:保洁领班

[岗位职责]

1. 服从领班的工作安排,按照工作规范和质量标准,做好责任区内的清洁卫生工作并掌握花木的养保、培育和修剪技术。

2. 检查责任区内各种设备设施和家具的完好情况,及时报告和报修。

3. 做好清洁机械和清洁用品的保养和保管工作。

4. 严格按照绿化工作规范和质量标准,做好花木的布置、养护和清洁工作。

图 5-2　某酒店公共区域保洁领班、保洁员的岗位职责

(6)具有可持续性。一套好的软件需要专业软件提供商根据行业发展需要进行不断的完善,可持续的满足客户在不同时期的需要。所有我们在选择软件时一定要选择那些公司发展相对稳定、有行业创新能力的软件企业来合作。

数字化实践

智能音箱在酒店的应用

近年来,酒店智能科技的应用场景在不断增多,如酒店智能音箱、酒店机器人、酒店自助入住机。

来自众荟的数据显示,近年来用户对酒店智能产品的评论数逐步增加,从 2020 年 1 月的 9 000 多条发展到如今每月产出高达 3 万条的评论。显然,用户对于酒店智能产品的关注度正在逐步走高。

智能小助手的一句话就能调高空调温度、打开窗帘、播放音乐视频,这种动口不动手的智能生活已经开始进入人们的生活。

例如,小度智能音箱通过对接酒店的 PMS 系统、电话系统等,实现了对酒店整个系统的打通。通过小度智能音箱,客人不仅可以控制客房内的智能产品,也可以通过小度呼叫酒店服务等。

此外,依靠小度前沿的 AI 语音技术和丰富的信息网络,用户还可以通过小度智能音箱查询酒店信息,如 Wi-Fi 密码、健身房信息、早餐营业的时间,甚至酒店周边的餐饮娱乐机构。

以广州珠江新城的某家酒店为例,把酒店 3 个楼层的客房升级为智能客房后的 3 个月时间里,出租率提高了 4.88%。

与此同时,在酒店应用场景中,小度智能音箱的广泛应用平均每天为每家酒店节省了大概 0.83 个人力。

但是,酒店智能音箱毕竟是新生事物,还存在很多不足,如反应不灵敏、数据安全问题和客人隐私问题等。这些客人体验的反馈均不断地促使科技公司进行技术革新,

总体上看,智能音箱已经从一款只能控制酒店客房中智能产品的语音交互设备,到如今可以链接到酒店多个操作系统,解决用户在酒店场景中的更多问题的智能系统;从一开始客人抱怨设备体验不流畅,到如今对功能提出更多期待。近几年,智能音箱技术也在不断迭代、生态的不断完善中发展着,接下来随着用户习惯的逐渐养成,智能音箱在酒店业的未来也更值得期待。

三、实践演练

1. 任务情境

如果 Y 酒店在房务中心隔壁装修了一间较大的洗消间,配备了洗杯机、消毒柜,计划修改客用杯子的洗消流程,不再由楼层服务员负责洗消杯子,而由房务中心夜班工作人员在凌晨 2:00—6:00 来完成。

作为客房部经理,面对以上的工作变化,将如何调整原有的房务中心工作岗位和岗位职责?

2. 任务实施

客房服务中心岗位调整任务实施流程如图 5-3 所示。

3. 任务评估

(1) 房务中心工作岗位调整。

(2) 各个岗位工作职责的撰写。

(3) 调整后月度排班表的编制。

具体如表 5-3 所示。

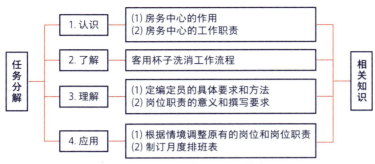

图 5-3　客房服务中心岗位调整任务实施流程

表 5-3　客房服务中心岗位调整番外任务成果评估表

	任务要求	评估意见
岗位调整	基于工作特点考量,确定岗位种类	
	基于工作量考量,确定员工数量	
	基于工作要求考量,确定工作时间	
岗位职责编写	表述清晰	
	岗位工作内容设计合理,各班次重点工作明确	
	岗位工作量合理	
月度排班编订	严格遵照《中华人民共和国劳动法》的相关规定	
	根据客房部销售淡旺的实际情况	
	考虑各班次之间的衔接和协调	

任务二　房务部诞生记

一、情境导入

(一)任务情境

某商务酒店 C 拥有客房 176 间。酒店自开业以来经历了几次不同程度的组织重构,其目的都是为了适应市场变化,降本增效,提升组织的灵活性。目前酒店的组织结构如图 5-4 所示,客房部的组织结构如图 5-5 所示,营销前厅部组织结构如图 5-6 所示。

近年来,酒店业逐步进行智慧化建设,一些酒店在原有的智慧酒店管理系统的基础上,增加了移动端模块,采购了客房人工智能音箱、跑腿机器人等。

酒店进行智慧化建设后,其工作效率提高了,客人的求助模式改变了,房务中心话务员和文员的工作量逐步减少。经酒店高层研究讨论,需要将营销前厅部的销售班组与餐饮部的餐务班组进行合并,成立销售班组,归入财务部管理。对客房部和营销前厅部剩下的班组进行岗位整合,将两个部门合并为房务部。

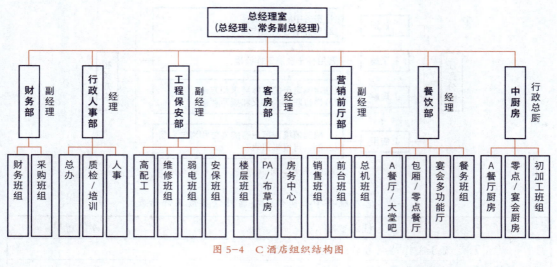

图 5-4　C 酒店组织结构图

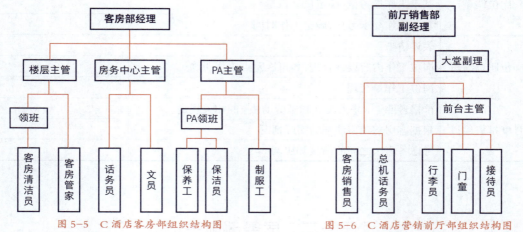

图 5-5　C 酒店客房部组织结构图　　　　图 5-6　C 酒店营销前厅部组织结构图

如果你是客房部经理,将如何和前厅部的营销副经理进行沟通? 重组的房务部的组织结构将如何设计?

(二)任务实施

房务部组织结构设计任务实施流程如图 5-7 所示。

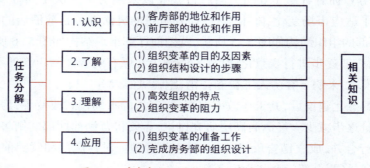

图 5-7　房务部组织结构设计任务实施流程

（三）任务评估

（1）组织变革的准备工作清单。

（2）房务部组织结构设计。

具体如表 5-4 所示。

表 5-4　房务部组织结构设计任务成果评估表

任务要求		评估意见
准备工作	基于工作特点考量，确定岗位种类	
	基于工作量考量，确定员工数量	
	基于工作要求考量，确定工作时间	
组织结构	表述清晰	
	岗位工作内容设计合理，各班次重点工作明确	
	岗位工作量合理	

二、知识链接

（一）组织变革的目的及因素

即使设计得再完美的组织，在运行了一段时间以后也都要进行改革，这样才能更好地适应组织内外条件变化的要求。组织变革是任何组织都不可回避的问题。能否抓住时机顺利推进组织变革，成为衡量管理工作有效性的重要标志。

诱发组织变革需要，并决定组织变革目标、方向和内容的主要因素如下。

1. 战略调整

组织在发展过程中需要不断地对其战略的形式和内容作出调整。新的战略一旦形成，组织结构就应该进行调整、变革，以适应新战略实施的需要。结构追随战略，战略的变化必然带来组织结构的更新。

组织战略可以在如下两个层次上影响组织结构。

（1）不同的战略要求开展不同的业务和管理活动，由此影响到管理职务和部门的设计。比如，某海滨高档商务酒店，基于市场调研，转型成为度假酒店，主打亲子产品，为此，客房部专门成立了一个儿童管家班组，负责亲子活动场地的服务工作。

（2）战略重点的改变会引起组织业务活动重心的转移和核心职能的改变，从而使各部门、各职务在组织中的相对位置发生变化，相应地就要求对各管理职务及部门之间的关系作出调整。例如，某酒店的物业部分规模很大，拥有一支稳定且专业能力很强的 PA 保养工队伍，为了拓展业务，酒店的公共区域班组开始外接业务，这样一来，原来的组织结构就需要进行调整了。

2. 组织环境改变

环境变化是导致组织结构变革的一个主要影响因素。外部环境因素可作用于组织，对其管理活动及生产经营活动产生影响，同时，组织还可以作用于环境，可以改变甚至创造适应组织发展所需要的新环境。环境之所以会对组织的结构产生重大的影响，是因为任何组织都或多或少是个开放的系统。组织作为整个社会经济大系统的一个组成部分，它与外部的其他社会经济子系统之间存在着各种各样的联系，所以，外部环境的发展和变化必然会对组织结构的设计产生重要的影响。例如，疫情的爆发对酒店业的影响非常大，酒店业积极应对，无接触服务迅速推广，智能设备纷纷被应用，改变了很多工作模式和工作流程，许多岗位的工作内容发生了变化。例如，工程报修实现了指尖操作，减少了内部电话沟通的时间；智能音箱实现了语音指令的直接传送，减少了房务中心话务员的对客沟通时间。

3. 技术背景改变

组织的任何活动都需要利用一定的技术和反映一定技术水平的特殊手段来进行。技术及技术设备的水平不仅影响组织活动的效果和效率，而且会对组织的职务设置与部门划分、部门间的关系，以及组织结构的形式和总体特征等产生相当程度的影响。数字工具和智慧设备在酒店的应用，对酒店的组织结构产生了巨大的影响。

数字化实践

数据报表是管理人员对运营效果进行分析的前提，数字化技术的应用提高了数据报表的准确性和时效性，提高了管理质量。图5-8为某酒店集团的数字化运营管理系统中客房部运营报表界面，管理者可以随时查看报表，便捷、清晰、准确，轻松掌握部门运营情况，提升部门的运营质量。

图 5-8　酒店经营管理系统客房部工作报表界面

4. 组织规模和成长阶段的变化

伴随着环境的变化、组织自身的成长，组织业务内容会发生变化，人员结构会发生变化，活动的规模和范围也会发生变化，这样，组织结构也必须随之调整，才能适应成长后的组织的新情况。不同成长阶段要求不同的组织模式与之相适应。管理者如果不能在组织步入新的发展阶段之际及时地、有针对性变革其组织设计，那就容易引发组织发展的危机。

(二)组织结构设计的步骤

根据客房部的工作特点,组织结构的设计可以按照以下几个步骤来开展。

(1)根据客房部的战略和业务特点,对客房部的组织结构和组织管理进行全面诊断,评估客房部的核心业务链,根据业务情况确定组织的管理模式。

(2)结合客房部实际情况分析各关键环节工作量,并确定各个职能岗位,根据各业务流程,确定各个职能岗位的职责,设计管理幅度、管理层次(明确上下级关系)及其责任、权力等。

(3)拟订各职能岗位后,形成文件,明确各个职能岗位的职责,对各职能岗位进行工作岗位分析,明确界定各职能岗位的职责、工作任务,设计各个职能岗位的任职资格,描述工作环境,形成规范的职能岗位说明书。

(4)根据各个职能岗位的业务不同,结合职能岗位的说明书和任职资格要求编写各个职能岗位的作业SOP(标准工作流程),形成各个职能岗位的作业指导手册;

(5)根据各个职能岗位班组及业务链条的关系,各个班组之间的衔接关系,各岗位的权、责、利的关系绘制客房部组织结构图。

(6)组织结构图经过审核通过以后颁布实施,在运行过程中要根据组织结构图的运行情况进行必要的微调。

当然,在设计组织结构过程中,也不是完全要按照这样的流程。因为不同的战略目标和发展时期,对组织结构的要求是不一样的,战略目标不同,组织结构必然随之调整,发展时期不同组织结构也必须根据实际情况进行必要的设计,不存在一种普适的、绝对正确的组织结构,组织最终的目的是要更好地完成业务,业务的重心在哪里,组织结构就要侧重哪里。

(三)高效组织的特点

好的组织结构是指最能够符合业务需求的组织,建立高效的组织结构可以从以下几方面入手。

1. 管理层级和管理幅度恰当

从行政管理系统、管辖范围,以及责任归属的角度来思考组织结构。尽可能将管理层级减至最少。较少层级的管理系统能增加信息传递的速度及准确度,并帮助管理者快速、有效地制定决策。每个组织的人数都必须视其业务性质而定。一个团队是否易于管理,要看其成员的经验、工作性质、所要求的计划与协调程度等因素。过于扁平的组织会使管理者没有精力适当地管理下属。行政管理层级与管理范围之间必须取得适当的平衡。

2. 责任逻辑清晰

理清主从结构,帮助成员了解自己的角色及责任。

(1)明确上、下级。每个员工知道自己归谁管,每个管理人员知道管理谁。

(2)清楚划分权责。包括谁该执行任务,以及谁有权力作哪些决定。

(3)维持清晰的单一隶属关系,即每个人只有一个上级。

(4)确定组织中的从属架构没有断层或重复,以免造成混淆。

(5)责任分明,与其他部门之间的沟通互动顺利。

（四）组织变革的阻力

变革阻力的存在，意味着组织变革不可能一帆风顺，这就给变革管理者提出了更严峻的变革管理任务。常见的组织变革阻力可以分为如下 3 类。

（1）组织因素。在企业组织变革中，组织惰性是形成变革阻力主要的因素。这是指组织在面临变革形势时表现得比较刻板、缺乏灵活性，难以适应环境的要求或者内部的变革需求。

（2）群体因素。组织变革的阻力还会来自群体方面，研究表明，对组织变革形成阻力的群体因素主要有群体规范和群体内聚力等。

（3）个体因素。人们往往会由于担心组织变革的后果而抵制变革。一是职业认同与安全感。在组织变革中，人们需要从熟悉、稳定和具有安全感的工作任务，转向不确定性较高的变革过程，其"职业认同"受到影响，产生对组织变革的抵制。二是地位与经济上的考虑。人们会感到变革影响他们在企业组织中的地位，或者担心变革会影响自己的收入，或者由于个性特征、职业保障、信任关系、职业习惯等方面的原因，产生对于组织变革的抵制。

组织变革过程是一个破旧立新的过程，自然会面临推动力与制约力相互交错和混合的状态。组织变革管理者的任务，就是要采取措施改变这两种力量的对比，促进变革更顺利地进行。有实践表明，在不消除阻力的情况下增强驱动力，可能加剧组织中的紧张状态，从而无形中增强对变革的阻力；在增强驱动力的同时采取措施消除阻力，会更有利于加快变革的进程。

三、拓展知识

（一）酒店前厅部概述

酒店前厅部（front office）是现代酒店销售商品、组织接待工作、调度业务经营及为客人提供一系列前厅服务的酒店综合性服务机构。前厅管理的重要内容是对客房销售的管理以及对整个酒店内外信息的有效控制与协调。前厅部的管理体系、工作程序和员工素质与表现，无不对酒店的形象和声誉产生重大影响。前厅部的运转和管理水平，直接影响整个酒店的经营效益和对外形象。

通常，大型酒店的前厅部由以下工作班组组成。

1. 预订处

预订处的主要职责如下。

（1）接受客人以电话、电传、传真、信函、电子邮件或口头等形式的预订。

（2）负责与有关公司、旅行社等客源单位建立业务关系，尽力推销客房并了解委托单位的接待要求。

（3）密切与总台接待处的联系，及时向前厅部经理及总台有关部门提供有关客房预订的资料。

2. 接待处

（1）接待处的职责是为客人办理接待入住手续，其主要职责如下：

（2）接待前来投宿的客人。

（3）办理入住登记手续、分配房间。

（4）负责对内联络，掌握客房出租的变化和业务接洽。

（5）掌握住店客人的动态及情报资料，建立客户档案。

（6）控制客房的状态，及时更改客房信息。

（7）制作客房营业日报表等表格。

（8）协调对客服务工作。

3. 问询处

问询处是为满足住店客人和来访客人寻求酒店日常服务需要而设，其主要职责如下。

（1）回答客人有关酒店服务的一切问题和酒店外的交通、旅游、购物、娱乐、社团活动等内容的询问。

（2）代客对外联络（主要指机场、车站、码头、游览点等代办服务事项）。

（3）代客保管钥匙和贵重物品。

（4）处理客人的信函、留言、电传、电报、传真、电子邮件等。

4. 礼宾部

礼宾部的主要职责如下。

（1）机场车站等店外迎送。

（2）开关车及店门，向抵店客人表示欢迎，致以问候。

（3）协助管理和指挥门厅入口处的车辆停靠，确保门厅入口处的畅通和安全。

（4）代客装卸行李。

（5）陪同客人进房并介绍酒店设施、服务项目。

（6）为客人搬送行李。

（7）提供行李寄存服务。

（8）转递客人的信件、电报、传真及邮件等。

（9）传递有关部门的通知单。

（10）雨伞的寄存与出租。

（11）公共区域找人。

（12）代客联系车辆，送别客人。

（13）负责客人的其他委托代办事项。

5. 电话总机

（1）总机房是饭店电话服务的承担者，其主要职责如下：

（2）为客人转接电话。

（3）提供请勿打扰电话服务。

（4）提供叫醒服务。

（5）回答电话问询（如查找客人、约会、会议、查询电话号码等）。

（6）接受电话投诉和留言。

（7）办理长途电话业务。

（8）传播或消除紧急通知或说明。

（9）播放背景音乐等。

6. 结账处

结账处通常由酒店的财务部管理,但是它的工作地点设在前厅总台,与总台接待处、问询处等有着不可分割的联系,是总台的重要组成部分。其主要职责如下:

（1）负责为住店客人设立各自的账卡。

（2）接受各部门转来的客账资料。

（3）与酒店所有消费场所的收款员或服务员保持联系,催收核实账单,及时记录客人在住店期间的各种赊款。

（4）为客人兑换外币。

（5）为离店客人办理结账、收款或转账等事宜。

（6）夜间处理酒店的业务收益核算。

（7）编制营业日报,提供客人消费构成情报资料等。

7. 商务中心

商务中心为商务客人提供各类商务所需的服务,如收发电传、传真和电报、复印、打字及电脑文字处理等服务。

8. 大堂副理

大堂副理通常是代表酒店总经理在前厅处理酒店日常发生事件的管理者,是酒店形象的维护者,也是客人正当权益的保护者。也有一些高档酒店在前厅设置宾客关系主任,直接向大堂副理或值班经理负责,协助大堂副理欢迎贵宾及安排团体临时性的特别要求。大堂副理的主要职责如下:

动画:民宿
客房服务的
重点

（1）代表总经理接受并处理客人对酒店内所有部门的投诉。

（2）沟通前厅与酒店其他部门的联系,并协助有关部门搞好对客服务。

（3）回答客人的各种询问,并帮助客人解决疑难。

（4）负责检查前厅大堂的清洁卫生、各项设施、设备是否完好运行。

（5）维护大堂的秩序,处理各种突发事件。

（6）落实、检查贵宾抵店前的准备工作,协调各部门满足客人的特殊要求。

（7）代表总经理迎送贵宾及团体客人。

不同规模的酒店前厅部的功能基本相同,但是出于组织精简高效的原则,会进行工作班组的合并,例如,预订员可以兼任总机、商务中心的工作,接待员可以承担问询员的工作等。小型酒店的前厅部甚至开始出现"万能工"岗位。从实际出发,是每个酒店企业设计组织结构的首要原则。

（二）民宿业的客房产品

民宿是指利用当地闲置资源,民宿主人参与接待,为旅游者提供体验当地自然、文化与生产生活方式的小型个性化住宿设施。

游客旅游需求的改变,使得标准化的酒店不再那么受追捧,旅游者更多地将目光放在了富有当地文化特色的民宿上。有别于星级酒店奢华精致的装修和千篇一律的服务,民宿给旅游者带来了互动式、融入式的独特体验。

20 世纪 80 年代初,伴随着乡村振兴的推行,一大批乡村农家乐随之诞生。围绕最早成立的这批农家乐逐渐为其配套了不少乡村产业,其中就涵括了民宿。但此时诞生的民宿主要集中在中国台湾地区。直至 1988 年,大量的外商投资进入中国大陆,在带来资金的同时也带来了先进的民宿制度理念,正式开启了中国大陆民宿的时代。1999 年以后,伴随着我国经济的火速发展,以商务出行为主体的大众出行需求直线上升,使得民宿产业再次得到了飞跃式发展。自 2012 年起,乡村旅游逐渐开始发展,个人旅游出行逐渐取代商务出行,成为新的出行主体需求,使得客栈民宿等主题酒店的需求有了直线上升,促使我国民宿的发展更进一步。从 2018 年至今,每年我国的民宿数量、入住人数、收入都呈现较高的增长趋势。从 2020 年开始,受疫情的影响,民宿产业进入一个新的转型期,在从业人员素质、安全卫生、产品特色、消费模式等方面都进行了更新升级,不少民宿在数字化营销、数字化运营等方面表现出色。

民宿经营者通常利用农村庭院、果园、花园、堰塘、农场、牧场等田园景观或者自然生态环境、乡村人文资源来吸引旅游者,为旅游者提供以农牧业体验为特色的观光、娱乐、运动、住宿、餐饮、农事体验等服务的经营实体。

民宿的客房是民宿业所有产品的核心,和酒店客房一样,主要提供住宿休息的功能。但是民宿的客房在硬件和服务上又与酒店客房不完全一样,民宿客房更强调个性,突出地方性。在服务上,更侧重亲切感,强调“家”的温馨,通常会突出主人文化。民宿在安全和卫生上的要求是与星级酒店一致的。

四、实践演练

(一)任务情境

有一家精品民宿即将开业,共有 11 间客房,由于该民宿所处一个古镇,古镇有一条热闹的早餐街,所以民宿不提供早餐。如果你是业主聘用的民宿管家,应如何设计该民宿的组织结构?共需要招聘多少全职员工?

(二)任务实施

民宿的组织结构设计任务实施流程如图 5-9 所示。

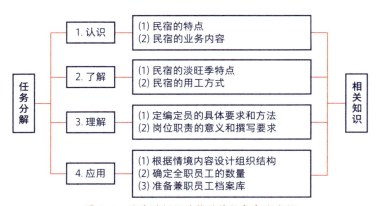

图 5-9　民宿的组织结构设计任务实施流程

（三）任务评估

（1）民宿工作岗位的确定。

（2）各个岗位工作职责的撰写。

（3）工作量的测算。

（4）全职员工的用工计划。

（5）兼职员工库的准备。

具体如表 5-5 所示。

表 5-5　民宿的组织结构设计任务成果评估表

	任务要求	评估意见
岗位设计	基于工作特点考量，确定岗位种类	
	基于工作量考量，确定员工数量	
	基于工作要求考量，确定工作时间	
岗位职责编写	表述清晰	
	岗位工作内容设计合理，各班次重点工作明确	
	岗位工作量合理	
组织结构	表述清晰	
	岗位工作内容设计合理，各班次重点工作明确	
	岗位工作量合理	
用工计划	严格遵照《中华人民共和国劳动法》的相关规定	
	根据客房部销售淡旺的实际情况	
	考虑各班次之间的衔接和协调	
	全职员工数量计划	
	兼职员工库建立计划	

模 块 小 结

该模块的设计意在指导学习者树立一定的改革思维，根据工作的实际变化进行岗位工作的调整。学会在企业面临转型变革的情况下，适时进行组织结构的调整。

本模块特别强调变革思维和创新思维，变革和创新始终围绕数字化改革的进程和成本控制的管理责任来开展。教与学的过程中需要关注"创新"和"成本"两个关键词。

【英语积累】

组织结构：Organization Structure

房务部经理：Executive Housekeeper

房务部副经理：Deputy Housekeeper

楼层客房服务员：Floor Housekeepers

客房服务人员：Room Attendants

客房部工作人员：Housekeeping Staff

组织结构图：Organization Chart

工作岗位：job position

工作职责：job responsibilities

方便残障人士的：handicap friendly

项目：item

维修部：maintenance department

通告：notice

签单：sign the bill

贵重物品：valuables

逃生图：evacuation plan

工程维修部：maintenance department

康乐部：recreation department

行政楼层：executive floor

客人需求：guest's requirement

绿色饭店：green hotel

特殊要求：special request

商务酒店：commercial hotel

经济型酒店：economy hotel

青年旅社：hostel

酒店：hotel

连锁酒店：hotel chain

汽车旅馆：motel

度假酒店：resort hotel

事故报告：accident report

流感：flu

您的吹风机的电压看上去应该是 220 伏特，和中国的电压一样。

It looks like your hair dryer is 220 volts, the same as in China.

我理解，但是这恐怕不行。这项服务是不符合酒店规定的。

I see, but I'm afraid that's not possible. That service is against our hotel's regulations .

书桌上有上网电缆。您还可以免费使用酒店无线网络服务。

There's an Internet cable line on the waiting desk. You can also use the in-house Wi-Fi service free of charge.

您可以去逛一下南京路上的步行街，然后去外滩看夜景。还可以随意品尝一下当地风味小吃。

You might try the Pedestrian Mall on Nanjing Road and then go to enjoy the night view at the Bund. You may taste some local snacks if you like.

商务中心在那边，请往前走，然后向右拐。您可以在那里订票。

The business center is over there. Please go ahead, then turn right. You may book tickets there.

让我们先给您的手臂止血，然后马上送您去医院。请不要担心。

Let's stop the bleeding on your arm, and send you to the hospital immediately. Please don't worry.

您能描述一下您的手提包吗？我们尽量帮您寻找。您是什么时间在什么地方最后一次见过它？

Can you describe your handbag? We'll try to look for it for you. When and where did you see it last time?

我们还不知道事故起因。警察很快会到达这里进行调查。

We don't know the cause of the accident; yet the police will be here soon to investigate.

如遇到火灾，请不要使用电梯。请尽快离开大楼。

Please don't take the lift in case of fire. Please leave the building quickly.

【课业】

1. 考察一家五星级酒店的客房服务中心，了解其主要的工作内容，并分析客房服务中心在酒店运营中发挥功用的情况。

2. 了解 1~2 家不同规模的住宿企业的组织结构，通过组织结构分析其部门工作的特点。

模块六　产品设计

◆ **模块导引**

　　客房运行成本低,收益回报丰厚,是酒店经营的目标,客人入住酒店后,在餐厅用餐的时间可能会有 2 小时,在康乐区域娱乐的时间可能会有 4 小时,但是他在客房内逗留的时间会长达 6 小时以上。因此,客房内的装修装饰和配套服务会深刻地影响到客人对酒店的满意度,更是他们选择再次入住的重要因素。相应地,它也应成为酒店设计中最具有挑战的内容之一。

　　数字化技术的加持和物联网技术的应用,使得客房产品在设计上更容易呈现出个性化的表达;智慧中控的应用,也使绿色客房的理念得到进一步的实现。

◆ **学习目标**

1. 了解客房的基本功能布局。
2. 了解客房产品的发展趋势。
3. 了解客房楼层的布局。
4. 理解绿色客房设计理念。
5. 理解客房的陈设艺术。
6. 掌握客房空间和盥洗空间的设计标准与要求。
7. 掌握客房成本控制的方法。
8. 掌握客房常见服务的组织方式。
9. 能够绘制客房平面图。
10. 能够开展亲子主题客房改造。
11. 能够开展女性主题客房设计。

◆ **学习任务**

1. 客房产品的构成。
2. 客房产品成本预算的原则。
3. 客房产品设计和改造的基本原则。

任务一　亲子客房改造

一、情境导入

(一) 情境内容

青岛某五星级海滨度假酒店距离海滨沙滩直线距离仅 100 米。该酒店原有的房型均为传统房型,没有亲子客房。最近,恰好客房需要翻新改造,经过高层管理人员商定,决定在客房改造时,将部分标准间改造为标准亲子房,将部分普通套间改造成亲子套间。客房部经理绘制了原有标准间的平面草图如图 6-1 所示。

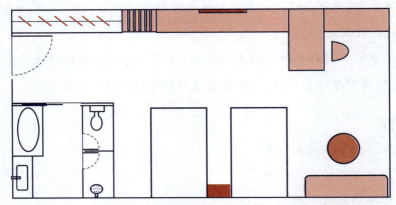

图 6-1　青岛某五星级海滨度假酒店原有标准间平面草图

(二) 任务实施

亲子客房改造任务实施流程如图 6-2 所示。

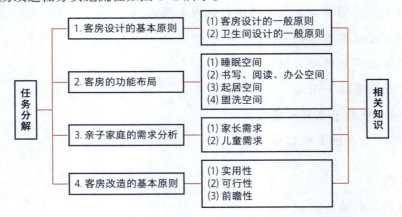

图 6-2　亲子客房改造任务实施流程

（三）任务评估

客房改造设计文案使用 Word 文档，包含如下方面：改造理念描述、客房改造区域的描述及布置、主题元素的选择与布置、改造后客房平面草图的展示。方案有效字数 800 字以上。

客房改造方案 PPT 应将主题客房基调、主题元素、改造后平面草图及预估效果用 PPT 来表现（至少 5 张），如总效果图 PPT 制作有困难，可用手绘。

具体如表 6-1 所示。

表 6-1　亲子主题客房改造评估标准

测试内容	分　值	评分细则	扣　分	得　分
客房改造原则（10分）	5	客房功能空间完整		
	5	总体设计满足亲子客人的需求		
文案编写（50分）	10	文案内容无缺项，有效字数 800 字以上		
	10	客房基调（色彩和布局）布置协调、合理，主题元素布置恰当、明了，符合主题氛围的要求		
	20	区域改造的设计针对性强、可操作性强，设计创新点不少于 3 处，且有理有据		
	10	计算机操作熟练，文档排版漂亮		
PPT 制作（30分）	10	客房改造设计素材丰富，客房亲子主题基调明确、色彩布局恰当，总效果图具备较强的美感		
	10	主题元素选择符合亲子客人的喜好，搭配性好，设计理念符合环保要求、可操作性强		
	10	PPT 制作能力强，有效张数 5 张以上，美观、艺术		
文档提交（10分）	5	按时完成作业		
	5	文档规范，提交齐全		
最后得分				

二、知识链接

（一）客房设计的基本原则

客房是酒店最重要的产品，它的设置与布局直接影响了酒店的等级与客人的满意度。酒店客房设计主要包括以下三点：客房设计手法、客房陈设艺术和客房绿化艺术。客房设计手法包括客房空间处理、材料选用和装修、灯光气氛、色彩情调等几个方面。客房陈设艺术主要是指对客房可移动和变更的设备和生活用品、装饰用品，如家具、地毯、帷幔、条幅字画、古玩和工艺美术品等进行的装饰布置。客房绿化设计则是采用植物或花卉美化环境，由于客房的绿化不仅和客房环境艺术效果关系密切，更可起到舒缓情绪、调节睡眠的作用，所以也被列为客房环境的一项重要内容。

酒店客房的设计应综合以下几个原则。

1. 安全原则

酒店客房的安全主要表现为防火、治安和保护客人隐私等方面。

（1）设置火灾报警系统。烟感报警、温感报警与自动喷洒报警是当前常用的早期报警系统。其中，烟感报警对烟雾反应最为灵敏，温感报警的误报率最低，自动喷洒报警除报警外还能发挥早期防止火灾蔓延的作用。

（2）减少火载荷。

火载荷是指酒店内可燃烧的建筑材料、家具、陈设、布草等的总和。在客房设计时，应尽量采用难燃或不燃的建筑材料、装修材料。

除了对火灾的预防以外，酒店客房设计时还应注意保护客人的隐私。客房是客人休息的场所，要求安静、不受干扰。有些酒店楼层走廊两侧的客房时门对着门，容易引起相互干扰。因此，建筑设计时可以考虑将走廊两侧客房门错开。

2. 舒适原则

客房是客人休息的场所，也是客人在酒店停留时间最长的地方，因此，客房的设计一定要使客人有方便舒适之感。提高客房舒适度由下列方面所决定。

（1）空间的大小。

客房舒适度最直接、最重要的影响因素就是客房空间的大小。一般来讲，客房的面积越大，舒适度就越高。对于一个双床间而言，国际上流行的开间为 3.6~4.2 米，进深为7.6~10 米。希尔顿酒店连锁集团曾对客房面积提出了明确的"最小"和"理想"的范围（见表 6-2）。

表 6-2　希尔顿酒店连锁集团的客房单元面积指标

房间名称	最小面积 / 平方米	理想面积 / 平方米
双床房	28	36
大床房	32	36
行政客房	68	72
标准套房	95	108
总统套房	151	158

在客房空间尺度中，层高对客人的感觉也十分重要，我国饭店建筑设计规范规定：客房的起居、休息部分的净高不应低于 2.5 米。有空调时不应低于 2.4 米，局部净高不应低于 2米，卫生间和客房内小过道、壁柜内净高不应低于 2 米。这体现了既经济节约，又保持舒适的空间尺度的潮流。

（2）窗户的设计。

客房窗台高度和窗的高度同样影响住客对客房的空间感觉。在风景区域或有良好景观条件的度假酒店往往采用低窗台,甚至采用落地窗,一般度假饭店为安全起见常采用约90厘米的窗台高度。当客房净高低于 2.5 米时,窗台高度通常低于 80 厘米,以改善低矮的空间感觉。窗离地不宜太高,通常不应高于 0.7 米,这样,客人坐在房内沙发或椅子上,就可以较好地观赏到窗外的景色。

窗户的大小还应考虑酒店所在地的气候条件。一般来讲,炎热地区的酒店宜大,以便使客人有视野开阔、心情舒畅的感觉;而对于寒冷地区的酒店窗户则宜小不宜大,以便客人在客房内有温暖、舒适的感觉,同时还可以为酒店节约能源。在风景秀丽的地点加大客房窗户的面积,在繁闹的都市中加强客房灯光、绿化的设计,都可以很好地让客人感到放松而愉快的气氛,从而增加客房的舒适性。

(3) 隔音情况。

客房噪声的来源主要有以下几个方面。

① 窗外。城市环境噪声。

② 相邻客房。如来自隔壁房间的电视机、音响设备、空调机、电话、门铃、旅客的谈话、壁橱取物、床的嘎吱、门扇开关及扯动窗帘等的声音。

③ 客房内部。上下水管流水、马桶盖碰撞、扯动浴帘、淋浴、空调器及冰箱等发出的声音。

④ 走廊外。如客房门的开关、走廊里客人及服务员的谈话、服务小车的推动声、吸尘器的声响等。

⑤ 其他。如空调机房、排风机房及其他公众活动用房的噪声。

对于上述可能出现的噪声,在客房设计时都应考虑加以控制。

3. 效率原则

客房设计的效率原则包括空间使用效率和实物使用效率两个方面。

(1) 空间使用效率。

空间使用效率表现在客房空间的综合使用及可变换使用两个方面。综合使用是指一个空间区域的多功能、高效率的使用。可变换使用是为了适应市场的变化,客房的类型与内部空间及布置也应有一定的可变性。如设置一定数量的连通套房,然后根据客人的需要,采用墙壁、帷幔、折叠门等形式,将卧室和会客室隔断;也可以用屏风、家具、花草、灯光等手法,造成一个独立的空间氛围,便于客人促膝谈心。

(2) 实物使用效率。

提高实物使用效率对设计与经营皆十分重要。比如,家具应尽量减少不必要的抽屉,饰面应耐脏、易于清洗和便于维修等。

4. 适用性原则

客房设计的适用性原则就是要从不同的功能需要出发,根据客人住店的活动规律和心理特点,来制定设计方案和装饰布置方案(见表 6-3),做到客房环境和装饰布置美观、舒适、安全、方便。此外,客房设计的适用性还必须考虑到日常维修保养、清洁卫生方便,做到既有良好外观、便于工作,又能再日常管理中节省人力、物力。

表6-3 客人特点分析及对客房的要求

客人的类型		客人的特点	客房设计的要点
商务客人	团体	住单人或双人房	特大号床、双人床或单人床,浴室要有充足的空间,客房配备办公设施
	单身	住单人房	大床、标准浴室及办公设施
度假客人	家庭	两人以上(包括孩子)	双人床,房间有足够的加床空间
	夫妇	双人客房	双人床,适当的存放衣物空间、分隔式浴室
	单身	单人房	大床、标准浴室

5. 经济性原则

酒店业是一个资金密集型产业,资金的先期投入量比较大,经营和运行成本较高,加之酒店资产专业性较强,专业性程度较高,一旦转产则很难改其他用途,如果退出则会面临较高的沉没成本。因此客房的设计要考虑其经济性原则,既要照顾到当前酒店的经营情况又要考虑到酒店今后的发展问题。所以酒店住房的设计首先应该通过分析现在及未来客人的特点及要求以便确定客房的设计及装饰装修。

6. 反映礼遇规格和管理水平的原则

酒店客房环境艺术和布局装潢主要是用艺术装饰品、家具、帷幔等来组织物质实体、创造美的形象。就客房来说,等级不同,接待对象不同,装饰布置也不一样。在客房大小相同的前提下,其等级标准的差别就在于客房环境艺术和布局装潢的处理上。布置一般家具设备就是普通客房。如果满铺地毯,摆上高档家具,增加冰箱、彩电、电话,配上名画、壁毯,再摆上欣赏价值高的古玩和工艺美术品、鲜花等,规格就大大提高,成为豪华客房了。所以酒店客房的礼遇规格和等级标准是由客房环境艺术和布局装潢的设计手法和艺术形象来决定的,其房租价格的高低也以此为转移。

卫生间是客房的重要组成部分。随着人们生活水平的提高,卫生间的功能开始走向多样化,已不仅是传统的满足人们生理需求的地方,而日益成为人们化妆、健身和享受生活、追求美的场所。因此,人们对卫生间的要求也越来越高。客房内卫生间的设计一般应遵循以下原则。

(1)宽敞明亮。

卫生间要有宽敞的活动空间,使客人有舒适之感。还要有足够大的化妆台,放置卫生用品和客人自带的化妆用品,以满足客人追求美的需求。按照我国酒店的星级评定标准,卫生间的面积通常应在4~6平方米,这与国际上三件套设施卫生间的面积基本一致,但对于豪华卫生间来讲,则远远不够。此外,卫生间梳妆台及镜面位置要保持足够的照度,以便客人梳妆打扮。

(2)保健。

应考虑客人的保健需求。如在卫生间内设置磅秤、选用具有保健功能的按摩浴缸等。目前,已经有越来越多的高档酒店在其客房卫生间内设置冲浪式按摩浴缸,其四周都有喷头,喷射水流冲击人体肌肉,可以起到按摩的作用,以消除疲劳、恢复体力。

（3）方便。

卫生间内各种设施设备的配备和安装，一定要方便客人。电话、电源插座、毛巾架、香皂架、浴缸扶手架、淋浴器及卫生纸盒等的安装位置一定要合理。要将人身体活动的规律作为卫生间设计的依据之一，如根据人身活动半径来确定诸如淋浴喷头的高度，淋浴肥皂盒、盆浴肥皂盒的高度，安全把手的位置，以及以坐便器为轴心，以手臂的长度为半径，确定电话分机、卫生纸盒等的位置。

此外，为了方便客人，卫生间还应选用镀层良好、平滑易干的优质镜面，使得水蒸气容易蒸发（当然，也可以采用在镜面后安装加热导线等其他方法，使镜面上的水蒸气能够尽快蒸发）。随着老龄化时代的到来，为了满足老年客人的需要，一些酒店开始采用 30~40 厘米的低矮浴缸。

（4）实用。

卫生间设施设备的选择和安装，要贯彻实用的原则。例如，由于担心感染皮肤病、妇科病等传染性疾病，客人已很少有人使用酒店卫生间的浴缸，浴缸便失去了它的作用。因此，一些新建的酒店可以考虑在普通客房的卫生间不安装浴缸，以淋浴器代之。此外，地面应该使用大块贴面材料，以减少缝隙。

（5）安全。

卫生间设计需要重点考虑安全需要。国际上许多酒店在卫生间设有紧急呼救按钮或紧急电话，也有供客人浴晕时使用的紧急开门器。卫生间的电器开关均改为低压电器开关，电动剃须刀、吹风机等插座均表明电源种类，配备漏电断路器。此外，还要保证卫生间内通风状况良好，浴缸底部及卫生间地面要有防滑措施，浴缸墙面要有扶手杆。

（二）客房的功能布局

客人在客房中从事睡眠、休闲、沐浴、远眺、阅读、办公、会客及饮食等活动。不同类型的客人对以上的行为空间有着不同的要求。客房中最主要的功能空间包括以下 4 种。

1. 睡眠空间

睡眠空间是客房最基本、最主要的功能空间，主要的家具是床（见图 6-3），每间客房床的数量和大小不仅直接影响其他功能空间的大小和构成，还直接体现着客房的等级标准，在面积相同的客房中，床的面积越大、数量越少，客房的等级标准也就越高。床的质量要求是：实用舒适、质地坚实、方便移动、风格协调。

床的高度以床面离地 50~60 厘米为宜。也有些酒店客房的床面离地只有 40 厘米，其目的是为了起到提升房顶高度、扩大房间面积的视觉效果。

床头柜也是这个空间内的重要工具高度应与床等高。现代饭店都设置功能化的床头柜，例如，床头柜上的开关可控制床头灯、房间灯、电视、电话时钟、定时呼叫等设备，可向客人提供为方便的服务。

2. 书写、阅读、办公空间

酒店一般标准间的书写、阅读空间以及化妆空间一同设置在写字台处，沿墙设计一长形的多功能柜桌，墙面上添加镜子，镜子上沿高度不小于 170 厘米。写字台抽屉可放文具、信封、信纸及各种卡片说明书。桌子宽度为 50~60 厘米，高度为 72~76 厘米，台面延伸面较长,可放置电视机,延伸部分降低还可用于固定行李架。

图 6-3　客房睡眠空间

目前我国大多数酒店依然从节约空间的角度来摆放写字台,并配有凳或椅。椅面的高度为 40~42 厘米,它的式样相应地与写字台统一,在不用时可收起放于写字台下。

3. 起居空间

起居空间主要布置沙发与茶几、安乐椅与小餐桌等美观、休闲的设施,功能是供客人休息、就餐或会客。起居空间的功能内容与面积大小反映客房与酒店的等级,高档酒店的客房面积比其他档次酒店的客房面积大的部分主要用在起居空间,甚至在豪华套间设置独立的起居室(见图 6-4)和专用的餐厅,配以考究的室内装修显示住客的高贵地位。近来出现的大进深全套间客房,起居空间置于客房走廊旁,与睡眠空间用卫生间相隔,扩大起居空间,更保证卧室清静不受干扰,追求家庭气氛,强调人情味和客人的隐私空间。标准双人客房的起居、休息空间一般在窗前,这里放置安乐椅或沙发、小餐桌或茶几。

图 6-4　套房的起居室

在客房设计中,阳台设计对建筑的造型起到至关重要的作用,如果设计好了,它能向客人提供一个观赏迷人景色的空间。但阳台和露台宽敞的空间也将明显增加成本(建筑结构的延伸、客房空间的损失),由此还将增加安保难度,同时,水渗漏和排水堵塞的风险也会提高,并影响房间的制冷。通常,客人对客房阳台的喜爱以及愿意为它所多付的金钱可以弥补阳台在建筑以及管理方面的不足。

4. 盥洗空间

客房盥洗空间即卫生间,是现代酒店的重要组成部分,直接体现着酒店的星级标准,其合理安排直接关系到客房的服务质量。客人每天花相当多的时间在卫生间内梳洗,尤其是女性客人更是要在盥洗内花大量的时间整理仪容,所以,国外的酒店业对客房盥洗空间相当重视,盥洗空间的大小、设备与装备的质量,已经成为衡量酒店水平的重要标志。

盥洗空间通常会配备浴缸、坐便器(见图6-5)和洗手台(图6-6)三件基本卫生设备。豪华饭店还会增加净身器,如妇洗器(见图6-6)、淋浴、桑拿等设备,智能马桶也在高档酒店中被广泛应用。

图6-5　妇洗器与坐便器

图6-6　洗手台

身为一名合格的客房管理人员,应学会看客房的平面图(见图6-7),从图中分辨各个功能空间是其最基本的职业能力之一。

(三) 客房改造的基本原则

企业进行客房改造的原因多种多样,每个企业的类型、规模和经济实力差异也较大。但是无论哪种类型和规模的住宿企业,进行客房改造都需要遵循实用性、可行性和前瞻性的原则。

1. 实用性

通常情况,客房改造不外乎设施陈旧、格局过时、工程隐患亟须改善(如漏水、隔音差、能耗大等问题)、竞争需求(如主题更新、科技引用等)等原因。

无论何种情况的改造,其最终目的都是能够更好地提升客房的盈利能力,所以,都需要基于企业的实际情况,包括资金实力、经营实际等,切忌盲目改造。相对而言,设施更换对资金的要求较小、耗时短,对经营的影响最小;工程改造相对开说对资金的要求较大、工期长,对经营的影响最大。

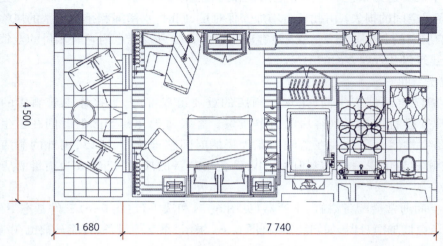

图 6-7　某酒店大床间的平面图

2. 可行性

顺利改造的基础是充分的准备工作。严谨的调研论证、周详的改造计划是提高改造工作可行性的基本保证。

调研论证需要进行横向和纵向的参考,也就是行业数据和企业历史数据的对比分析。改造计划则至少需要涉及以下几个方面。

(1) 罗列需要更新的设施和物品清单。

(2) 安顿原有物品,可撤离改造场地的物品统一安置并做好记录,无法撤离的物品,如卫浴设施、固装家具、烟感器等进行相应的保护。

(3) 安排改造期间员工的工作。

(4) 做好预算,并预留预算空间。

(5) 预估改造风险,并预设处理方案,做到心中有数,积极应变。

(6) 做好 OTA 平台相关客房的停售处理。

(7) 确定改造工期,并留有一定的余地。

(8) 若企业进行的是部分客房改造,则需制定改造期间的无干扰服务方案。

(9) 与施工单位联动制定改造现场的管理方案,如清洁工作的落实、施工监理的落实、物品入场的落实等。

(10) 明确验收程序和验收事项,并形成有一定效力的合同文件。

3. 前瞻性

在计划制定时,应充分考虑市场的发展因素,使得改造成果能在一段相当长的时间内处于市场的领先地位。例如,关注智慧节能产品的引用、客源市场的变化趋势等。客房作为企业的重要固定资产,改造周期相对较长,成本投入相对较大,其改造不应只关注短期利益,关注长远可以为企业节约更多的成本。

三、知识拓展

（一）带儿童家庭客人服务分析

带儿童的家庭客人有两种情况：一是以住公寓的长住客为多；二是度假的客人，他们喜欢带小孩外出度假。为了方便住客，如果小孩较小，酒店提供托管服务。客房部帮助客人照顾小孩，并收取服务费。一般酒店没有专职的保育员，承担照管工作的服务员应该受过照料小孩的专门训练，懂得和掌握照看小孩的专门知识和技能，并且略通外语。在照管前，服务员必须向客人了解小孩的特点及家长的要求，确保小孩愉快、安全，使客人满意。

1. 入住之前

（1）接到有儿童入住酒店尤其是团体入住的通知，提前了解儿童的年龄、国籍、此行目的等情况，做好准备工作。

（2）如果是 6 岁以下的婴幼儿入住，酒店免费提供婴儿床。注意检查婴儿床是否有损坏，特别是床四周的栅栏是否牢固，床脚（轮）处于活动或固定状态时是否正常。

（3）做好房间细致卫生，特别是地毯的清洁。如为爬行阶段的婴儿，可准备报废床单，待客人入住时征求意见后铺在地毯上。

（4）有条件时为房间加入儿童澡盆、儿童衣架、儿童拖鞋、儿童浴袍等物品。给身份特殊的小客人准备简单的糖果及安全的玩具。

（5）在不影响起居的情况下，将带棱角的家具集中放在房间角落，给插座孔贴上绝缘胶布或插上专用保护插头，避免儿童受到碰撞或遭受触电等风险。

（6）用报废的床单为儿童客人制作被单枕套等。

（7）若有幼童入住，给床铺、沙发做好保护措施，避免便溺污染。若有学龄童入住，适量增加纸张，避免房间被涂鸦污染。

2. 入住期间

（1）常对"小客人"给予真诚的赞美，介绍酒店内他们感兴趣的地点及设施。

（2）征求客人对房间布置的意见，尽量满足其需求。

（3）蹲下来和孩子说话。

（4）为穿尿裤阶段的婴儿额外增加纸巾及垃圾袋，方便客人丢弃杂物。

（5）日常做房或巡楼时，留意房间动静，以便及时发现有无幼童独自在房的情况；发现儿童在通道或电梯内奔跑或玩耍，要提醒他们注意安全。

（6）如果客人需要代为照管儿童时提供托管服务。

（二）客房产品成本的预算及编制

预算是管理人员用来控制和指导经营活动（特别是采购设备、用品）的依据。制定房务预算是客房管理者的基本职责之一。通过制定房务预算，酒店可以有效地控制客房部各项成本、费用，提高客房部的经济效益。同时，也能使客房管理人员为今后一段时间的工作做好详细的规划。预算的制定力求谨慎，一旦制定出来，就必须成为指导开支的纲领。可以说，预算是整个客房部经营管理工作的基础。

1. 制定预算的原则

（1）轻重缓急原则。制定预算时，所有预算项目必须分清轻重缓急，按以下先后次序排列。

第一优先：来年必须购置的项目。

第二优先：增加休闲娱乐和提升外观形象的新项目。

第三优先：未来两年内需要添置的项目。

酒店在开业三年后，有必要对某些设施进行更新、改造和重新装饰，这些更新项目往往占了预算开支的一大部分，但是如果能将过去所购物品的购买和使用时间记录在案，那就会给客房管理人员的年度资金预算计划提供方便。

（2）实事求是原则。预算必须实事求是，按照客房部的实际状况和经营需要确定，否则，如果客房管理人员为了得到预期的金额而在预算上报了多出两倍的金额，那么，将来的实际开支就将是实际预算的两倍。事实上，如果按轻重缓急序列制定预订，也没有必要做这种"预算外的预算"。

（3）充分沟通原则。在绝大多数酒店，客房部门要负责整个酒店的家具配备工作，因此，客房管理人员必须与其他部门负责人，特别是工程维修部保持联系，以便协商确定客房部与这些部门预算有关的统一开支项目。

2. 制定预算的依据

客房部制定预算的依据主要有以下几点。

（1）酒店在计划期内的经营预测。

（2）酒店经营的历史资料。

（3）客房部设施设备和人员现状。

（4）计划期内物价及劳动力成本水平。

一家有 120 间客房的美国酒店客房部的年度收支情况如表 6-4 所示。客房部总支出占客房销售收入的 25.3%。

表 6-4　一家有 120 间客房的美国酒店客房部年度收支情况

大　项	分项目	金额 / 美元	占　比
收入	客房销售收入	2 555 110	100%
支出	工资	355 160	13.9%
	员工用餐	10 220	0.4%
	工资税与员工福利	76 653	3.0%
	洗涤费用	38 327	1.5%
	瓷器、杯具、银器、布草等	25 551	1.0%
	佣金	38 316	1.5
	预订费	17 886	0.7
	其他支出	84 312	3.3

注：以上费用项目中不包括行政管理费用，酒店营销费用、资产经营费用、维修和能源费用等酒店未分配之经营费用，以及折旧和提摊费用、利息等资本成本。

3. 预算的编制

（1）客房部预算总表。客房部预算所包含的项目及预算表的格式如表 6-5 所示。

表 6-5　某酒店某年客房部的预算总表　　　　　　　　　　单位：元

项　　目	上年实际	上年预算	本年预算	备注（原因）
第一优先项目				预计今年出租率上升 9%；补充缺编 10 名员工
工资	338 400	340 000	430 560	增加物价上涨因素（按 15% 计）
工作服	16 920	17 000	26 000	增加员工；今年需发皮鞋每人一双（70 元 / 双）
医药费	25 560	23 560	27 960	240 元 /（人·年）×104 人 +3 000 元重病超支保险费
床单			57 600	补充两套，30 元 / 床，需急补，否则会影响周转
洗衣房洗涤剂	36 000	35 000	45 000	业务量增加，洗涤剂价格上调 15%（已接到通知）
客房、PA 洗涤用品	15 000	18 000	9 600	部分改用国产产品替代合资、进口产品
客房易耗品	245 000	230 000	226 000	去年还有一部分 3.3 元 / 间 ×240 间 ×82% 出租率 ×365 天 ×95% 消耗率
维修保养费	70 000	75 000	38 000	去年增加烘干机一台，4 万元
第二优先项目				
清扫工具等	9 000	15 000	11 000	考虑物价上涨因素
临时工工资	12 000	10 000	6 000	去年人手不足，今年旺季用些临时工（5~10 月）
差旅、培训费	4 800	5 000	4 500	去年批量实习，今年少数骨干学习培训
邮电通讯费	2 100	2 000	2 100	
第三优先项目				
办公用品及印刷品	4 000	5 000	3 000	有些报表已够用
员工生日及生病等	2 700	3 000	2 800	每个员工生日及对病假达三天者的探望
奖金	293 280	280 000	330 000	增加员工，业务增加，争取增长 10%
劳保用品	160 920	18 000	18 720	101 人 ×15 元 /（人·月）×12 月
累计			1 238 840	

说明：第一优先项目中，床单须在旺季之前（3 月底之前）解决；工作服中夏季服装及皮鞋在 5 月前解决，冬季服装在 9 月底前解决。共需资金壹佰贰拾叁万捌仟捌佰肆拾元整，当否，请审批。

（2）预算总表的分解。为了做好预算的控制，还应对预算的有关项目按月进行分解，如表 6-6 所示。

表6-6　月度预算表

时间 项目	1月		2月		3月		……		12月	
	本　年	去　年	本　年	去　年	本　年	去　年	本　年	去　年	本　年	去　年
工资										
客房用品										
清洁用品										
……										

4. 预算的执行和控制

客房部年度预算一经批准,客房管理人员应严格执行,将经营活动控制在预算范围之内。为此,客房管理人员必须对预算执行情况进行检查,一般每年检查不得少于两次,最好是每月都检查一次,并填写预算执行情况控制表,如表6-7所示。

表6-7　预算执行情况控制表

时间 项目	本月实际		本年累计		
	本　年	去　年	预　算	本　年	去　年
工资					
客房用品					
清洁用品					
……					
直接开支合计					

由于预测不可能准确无误,所以预算指标与实际业务运行发生较大误差是不足为奇的,可以通过修订预算进行弥补。

在预算与实际状况发生较大误差时,客房部负责人应立即召集所有管理人员通报情况,寻找现实可行的办法来消除因开支过大而造成的赤字,或是寻找利用剩余资金提高效益的其他途径。

 数字化实践

如今,数字化技术在成本预算及编制工作中发挥了极大的作用,特别表现在对数据的汇总和呈现上。但这并不意味着,酒店花钱买优秀的数字化工具就能在运营管理上胜出。酒店管理人员的核心竞争力是数据分析能力和运营管理能力,这两项能力并不能被数字化工具所替代。酒店管理人员只有不断地学习和积累,提升数据分析能力和管理经验,才能胜任管理岗位的工作。如果还能再玩转各类数字化技术,拿捏分析各种统计数据,管理效能则将得到大幅度的提升。

5. 客房"保本点"分析

（1）客房保本点。

客房商品的成本分为两大类：一类是正常经营条件下与客房出租数无关，即使出租间数为零也必须照常支付的费用，这部分叫固定成本（F），如固定资产折旧、间接管理费、土地资源税、利息、保险等；另一类是随客房出租间数的变化而变化的费用，如低值易耗品、物料用品、客房员工的工资、直接管理费和水、电灯消耗，这部分叫变动成本（V）。变动成本在营业收入中所占的比率为变动成本率（f）。

保本点（breakeven point）又称"盈亏平衡点"，是指营业收入总额与成本总额相等时的商品销售量。在固定成本、价格及变动成本率不变的情况下，保本点也保持不变，是个常量，它不会因每月（季）营业收入或总成本的变化而变化，更不是计划期内固定成本与变动成本的简单相加（见图6-8）。

就酒店客房而言，保本点可以用客房收入与客房成本总额相等时的客房出租数来表示，也可以用该点的出租率及客房营业收入表示。在这一临界点上，客房的利润为零，既不亏损，也不盈利。

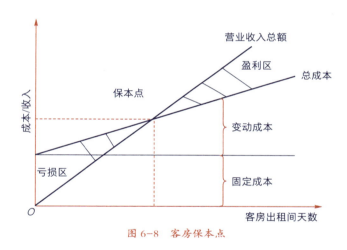

图 6-8 客房保本点

设房间价格为 P，客房总数为 N，计划期天数为 n，客房固定成本为 F，变动成本率为 f，保本点时的营业收入、客房出租间天数和平均客房利用率分别为 y、x、r，则根据保本点定义，我们有：

$$y=F+fy$$
$$y=F/(1-f) \tag{1}$$
$$x=y/P=F/P(1-f) \tag{2}$$

平均每天出租客房数 $x'=x/n=F/[P(1-f) \times n]$

$$r=x'/N \times 100\%=F/[P(1-f) \times n \times N] \times 100\% \tag{3}$$

上列式（1）、（2）、（3）分别为以营业收入、客房出租间天数和客房出租率表示的客房保本点。

例题：假设某酒店共有客房 300 间，平均房价为 100 元，2007 年 10 月的客房营业收入为 80 万元，固定成本为 30 万元，变动成本率为 40%，则该酒店客房部以月营业收入、月客房出租间天数和客房出租率表示的盈亏平衡点分别为：

$$Y10=F10/(1-f)=30×10\ 000/(1-40\%)=500\ 000（元）$$

$$x10=y10/p=500\ 000/100=5\ 000（间·天）$$

$$平均每天出租数\ x'10=5\ 000/30=167（间）$$

$$r10=x'10/N×100\%=167/300×100\%=55.7\%$$

由此可见，客房保本点只与客房固定成本和变动成本率有关，而与客房实际营业收入没有关系。

（2）客房保本价。

客房保本价即客房保本（客房利润为零）时的价格。假定客房出租率为 r，保本价为 P。则由上述（3）式可知：

$$P=F/[r(1-f)×n×N]$$

即在客房固定成本、客房出租率、客房变动成本率一定的情况下，当客房的实际平均房价达到 $P=F/[r(1-f)×n×N]$ 时，客房经营才能保本。

（3）保本点分析。

客房盈利区的大小与保本点的位置有很大的关系。保本点的位置越低，盈利区就越大，亏损区则相应缩小，所以保本点的位置越低越好，那么客房部如何降低保本点呢？

在营业收入一定的条件下，保本点的位置取决于总成本的大小，总成本增加，盈利区便缩小，亏损区相应增大。所以，酒店应通过对固定成本和变动成本的控制，改变保本点的位置，缩小亏损区，扩大盈利区。

一般来说，客房的固定成本是相对固定的，但是，如果酒店的固定成本总额增加，则客房的固定成本数额必然要相应增加，从而使客房总成本增加。这时，原保本点位置就改变了，亏损区增大，盈利区缩小，反之亦然。所以酒店在日常经营活动中必须努力降低固定成本和费用，加强对固定资产的管理，减少损失报废，延长对固定资产的使用年限。

就客房变动成本而言，管理人员要加强对客房笔、信纸、拖鞋、牙膏、牙刷、洗发液、浴液、梳子、香皂等低值易耗品及清洁用品的控制，减少损失浪费现象。另外，客房用品配备的档次也不能一味求高，必须与酒店的档次相适应。

（4）盈亏平衡点率。

盈亏平衡点率是指客房盈亏平衡点（保本点）时的出租间天数与实际出租间天数之比。设盈亏平衡点率为 y，客房实际出租间天数为 Q，盈亏平衡时的出租间天数为 x，则：

$$r=x/Q×100\%$$

盈亏平衡点率的值越小越好。结合我国实际情况，一般可用表 6-8 所示的数值来判断酒店客房经营的好坏。

表 6-8　盈亏平衡点率与酒店经营状况的关系

	新酒店	老酒店	理想程度
盈亏平衡点率	<70%	<65%	良好
	70%~80%	65%~75%	正常
	80%~90%	75%~85%	警惕
	>90%	>85%	危险

（三）客房成本控制的方法

客房经营作为酒店经营的主要项目,其租金收入占整个酒店的 50% 左右,因此,加强客房营业费用的控制,对降低整个酒店的费用支出具有重要的意义。客房经营过程中发生的各项支出是通过营业费用进行核算的。客房营业费用的高低与客房出租率的高低有直接的关系。

客房费用可以分为固定费用和变动费用两部分。固定费用在每间客房的分摊费用是一定的,因此它不会随客房出租率的提高而降低,但是由于在制定房价时已经把它计算在内,出租率的提高有利于降低总的固定费用。变动费用主要指客人对客房消耗品的消耗费用,由于每间客房配置的消耗品定额是个常数,为此,它会随客房出租率的提高而提高,要想对客房成本做好控制,需要从以下两方面着手:一是降低单位固定费用,途径是提高客房的出租率,通过出租数量的增加来降低每间客房分摊的固定成本费用;二是控制单位变动费用,根据酒店的不同档次,制定消耗品的配备数量和配备规格,做好发放,并制定规章制度对员工进行奖励和处罚。

客房成本控制是客房管理的主要任务之一,客房成本控制主要是在严格执行客房成本预算的基础上,做好客房设备用品的采购、保养和管理工作等。

1. 成本核算概述

成本核算是把一定时期内企业生产经营过程中所发生的费用,按其性质和发生地点分类归集、汇总、核算,计算出该时期内生产经营费用发生总额和分别计算出每种产品的实际成本和单位成本的管理活动,基本任务是准确、及时地核算产品实际总成本和单位成本,提供正确的成本数据,为企业经营提供科学的依据。

2. 成本核算的主要依据

（1）客房出租率。客房出租率是制定客房部预算最重要的依据,客房部应根据酒店经营业务总计划、前厅部预测的客房出租率来决定其各项费用和支出的高低。

（2）各项支出和物资用品消耗量的历史情况和各项工作记录。客房部的各项支出和物资用品消耗量的历史资料,提供了它营业时的一般物资设备的消耗状况和趋势,再根据下一年度接待的特殊需要和安排作出必要的调整,同时,客房部各项有关员工的操作、物品的消耗和储存、设备维修保养的记录、客房历史档案等,都是制定预算的重要参考依据,客房部应保管好各种工作报表和记录,为制定预算提供各种准确的数据。

（3）客房部所需物资设备与用品的品种和单价。客房部每个房间所需物品的品种和数量是固定的,实际耗用的物资用品情况可以根据预测的客房出租率、各项物资用品的历史消耗量及各项工作的记录估算得出,最终根据各种用品的单价预算所需费用。

3. 客房成本控制因素与分析

（1）客房成本控制因素。客房商品的成本分为两大类,一类是正常经营条件下与客房出租间数无关,即使出租间数为零也必须照常支付的费用,这部分叫固定成本,如固定资产折旧、间接管理费、土地资源税、利息、保险费等;另一类是随客房出租间数的变化而变化的支出,如低值易耗品、材料用品、客房员工的工资等,这部分叫变动成本,变动成本在营业收入中所占的比率称为变动成本率。

（2）变动成本控制分析。"开源节流"是酒店管理永恒的目标,"挖潜创效"是酒店管理不变的主旋律,一般来说,酒店客房变动成本管理涉及的部门、人员、环节较多,如不严格管理,容易出现失控,归纳起来,大致有以下几个方面。

① 采购管理。

a. 要合理采购,加强监督。

客房品的采购是客房经营活动首要的物质基础,它直接决定着客房服务工作的质量和酒店的效益,但在采购这一环节中常常出现不依据量本利的原则,不能合理、有效确定最佳采购数量、价格、地点、时间等,无形中造成了资金的流失和浪费。例如,一次性用品属于用量较大且储存有时限性的物品,确定其合理采购时间和数量尤为关键,一次购量太大,既积压流动资金,又容易造成物品超期使用,属于花钱又误事的不良行为;若一次购量太少,虽加强了资金的流动性,但这种化整为零的采购方式,在运输保管等方面的消耗上,又出现了重复浪费现象,况且这些物品都有酒店的标志,包装较为独特,在生产制作中又存在制版问题,频繁地采购和更换厂家,仅在制版包装上就存在很大的浪费。客房部申领易耗品时必须填写详细的申购表,要有确定的物品名称、用途及数量,经客房部经理签字确认后报总经理审批,财务部核对后方可采购,采购时必须两人一组,相互监督,采购后,采购人员在采购发票后注明采购时间、采购人员姓名、采购单位及地址等信息,以便监督部门核查。

b. 要严格规范发放程序。

在实际工作中,客用消耗物品是按客房客用物品的配备标准配置和补充的,但由于物品并不是每天消耗掉,因此,对这些物品的实际消耗情况进行具体的统计分析,从中找出规律,就能加以控制了。

易耗品的领用与发放往往容易造成混乱,楼层服务员先到先领、后到没有的现象时有发生,引起易耗品发放混乱,盘查困难,这不但会造成员工工作效率的低下,还容易造成易耗品的浪费或损坏。客房部应有专人负责发放易耗品,根据各楼层的平均开房率及易耗品使用情况,合理酌量发放;建立易耗品领用台账,发放时由发放人员与楼层服务员共同签名确认,并要求楼层服务员严格填写易耗品使用明细表,也可根据楼层一定时期内的客房开房率估算易耗品的使用情况,来监督检查易耗品的使用中是否存在浪费现象,对于超领、浪费的楼层及个人要进行经济处罚。

② 人力资源管理。

在实际操作的过程中,客房部人力资源管理的难度通常表现在以下几个方面。

a. 员工的劳动效率不高。员工的劳动效率与人员素质、岗位培训效果、工作场所设施布局的合理性、先进设备的利用率等因素有关。劳动力的潜能若不能得到很好的挖掘,就会造成人力资源的浪费,使得经营成本增加,作为经营管理者应该看到,提高员工的工作效率是控制人工成本的关键。例如,有的酒店员工专业素质差,在对客服务时常常引起客人的投诉。再如,客房的棉织品配备不足,服务员在清扫客房时出现不够用的现象,降低了工作效率。

b. 管理水平差。由于缺少完美的操作步骤和明确的岗位职责,使部门出现了低效率区域,加之定员定额的不合理,不能根据需要实行满负荷工作量定员法以及劳动力调配缺乏灵活性,导致不能根据劳动力市场的变化和淡旺季业务的需要合理进行定员、安排班次和实行弹性工作制,这也是造成人工成本增加的一个主要原因。

c. 员工流动率高。由于人员流动的频率高,会使客房部在招聘、培训、督导等方面增加资金投入,使得客房成本费用上升。例如,招聘员工一般通过广告招聘、大中专学校招聘、就业服务机构等进行。在招聘过程中无形中就投入了不少的广告费、差旅费等。

综上所述,人工成本的控制难度较大,必须认真落实,严格遵守各项管理制度,充分调动员工的积极性,发挥人的主观能动性,挖掘人的潜能,达到降低成本的目的。

③ 物品管理。

在客房客用物品消耗控制过程中,要始终高度重视并切实做好降低消耗和环境保护工作,合理地降低消耗,能够有效地控制成本费用,减轻酒店的负担,提高经济效益,做好环境保护工作,对酒店乃至全人类都有非常重要的意义。

a. 要注重降低消耗。

● 控制洗涤成本。棉织品洗涤费是客房部的重要成本之一,减少床上用品的更换频率可以有效降低洗涤成本。例如,在床头柜放置环保卡,提醒客人需更换床单被套时将环保卡放在枕头上,在卫生间放置布草篮,把需要更换的棉织品放在布草篮里。

● 做好易耗品的管控。易耗品是客房用品中相对较难控制的物品,客房部通常会严格进行物品的盘点工作,监管易耗品的消耗量,利用大数据分析的结果来调整易耗品的采购计划。例如,酒店客房原来使用 120 抽的纸巾,住店一日的客人中只有 2% 会提出需要额外的纸巾,却有 30% 的客人在退房时会将剩下的纸巾带走。酒店因此调整采购计划,使用 100 抽的纸巾,纸巾使用数据没有发生变化,却降低了纸巾的成本。国家已经对客房一次性品做了规定:不主动提供一次性用品。这一做法不仅有效引导了客人养成环保的出行习惯,还大大降低了客房易耗品的成本。客房部要联合前厅部,积极将此规定在不提高人工成本的前提下落实到位,才能真正地达到降低易耗品成本的目的。

● 加强废品的回收和再利用。客房可以再利用的物品很多,对这些物品的再利用也是成本控制的一种很好的方法。目前大多数酒店都要求员工在日常工作中注重回收那些已经用过但没有再用价值的物品。客房服务员在清扫客房时可以回收报纸、杂志、酒瓶、饮料罐、食品盒、肥皂头、剩余的卷纸、用过的牙刷、用剩的牙膏、沐浴液等。例如,肥皂头、牙刷、牙膏、沐浴液等可用于清洁保养工作,这样就节省了专用清洁剂的用量;报纸、杂志、酒瓶等可以卖给废品收购站。一些物品经过加工还可以继续利用,如可将报废的床单改成洗衣袋、枕套等,报废的毛巾还可做抹布用。

b. 作为重要的设备管理部门,要做好设施设备的维护保养工作。

客房设备通过不断的周转来实现它的使用价值,为了加强客房设备的维护保养,客房服务员应向客人介绍客房设备的性能和使用方法,还应严格按照操作规程,对客房设备进行日常的检查和维护保养,掌握必要的房间设备维护保养方法。客房部主管应根据本身所处的客房设施设备、员工人数以及平时工作量等客房实际情况,制定详细、科学的设备保养计划和正确的保养方法,根据客房设备设施的自身性质制定客房日常保养计划与定期保养计划,张贴于员工工作间,监督员工严格按照计划对设备设施进行正确的保养与维护,并在计划的实施过程中不断改进工作计划和保养方法,提高客房的工作效率,降低设施设备的故障率。以浙江慈溪波斯曼国际酒店为例,客房主管通过对客房设施设备进行集体培训后,会不定期地对培训内容进行抽查来判断员工的实际操作情况,以此来延长客房设施设备的使用寿命。

c. 不能忽视备品的管理。

客房的备品管理是加强成本控制的重要环节,每日有数以千计备品的流动,使用和保管稍有疏忽,便会出现交叉污染、保洁不当、运送洗涤过程中的划伤、保存过程中出现潮湿发霉等问题,造成经营成本的增加,布件的保养为其中的重点问题。

布件的保养要注意以下几点。

● 备用布件不宜库存太多,因为存放时间过长会使布件质量下降。

● 不论备用,还是在用布件,都必须遵守"先进后出"的原则;备用布件按"先进后出"的原则使用,不仅有利于分析其使用状况,还方便布件的定期更新换代。在用布件按"先进后出"的原则使用,主要目的是延长布件的使用寿命,同批次布件的使用次数和周期大体相同。

● 从洗衣房送来的布件在上架时要仔细检查其是否干透,没有熨干的要送回洗衣房重新处理。

● 新布件购入后,必须洗涤后再储存或投入使用。

● 为了保持酒店的规格和服务水准,棉织品在使用到一定程度、一定时间及破损后必须淘汰。酒店应根据酒店的具体情况确定棉织品的更新周期或定出更新标准,如长期使用严重褪色、具有无法洗掉的污迹等就必须淘汰。对于已经报废的布件,可根据情况改成枕套、床单等,现在很多酒店就走了这条开源节流之路。例如,波斯曼国际酒店布件房的员工就把报废的床单改成枕套或婴儿床单,将不能再用的毛巾、浴巾改成抹布或熨板垫,把不能在客人面前使用的棉织品作为自己的工作工具,无形中节省了大量为购买辅助用具而花费的资金。

④ 能源管理。

能源(水、电等)在客房部营业开支中占有很大的比例,对客房部的经营效益影响极大。有些能源成本是必需的,而有些则常因失控造成的,如面盆、浴缸、恭桶的长流水,房间内的长明灯现象。对于一些住客房客人不在房间时,电视、电灯、空调全都开启,服务员在清扫客房时可关掉房间内的灯、电视、空调等电用设备,出房间时视情况可拔出取电卡,客人回房后自己随手插上,既不影响房间照明,又节省了能源用量。

成本控制是现代酒店经营管理非常重要的环节,然而,所谓控制并不是一味地去"扣"去"挤",而是要控制那些不合理的费用,切记因成本费用而影响服务质量,这是酒店成本控制工作中的误区。

酒店管理者在控制成本的过程中,有时候会因过度控制而降低酒店的接待标准(如随意减少客房用品的供应量,降低产品质量,随意减少服务项目等),不愿意花费人力、物力对客房内的硬件进行部分更新或维修,造成设施设备的提前报损,不能达到预期的使用期限,由于成本的过度控制,酒店的接待不能满足客人精神与物质需求,不能使客人感觉物有所值,侵害客人的利益,这从长远看来,最终会使酒店失去竞争力,失去市场。由于市场自身的竞争,酒店管理者应认识到有效的投入与产出的关系,合理经营费用的投入可使酒店获得更多的机会,经营更具有竞争力。

(四) 绿色客房设计理念

1. 绿色客房的标准

绿色客房建立的根本目的是满足消费者对清洁、安全、健康、舒适的居住环境的要求,这一要求所包含的内容是非常广泛的,它可以包含以下内容。

(1) 客房内提供给客人使用的用品家具是清洁的、无污渍的。

(2) 客房是安全的,包括客房设备安全、客房提供的仪器和饮用水安全、保险箱及门锁可靠、消防安全等。

(3) 客房的健康要求是指客房内无病毒、细菌等的污染;室内空气是清新的,无化学污染,氧含量满足人体要求等。

(4) 客房的健康要求是指客房家具的人性化设计、合理布局,室内无噪声干扰,具有良好的采光和照明条件等。

(5) 为满足上述要求而采用的设备设施、能源、原材料等都是环保型的。

以上给出的绿色客房的标准是根据现阶段客房存在的问题而提出来的。首先是房间的化学污染问题。饭店的装修是大规模的,也非常频繁的一项工作,装修时使用的污染的建材和黏合剂、油漆等,污染物会逐渐挥发,在客房内聚集并达到一定浓度时,就会危害人体健康。标准中强调客房要有空气净化装置,主要是考虑酒店在已经使用有污染的建材的情况下,通过良好的通风降低室内污染物的浓度,满足人体健康需要。以上标准中涉及的另一个与客房室内空气质量有关的问题是抽烟烟雾的污染问题。以上标准指出,绿色客房为禁烟客房,以减少烟雾对他人的污染。定义中无噪声污染则是针对酒店客房噪声超标提出的,客房噪声主要来自客房内设备的噪声和客房外设备运行、人员活动、交通等引起的噪声。

对房内物品的使用,以上标准并没有给定具体的内容,只是给出了原则,要求物品本身及物品的使用过程能满足合理利用资源、保护生态环境的要求。但是在标准中出现客房减少一次性用品等的要求,就是针对这一原则而建议的措施。

到目前为止,参与绿色酒店创建的都是已经建成并投入运行的酒店,对这些酒店来说,设置满足上述定义要求的绿色酒店并不容易,因为它需要资金的投入和技术的保证。应该说标准对绿色客房的定义是有时间局限性的,其中提出的要求是目前酒店客房广泛存在的问题,它更强调的是在客房质量中一个被人们长期忽视的问题——空气质量,酒店可以通过各种措施在一定时期内予以改进。但在未来,绿色客房的标准应该是不断发展的。

2. 绿色客房的建立

绿色客房的建立是一个系统的工程,对大多数酒店而言,绿色客房的建立是一个长期改进的过程。因为客房已经成形,对客房的改造是逐步进行的。酒店可以分步骤来建立真正的绿色客房。

(1) 通过加强管理提高客房的清洁卫生标准。

清洁卫生是客房的基本要求,但这一要求并不能得到充分满足。绿色酒店的建立中因为节约资源的需要而减少客房棉织品的洗换要求,但这不能降低棉织品清洁卫生的要求。棉织品在洗衣房洗涤时,洗涤设备必须按照原有设计要求运行,不能因为所谓节能或其他的目的擅自改变设备的运行参数,要达到洗涤的要求。清洗后的棉织品应妥善保管,更换时要注意操作规范,避免二次污染。客房中的窗帘、地毯、床靠背、圈椅等部位都是计划清洁的,因此常常由于管理不力成为清洁卫生的死角。这些部位对病原体和其他的污染物的吸附能力较强,严重影响客房的卫生质量。

(2) 通过加强维护提高客房设备设施的运行质量。

客房设备的安全、减少噪声污染等问题的解决主要依靠对客房设备设施的良好维护。设备安全包括设备无漏电、漏水,不会出现设备的爆裂、破损、坠落等现象,不会绊倒、撞到客人,客房的电子门锁系统和保险箱是完好有效的,以保证客人的人身和财产安全。客房的噪声主要来自客房设备的运行,而且往往是因为设备安装缺陷或运行不畅造成的。所以,客房设备的维护保养可以提高设备的运行质量。维护保养工作与酒店的工程管理状况有关。员工能正确使用、精心维护设备,工程部员工的维护保养技术水平较高,酒店设备的运行状况就相对较好,反之就会比较差。

(3) 实施专门化的操作过程。

为改善客房环境,许多酒店在客房内增加的绿色植物、生态角等,这些室内饰物的增加对一些专门化操作过程提出了要求,如植物的养护要求等,否则,这些饰物不但不能增加客房的舒适感,反而增加了客房的污染源。

对无烟客房的管理也需要类似的专门化过程。在实际运行中,酒店并不能阻止客人在禁烟客房内吸烟,但是,禁烟客房在出售前必须对客房进行全面清洁,去除烟味,为下一位入住客人提供良好的住宿条件。

(4) 根据客源市场的需求提高客房的舒适度。

客房的家具选择和布置是针对酒店的客源市场而言的,并不是根据酒店员工的喜好决定的。不同的客人对客房的舒适度的要求不同,因此客房的布置是有差异的。尤其是床的舒适程度、照度、写字台、洗脸台的高度等,与客人的舒适度是密切相关的。

（5）在酒店的整体改造中逐步提高客房的环保性。

绿色客房在能源系统、水系统、热系统、风系统、废弃物系统、声系统、光系统、建材系统、绿化系统等方面都有相当的要求,这些系统的改进对已经建成的酒店而言是比较困难的,可以在今后的系统改造中逐步加以实现。

3. 绿色客房的维持

绿色客房在建立后需要得到保持,否则它的环境绩效不能持久。同时,绿色客房是一个发展的概念,要使绿色客房满足发展的要求也需要对其进行维持。绿色客房的维持主要有以下方面的工作。

（1）建立相应的管理系统。

绿色客房的管理是一个系统的工程,它需要有效的管理系统来保障,管理系统应包括有关的职责、管理要求、操作规范控制机制。其中控制机制是非常重要的,因为很多的操作过程对工作结果的影响很大,对这些过程的控制比对结果的控制更重要。

（2）建立相关的信息系统。

绿色客房在管理中需要建立三方面的信息系统:一是有关客人的信息系统,就是客史档案;二是有关绿色客房维护的信息系统;三是对外信息交流系统。客史档案是绿色客房满足客人各种要求的前提和基础,而维护信息系统是设备得到良好维护的基础,是设备正常运行的前提。对外信息交流系统可以保证酒店及时获得有关的信息使绿色客房满足未来发展的要求。

四、实践演练

1. 任务内容

设计一个海洋主题的亲子客房,要求包括布局、陈设、色调、灯光、卫生间设计等内容。

2. 任务实施

海洋主题亲子客房设计文案使用 Word 文档,包含如下方面:设计理念描述、主题客房基调（色彩和布局）的描述及布置、主题元素的选择与布置、特殊服务项目的设计描述、细节服务的设计与描述、成本的核算与控制。方案材料购置成本控制在 1 000 元人民币以内。

主题客房设计方案 PPT 应将主题客房基调、主题元素、总效果图用 PPT 表现（至少 5页）,如果制作总效果图 PPT 有困难,可手绘。

3. 任务评估

海洋主题客房设计评估标准如表 6-9 所示。

表 6-9　海洋主题客房设计评估标准

测试内容	分　值	评分细则	扣　分	得　分
客房设计原则（15 分）	5	掌握客房设计的原则和布置方法		
	5	体现海洋主题的特点		
	5	呈现亲子客房的需求		

续表

测试内容	分值	评分细则	扣分	得分
文案编写 （45分）	10	文案内容无缺项，有效字数1 800字以上		
	10	客房基调（色彩和布局）布置协调合理，主题元素布置恰当明了，符合主题氛围的要求		
	10	细节服务、个性服务的设计合理、可操作性强，设计创新点不少于5处		
	5	成本的核算准确、详细，物品购置费控制在不同主题的要求以内		
	5	各类表格数据准确，文笔流畅		
	5	计算机操作熟练，文档排版漂亮		
PPT制作 （30分）	10	主题客房设计素材丰富，主题客房基调明确、色彩布局恰当，总效果图具备较强的美感		
	10	主题元素选择符合客户的喜好，搭配性好，设计理念符合环保要求、可操作性强		
	10	PPT制作美观，有效张数5张以上		
文档提交 （10分）	5	按时完成作业		
	5	文档规范，提交齐全		
最后得分				

任务二　女性主题客房设计

视频：女性
主题客房
设计

一、情境导入

（一）情境内容

　　某五星级酒店正在筹建中，酒店打算针对日渐增多的女性商务客人设计女性主题客房，客房部经理要求你查找相关资料，提供女性客房布局、陈设的方案，给出初步的预算，并对女性客房的服务项目进行设计。具体参考图6-9。

图 6-9　某酒店女性客房布置设计

(二) 任务实施

女性主题客房设计任务实施流程如图 6-10 所示。

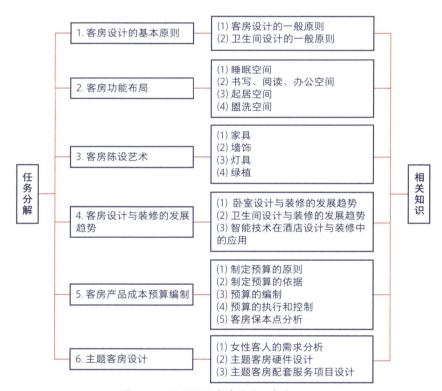

图 6-10　女性主题客房设计任务实施流程

(三) 任务评估

女性主题客房设计文案使用 Word 文档,包含以下方面:设计理念描述、主题客房基调(色彩和布局)的描述及布置、主题元素的选择与布置、特殊服务项目的设计描述、细节服务的设计与描述、成本的核算与控制。方案材料购置成本控制在 1 000 元人民币以内,有效字数 1 800 字以上。

主题客房设计方案 PPT 应将主题客房基调、主题元素、总效果图用 PPT 表现(至少 5 页),如制作总效果图 PPT 有困难,可手绘。评估标准如表 6-10 所示。

表 6-10　女性主题客房设计评估标准

测试内容	分　值	评分细则	扣　分	得　分
客房设计原则(10 分)	5	掌握客房设计的原则和布置方法		
	5	符合女性客人的特点		
文案编写(50 分)	10	文案内容无缺项,有效字数 1 800 字以上		
	10	客房基调(色彩和布局)布置协调合理,主题元素布置恰当明了,符合主题氛围的要求		
	10	细节服务、个性服务的设计针对性强、可操作性强,设计创新点不少于 5 处		
	10	成本的核算准确、详细,物品购置费控制在不同主题要求以内		
	5	各类表格数据准确,文笔流畅		
	5	计算机操作熟练,文档排版漂亮		
PPT 制作(30 分)	10	主题客房设计素材丰富,主题客房基调明确、色彩布局恰当,总效果图具备较强的美感		
	10	主题元素选择符合客户的喜好,搭配性好,设计理念符合环保要求、可操作性强		
	10	PPT 制作能力强,有效张数 5 张以上,美观、艺术		
文档提交(10 分)	5	按时完成作业		
	5	文档规范,提交齐全		
最后得分				

二、知识链接

(一) 客房陈设艺术

客房陈设包括家具、墙饰、灯具、绿植、织物等,这些陈设和用具除有使用价值外,还有装饰美化环境的作用。在客房内适当布置一些陈设,会增添文化品位,营造高雅的环境氛围。

1. 家具

家具既是生活的基本用具,也是客房陈设艺术中的主要构成部分。因此,客房的家具种类和式样的选择、搭配和布置是否合理,以及艺术效果如何,越来越被人们重视。

(1) 家具的种类。

① 按家具的分类和构造,可分为实用性家具(如床、沙发、衣柜等)和观赏性家具(如陈设架、屏风等)。

② 按客房家具的用途,可分为休息娱乐功能的家具(如沙发、座椅、茶几、床、床头柜、化妆台、小餐桌等)和储存功能的家具(如客房壁柜、微型酒吧、套间物品柜等)。

③ 按客房家具的材料,可分为木质、竹制、藤制、金属制及各种软垫家具等。在客房中使用最广泛的是木质家具,其造型丰富,有亲切感;竹制家具给人以清新凉爽的感觉;藤制家具质地坚韧、色泽素雅;金属家具轻巧、灵活,适用于工业化大批量生产。

(2) 家具布置的原则。

在布置客房时,应注意以下原则。

① 美观实用。软床一般摆在房间光线最暗处,并且尽量避免"进门见床",以免引起客人的尴尬;标准客房的两张床放在靠墙一面可形成对称格局;落地灯一般摆放在两沙发中间或一侧;两个单人沙发或咖啡椅,一般采取与床平行的摆法;写字台一般摆放在光线较好的地方,与床和沙发相对。

② 搭配合理。在摆放家具时要注意合理搭配家具,以方便使用。如床与床头柜、沙发与茶几、写字台与写字椅、梳妆台与梳妆凳等应摆放在一起,不能随意拆散。

③ 门厅是客人步入房间后看到的第一个地方,装饰布置适当会给客人留下深刻的印象。其功能是起缓冲作用,较正规的门厅通常设有衣帽架、衣橱及一组桌椅,墙上有一面更衣镜,供客人进出时整装之用。

④ 客厅中布置款式新颖、功能各异的家具往往也会引起人们的极大兴趣。沙发造型和色彩的选配往往可决定客厅的气氛和风格;电视机和音响设备的设置、茶几的巧妙安排,可渲染客厅的气氛,甚至对整个空间起到画龙点睛的作用。

⑤ 卧室家具以床为中心,应避免对着窗或紧贴窗;床边要有照明设备,以便于客人阅读;电话及卧室内的主要电源开关一般要装在床头,现在多采用集中控制开关和遥控器,以方便客人使用。

⑥ 书房的功能是为客人提供一个用于阅读、书写和学习的安静的工作空间,书房所用的家具不少于一桌一椅。具体内容根据客房的档次来确定。

⑦ 卫生间的基本设备是浴缸、洗脸盆、恭桶三大件,较高规格的客房还有净身器和淋浴房。高级浴缸还有冲浪按摩功能;喷淋头的水量可由喷细雾到冲力按摩进行调节;高级卫生间设有多个喷头,可以从不同的方向喷水,极大地方便了客人淋浴;为方便客人梳妆打扮,卫生间镜面做防雾处理,配备吹风机和放大镜。

2. 墙饰

客房内除窗户部位有窗帘外,墙面若空无一物会显得单调、空荡,如在墙面适当悬挂一些装饰品,可以增添室内的艺术氛围。

(1) 墙饰的品种。

墙饰一般包括绘画、刺绣、玉石镶嵌、竹刻、木刻、剪纸、瓷盘、壁毯等,有时候也用手工艺品头像、乐器、脸谱、浮雕等工艺品作为墙饰。

(2) 墙饰的要求。

墙饰的档次和数量要与客房等级和墙面的大小相一致。墙饰的风格特点要与客房的家具布置风格相一致。墙饰的选材要与本地区风俗习惯相一致。

（3）墙饰的布置方法。

① 墙饰要突出主墙，使之成为装饰的中心。主墙一般指室内最醒目的墙面。在我国常用国画作为主墙的主要墙饰，一般位于房间沙发群对面。如果沙发对面放的是床，就不宜挂在床的上方，而应挂在沙发上方的墙上。

② 室内需要布置较多的墙饰时，最好品种有所穿插。卧室的观赏品如山水花鸟画、小彩画、工艺品、陶瓷制品等，以文静、雅致为主，要富有文化气息。

③ 墙饰的位置应与室内家具高低相适应，可以丰富室内空间构图形象，显得更加美观舒适，如图 6-11 所示。

图 6-11　墙饰布置

3. 灯具

① 灯具属于照明设备，在房间的陈设布置上还起着一定的装饰作用，可以创造良好的客房室内视觉效果，增加客房室内环境的舒适感。灯具的设计和选用要考虑不同场所的照明要求，在造型上力求与房屋建筑结构协调统一。

② 灯具按装设位置与状态分类，可分为天花板灯具（如吸顶灯、吊灯、镶嵌灯、柔光灯等）、墙壁灯具（如壁灯、窗灯、穿灯等）、可移动灯具（落地灯和台灯）。

③ 由于门厅一般都没有直接向外的窗户，照明灯多用白炽灯。

④ 一般客厅都设置一个主灯。辅助照明灯有落地灯、台灯、投射灯、壁灯等。这些灯通常用于阅读或强调室内某个特殊的装饰物。

⑤ 卧室不需要太亮的光照，照明以床头灯为主。床头灯照明应能控制调节亮度。若有顶灯，以不刺眼为宜。

⑥ 书房的照明应较一般照明更为讲究。在写字台面上的光线应较亮，照明面较大，应从使用者左肩上端照射下来，或在写字台上面装日光灯，使光线直接照射在书桌上。书房里最好有可调整方向、高度、光线较柔和可移动的灯具。较高档的客房可以将灯座制成工

艺品,起到摆件的作用。

⑦ 高档酒店在卫生间装有紫外线消毒灯,每次照射 2 小时,可使空气中微生物减少 50%~75%,甚至减少 90% 以上。

数字化实践

时下,不同类型的智慧酒店根据客户群体的需求定位自身的智慧化程度,利用大数据深度挖掘客人的习惯、偏好和需求特征,为客人提供差异化、定制化的服务,让智慧服务更加精细、个性和温馨,例如,可变化的灯光颜色、亮度,可变化的房间背景图案,可变化的电视首页面等,从而提高客人的满意度。

4. 绿植

客房内的绿植布置一般分为长期布置和临时布置两种。

(1)长期布置。在档次较高的客房内,长期摆放一些常青花草可使客房更加清新幽静。花架的格调要与室内家具一致。

对长期布置的花草要专人管理、定期浇水、定期修剪。卫生间里也可摆放小盆绿植。

(2)临时布置。由于某些特殊原因(如客人生日、重大节日等),在客房里摆上一盆绿植,向客人表示祝贺或敬意。所用的绿植大致有如下两类。

① 盆栽绿植。由于是客房临时布置,摆放鲜花前应对花卉进行清洗,摘去枯枝残叶,清除可能存在的昆虫等。如果该房间没有花架,可将鲜花置于茶几上,在花丛中别上酒店总经理的名片或贺卡。

② 插花。插花是指将花枝剪下后,按照一定的构图形式插入花瓶或花泥中的一种观赏花卉的形式,如图 6-12 所示。

图 6-12　客房花艺布置

(二)客房设计与装修的发展趋势

传统的客房设计可能不会给客人留下深刻的印象,而具有明显个性特征的客房则一定会成为客人津津乐道的话题,为酒店的经营和品牌带来不可估量的作用。

我国酒店客房设计曾经历了相互模仿、式样单一的阶段,很多本应该充满活力和创造性的客房都被设计成了十分相似的、通俗的面孔。使得许多客人在客房醒来都不知道自己身在哪个城市。未来酒店要提高竞争力,就必须把握未来客房设计与装修的发展趋势,增强客房的个性化和特色化设计。在纽约、东京、巴黎、上海等国际的大都市,都涌现出了引领设计潮流的酒店,这些酒店的装修设计都呈现如下共同点。

(1)多元化、个性化、全面化的各档次的酒店共存。在这种趋势下,要求设计更加迎合客人的心理要求,当客人步入酒店时就有一种温暖、舒适和欢迎的气氛。

(2)设计更加体现地域文化。例如,东京的潘拉苏拉半岛酒店是结合日本的当地文化和建筑的风格创造出来的,是一个极具日本文化特点的高档文化酒店。同一个品牌的酒店在不同的地域下采用不同文化的设计体现出地域的文化特征,当客人入住酒店时就知道身在何方,如艺术品的陈设、家具的摆放和地毯的样式等,不同的文化背景和地域的差异通过这些物品鲜明地表达出来从而给人以感染。

(3)科技的发展为客房的设计带来新的亮点。随着科技发展得越来越快,越来越多新的技术、新的材料被运用到了客房的设计当中,提升了客房的功能,并向绿色环保方向迈进了一步。比如,新材料的使用使客房和浴室有了更大的空间,隔音效果更好,家具更为考究,灯光、弱电设计细致入微,平面布局突破传统,室内设施的选择更加高档和人性化。比如,采用了智能音箱的客房,客人就算泡在浴缸里也能够随时方便地进行音控等。

(4)景观、视线成为新的客房设计要素。度假酒店和高层商务酒店越来越重视景观视线的重要性,客房窗外的景色和城市的风光成为不可替代的背景。例如,湖州喜来登温泉酒店融合太湖景观与现代科技,使酒店本身成为景观的同时,又将太湖景致加以灯光渲染,成为客房的窗景(见图6-13)。

图6-13　湖州喜来登温泉酒店

1. 卧室设计与装修的发展趋势

进入 21 世纪,客房卧室设计与装修将更加体现"以人为本"的理念,出现以下发展趋势。

(1) 卧室和床有逐渐加大的趋势,如表 6-11 所示。

表 6-11　迪拜伯瓷酒店客房面积与房价

套房类型	面积 / 平方米	房价 / 美元
单卧豪华套房	170	2 150
全景套房	225	2 360
会员套房	330	2 500
双卧豪华套房	335	4 280
三卧豪华套房	670	6 430
总统套房	780	18 000

(2) 窗台下落,落地窗将更加普遍。

(3) 去掉节电牌,改为红外线与空调一体化的控制器,房间、卫生间无人时,灯就自动熄灭,有人时就保持正常的照明状态。

(4) 房内灯光向顶灯、槽灯方向发展,满足明亮灯光的需求。摇臂灯及台灯越来越少用。

(5) 家具多元化,出于便于清洁和保养的需求,家具有挂墙的趋势。

2. 卫生间设计与装修的发展趋势

(1) 功能上的多元化。

近年来,卫生间除了满足客人盥洗、如厕、淋浴等个人卫生需求外,也成为客人健身与享受温馨的空间。化妆功能得到进一步加强,台面进一步开阔,满足客人摆放各种自带的梳洗、化妆用品。化妆台除正面使用大面积的镜子外,侧面还设有供化妆、剃须用的放大圆镜,豪华饭店的卫生间镜面后还装有加热导线,以提高温度,消除镜面雾气(见图 6-14)。

(2) 设施的现代化。

① 具有保健功能的按摩浴缸。很多高档饭店在豪华套间内设置冲浪式浴缸(见图 6-15),其四周与下部设有喷头,喷射水流冲击人体肌肉,起到按摩作用,以消除疲劳、恢复体力。

② 方便、舒适的自动化恭桶。客人如厕时可根据需要调节马桶坐盖的温度,如厕结束后,可自动冲洗下身,并可自动烘干(见图 6-16)。

③ 卫生间安装电视机与音响。为了使客人在使用卫生间时得到彻底的放松和享受,越来越多的酒店除了在卧室内安装音响以外,还在卫生间安装电视机,以方便客人随时观看(见图 6-17)。

(3) 卫生间的"开放化"。越来越多的酒店卫生间设计了连通外部空间的窗户,打造了回归自然的氛围,特别是度假酒店中的单人房内更倡导客厅和卧室相通(可以用玻璃隔开,也可以在卫生间内加卷帘),使客人通过落地窗欣赏室外景观,如图 6-18 所示。

图 6-14　卫生间内安装的化妆镜

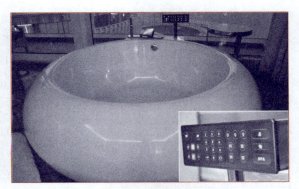

图 6-15　按摩浴缸

图 6-16　全自动微电脑便洁器

图 6-17　浴缸前的电视机

图 6-18　客房内开放的景观浴室

3. 数字化技术在酒店客房中的应用

在"互联网+"时代,企业的经营模式发生了巨大的变化,传统的酒店也迎来了技术变革,开始广泛应用智慧化技术,智慧客房正是新形势下的产物。

人工智能、自动化及物联网技术使个性化的内涵迈向一个前所未有的水平。比如,刷脸就可以开门,床铺传感器会知道客人何时醒来、何时入睡,并相应地优化房间内的温度和照明;客房内有智慧管家,可以与之互动,它可以帮助客人控制客房内所有的电器,还可以播放有声读物,可以帮助客人订餐,完成咨询服务、叫醒服务、续住服务等。随着科技的发展,智慧化客房将拥有更多的智慧化应用。

 **数字化实践**

革新智能卧室定义,享睡 DreamLife 让卧室会"思考"

全球科技盛会 CES 于 2018 年 1 月 9 日在美国拉斯维加斯隆重开幕,智能家居在本届 CES 上再次成为焦点。来自中国的 Sleepace 享睡公司在会上发布了 DreamLife 智能卧室解决方案(见图 6-19),旨在打通智能家居生态链的睡眠环节,也是全球第一个实现入睡后家居设备智能联动的解决方案。

图 6-19　DreamLife 智能卧室展示间

1. Sleepace 享睡开创智能家居第三联动方式

从第一代智能家居控制方式——手机操控,到目前火热的天猫精灵等智能 AI 音箱,实现了语音操控的智能升级,通过简单的一句话我们就能操控很多家庭设备。但我们始终无法回避这样一个问题:当我们入睡以后,无法用手机或是语音发送指令时,又该如何实现家居设备的智能联动呢?

Sleepace 享睡公司发布的 DreamLife 智能卧室解决方案,基于采集的用户睡眠生理数据、卧室环境数据和 DreamLife 云分析技术,判断用户对温湿度、光线、气味、声音等方面的需求,并通过 DreamLife 云技术主动向家庭设备发出指令,开创了不依赖手机和语音的第三种家居设备联动方式(见图 6-20)。

2. Sleepace 享睡打通智能卧室"最后一公里"

非睡眠场景可以使用手机或语音操控设备,睡眠场景则有 DreamLife。

随着 DreamLife 的正式发布,Sleepace 享睡率先打通了智能卧室的"最后一公里",使智能家居生态链更趋于闭环化。

作为全球非穿戴睡眠监测市场的定义者和开拓者,依托于多年来在智能睡眠领域的持续创新,Sleepace 享睡让 DreamLife 具备无可比拟的领先优势:成熟稳定的监测设备、核心自主的云端算法技术和足以建立闭环的 App、Nox 睡眠改善产品线、智能插座等。

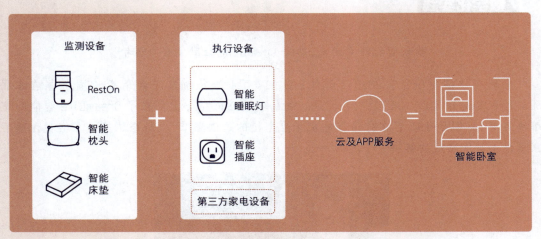

图 6-20   DreamLife 智能卧室解决方案

RestOn 非穿戴睡眠监测器(见图 6-21)是 Sleepace 享睡的旗舰产品,已经畅销 30 多个国家和地区,为上百万人提供睡眠监测;该产品曾获得德国 IFA 产品设计奖和美国 CES 科技创新奖,在与多导睡眠监测仪 PSG 的精准度对比试验中,RestOn 监测到的心率、呼吸率吻合度高达 95%。基于非穿戴睡眠监测技术,Sleepace 享睡还研发了享睡纽扣、智能枕头模块、智能床垫模块,以满足家居家纺客户的多样需求。这一系列智能监测产品和监测模块就是 DreamLife 智能卧室解决方案的核心监测设备,用以精确采集人体睡眠生理指标和卧室环境数据。

图 6-21   Sleepace 享睡 RestOn 非穿戴智能睡眠监测器

DreamLife 云技术作为"卧室大脑"将分析监测数据和判断用户睡眠状态,并主动测算相应状态下的用户潜在需求,进而向空调、加湿器、助眠灯、唤醒灯等设备发送指令,营造智能家居环境,满足用户对温湿度、光线、气味、声音等方面的需求,提高入睡效率、睡眠质量和睡眠舒适感。

"卧室大脑"的精准判断得益于 Sleepace 享睡核心自主的算法技术和用户睡眠大数据。Sleepace 享睡核心创始成员是 3 位北京大学的博士,均有电子信息相关的高等学历背景,已带领团队取得软件、算法方面的专利 20 余项。与此同时,Sleepace 享睡拥有全球约 100 万用户的睡眠大数据,对用户睡眠行为习惯和卧室氛围偏好的判定有着丰富的数据模型支持。

3. DreamLife 将广泛应用于家居家纺行业、IoT、智能酒店、养老监护等领域

DreamLife 采用新的架构,能够广泛兼容其他智能家居平台,将带来更多创新的应用场景;提供 App 端、服务器端、硬件模块端的多种接入方式供合作伙伴选择,极大地缩短了合作伙伴接入其生态系统的时间,为产品快速上市提供了保障。

DreamLife 智能卧室解决方案针对床垫、枕头厂商(见图 6-22),提供智能睡眠监测模块和 RestOn,Wi-Fi、蓝牙两种通信方式以及单人、双人两个版本,兼容乳胶、化纤等多种材质,能够满足家居家纺行业的普遍需求。帮助家居家纺企业快速升级产品的智能化水平,满足智能 AI 时代下的用户需求,加速融入智能家居生态链。

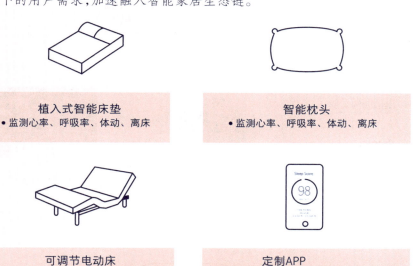

图 6-22 Sleepace 享睡智能床垫监测模块和智能枕头监测模块

智能卧室、智能酒店的搭建,可采用 Sleepace 享睡的 RestOn、享睡纽扣或享睡智能枕头等睡眠监测产品,Nox 音乐助眠灯、Nox 香薰助眠灯、唤醒灯等睡眠改善产品套件,则同时帮助家庭用户和酒店客户获得舒适的助眠和唤醒体验,Sleepace 享睡智能插座则能解决一些非智能设备接入 DreamLife,如图 6-23 所示。

对养老院、老人护理中心等机构而言,DreamLife 可用于实时监控老人的心率、呼吸率、离床情况等,对老人的睡眠状态进行监测和风险预警,有效地协助护理人员进行夜间集中监护管理,如图 6-24 所示。

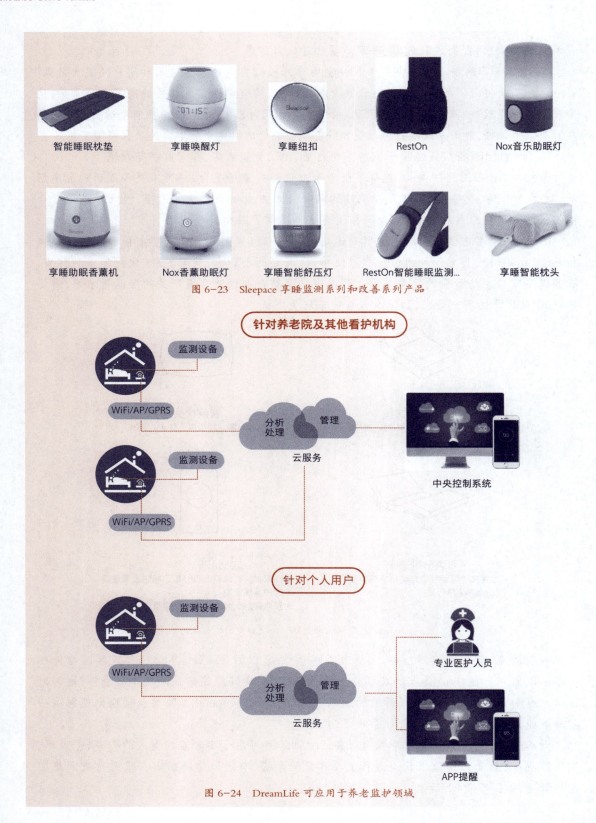

图 6-23　Sleepace 享睡监测系列和改善系列产品

针对养老院及其他看护机构

WiFi/AP/GPRS

监测设备

WiFi/AP/GPRS

监测设备

分析处理　管理

云服务

中央控制系统

针对个人用户

WiFi/AP/GPRS

监测设备

分析处理　管理

云服务

专业医护人员

APP提醒

图 6-24　DreamLife 可应用于养老监护领域

目前,韩国 LG U+、澳大利亚 A.H.Beard、华为 Hilink 智能家居 AI 生态链平台、涂鸦智能、华住集团、罗莱家纺、SINOMAX 赛诺等都已采用 Sleepace 享睡的相关产品和方案。

(资料来源:房天下官网)

(三)主题客房设计

越来越多的客人已经厌倦了千篇一律的"标准"客房模式,他们更希望在客房内也能够有一些新奇的享受和经历,能有一些与众不同的收获和感受。因此,酒店应开发各类具有个性色彩的新概念主题客房和各种特色客房,如将楼层的全部或一部分设置成特殊楼层,如女性客房、亲子客房、商务楼层、无烟楼层等。这不仅满足了客人的特殊要求,更体现了酒店客房产品根据市场需求而变的经营理念。

1. 无烟客房/楼层

目前,无烟客房已成为趋势,越来越多的酒店都在打造无烟客房。据北京一家五星级酒店有关调查结果显示,该酒店每 10 个外宾中,至少有 7 个选择无烟楼层。无烟楼层的开设吸引了大量回头客。近几年来,欧美、新加坡等地的旅游者大都会选择无烟楼层,这就为酒店经营创造了更大的发展空间。在高档酒店预订客房时,预订员都会主动询问客人是否住无烟客房,无烟楼层也成为越来越多客人的首选下榻之地。

无烟客房为客人提供严格的无烟环境,客房内没有烟灰缸,楼层有明显的无烟标志。进入该楼层的工作人员、服务人员均是非吸烟者,原则上只供非吸烟客人入住。当客人要求入住无烟客房时,需对该客房进行无烟处理,具体要求是无烟灰缸、开窗通风、喷洒空气清新剂。对于吸烟客人要求入住无烟客房的情况,应尽量有礼貌地劝阻客人,倡导健康的生活理念。

这类客房符合绿色环保的理念,在客房设施的保养中,减少了客房棉织品洗涤次数,延长了客房用品的使用寿命,如无烟客房内的地毯就要比非无烟客房多使用 2 年以上。

无烟客房的特征关键有三点:首先,高星级酒店设计客房时要有一定比例的无烟客房,尽量选用不吸烟味或烟味附着力低的材料和用品;其次,在开业运营后坚决杜绝烟民入住;再次,在洗涤用品时要与其他房间的用品分开。其他细节还包括:不摆放烟灰缸,设置无烟提示牌(见图 6-25),摆放吸烟惩罚提示,选用灵敏度高的烟感器等。

2. 女性客房/楼层

在酒店客源类型中,女性客人的特殊性越来越受到关注。如美国 30 年前商务旅行者中女性仅占 1%,现在将近 40%,女性客人在酒店客源中占有越来越大的份额。

女性客人对女性客房是非常向往和喜爱的。据调查,女商务客人平均年龄比男商务客人小 6 岁。她们外出 40% 是参加会议,在一个地方逗留时间通常要比男商务客人长。她们对酒店的选择更加重视安全和便捷,要求客房干净舒适、宽敞明亮、格调温馨;房间里配有足够的衣架和可挂连衣裙的高衣橱;有良好的灯光照明,便于梳妆打

图 6-25 无烟提示牌

扮；卧室与会客室分开；有可供减肥、美容的食品饮料；配有女性专用的毛巾、梳子、化妆棉、梳妆台、试衣镜、香皂、睡衣、女性杂志等；浴室内装有晾衣绳；她们更喜欢浴室内有一支娇艳欲滴的玫瑰。最好在女性楼层内配备女性服务员和女性安保人员，因为女士对安全方面的要求比男士要高得多。

(1) 女性客房的设施及服务要求。

① 提供与女性客人生活习惯和消费特点相适应的室内装饰、设计及适宜女性需要的家具、日用品等。一般来讲，色彩鲜艳、线条柔和、结构精致的客房装饰装修以及家具更受女性客人的喜爱。

② 女性客人对客房的整洁有序更为关注，拥有一尘不染与一丝不苟的居住环境不仅是女性的天性，更有助于她们拥有惬意的心情。

③ 除传统客房内时事类报纸、杂志外，女性客房还应放置精美的时尚类杂志，供女性客人休闲时翻阅。

④ 客房中每日准备各种鲜花干花，视需要提供时令水果。

⑤ 浴室内配备品牌洗浴用品及女性专用卫生包，以体现对女性客人的照顾体贴。

⑥ 客房放置符合女性用餐特性的送餐菜单，为不愿到餐厅用餐的单身女性客人提供方便。

⑦ 提供电脑出租和必要的技术服务。

⑧ 对有需要的女性客人可选派经验丰富的服务人员提供"贴身管家"服务。

⑨ 为每位入住女性客人建立完整、详尽的客史档案，便于个性化服务与市场分析。

(2) 女性客人对饭店安全方面的要求。

女性对安全方面的要求比男士苛刻很多。在一项调查中发现，有42%的女性在外出旅游中为人身安全担心，75%的女性认为选择酒店的条件之一是酒店重视客人的安全，安全始终是每一个女性最为关心的问题。女性更需要酒店尽量为她们提供一个安全、舒心的住宿环境，确保其客人人身、财物、心理等安全，并在接待服务的各个细节上感觉到受尊重和被理解。女性客房可在安全措施上考虑以下做法。

① 客房具备良好的隔音效果。

② 客房内设置紧急呼叫按钮，放置针对女性客人的安全提示说明。

③ 最好配备凭住客磁卡钥匙才能启动的智能化电梯，防止闲杂人员进入楼层，从而有效避免各类安全隐患。

④ 对登记入住、客人的信息保密。排房时尽量排在专属楼层并派服务员将女性客人送进客房。

⑤ 除住客事先约定同意接听的电话外，总机为每位女性住客提供电话保密服务。

⑥ 在女性楼层内一律配备女性服务员和女性保安人员。

⑦ 良好的灯光照明和保安服务，尤其是走廊、室外公共区域如停车场等。

⑧ 告诫员工不向外界透露任何有关本酒店接待的单身女性客人的饮食、住宿、娱乐等方面的习惯、癖好，切实维护住客的个人隐私和人身安全。

⑨ 针对自驾车出游的女性客人，设立比一般泊车位宽的女性专用停车位，或提供代客泊车服务。

⑩ 限制外来访客活动范围。在饭店公共区域设立单独接待区域,方便女性住客接待来访宾客,避免可能对其他女性客人带来的干扰和不安全因素。

3. 无障碍客房

无障碍客房是为了满足身体上有残疾的客人的需求而设置的。在酒店中都开设了方便残疾人使用的专用通道和专用厕位,在为其提供方便的同时,也体现了他们应该得到的特别关怀。设置无障碍客房应充分考虑残疾人士的特殊需求(见图6-26),在我国《旅游涉外酒店星级评定及划分》中,就有对残疾人设施的基本规定,具体内容如下:

(1) 方便。

水龙头开关应便于操作,可采用脚踏式、长柄式、感应式等;使用设施、调节装置等应安装在便于客人取用和操作的高度范围内。例如,电梯宜安装横排按钮,淋浴应有座椅,淋浴花洒可手持;在卫生间里,镜子也不是垂直挂在墙壁上的,而是与墙壁成30度角斜挂,让残疾人照镜子更加方便。

在房间的衣柜里配有残疾人随手可拿的防毒面具、手电等,遇到危险和特殊情况时可以方便取用。

(2) 辅助。

在床的两边装有扶手、坐便器一侧装有水平方向扶手、在浴缸边侧装有水平方向和垂直方向扶手,扶手的位置合适、连接牢固。

(3) 布局。

厕所设于路旁,出入方便。又如卫生器具的安装位置和高度要合理,便器两侧都应留有便于轮椅接近的空间。

(4) 防护。

① 地面应当选用防滑材料,以防残疾人跌倒损伤。又如,厕所门上要装护门板,以免轮椅的脚踏板碰坏门。

② 呼救及安全。厕所内应设紧急呼救按钮;火警报警装置除有听觉报警器外,还应装有可视性火警装置。

③ 通畅。卫生间室内外的地面高差不得大于20毫米,方便残疾人和残疾车顺利通过。

④ 尺度。不设门槛,出入无障碍;门扇开启的净宽不得小于0.8米,以方便残疾车通过;不安装闭门器或其他具有自动关闭性的装置;厕所内留有1.5米×1.5米的轮椅回转空间。

⑤ 指示。有关房间应标示明确,设置方便盲人寻找的导盲板和盲人标牌。例如,厕所门上应设置能反映厕所使用状态的标示("使用中"等字样)。

具体如图6-26所示。

4. 亲子客房

根据第七次全国人口普查主要数据结果显示,我国0~14岁人口为25 338万人,占总人口的17.95%。而年轻的父母,信奉在精神上培养子女,通过增加旅行经验,不断认识新鲜事物,拓宽孩子眼界和思维方式。这意味着亲子酒店市场规模庞大,亲子酒店设计应时刻关注亲子客群住宿需求,以便于塑造真正符合市场需求的亲子酒店设计。

图 6-26　某酒店无障碍客房卫生间

亲子酒店设计应本着对儿童友好的设计理念,这意味着设计的亲子酒店产品必须是和父母来说,"友好"的酒店产品有着广义的内涵,因为它必须是健康的、安全的、好玩的、有教育意义的,这些未必都是必须要遵守的标准,但如能都符合,这对于酒店的后期运营是更为有利的。

酒店最直接的服务项目是为旅客提供住宿,旅客待得最久的地方一般是客房,因此亲子酒店设计对孩子的关照应在客房中重点体现。在客房的空间规划上,针对家庭成员需求,灵活的组织休息区、游乐区、休闲区和洗浴区等,既满足独生子女、二孩、三孩亲子家庭的玩乐需求,又能同时满足成人休闲需求。

另外,亲子酒店设计在照顾孩子玩乐需求的心理上,规划开辟专属儿童的游戏空间,让孩子们可以在这里做游戏、画画,或是拼图,旨在激发和培养孩子的创造力和活力。同时,这些活动的设施设备应严格删选,确保设备的环保和使用安全。

　**企业案例**

儿 童 客 房

佛罗里达州迪斯尼乐园所在地奥兰多的假日酒店拥有一种"孩子套间"。霍哈尔夫妇来自俄亥俄州。当他们带着两个孩子来到这里住宿时,发现每当应该离开乐园返回酒店时,两个孩子总是高高兴兴地跟着父母上车。什么原因?"'孩子套间'不只是给孩子睡觉,而且也给他们带来许多乐趣。"孩子母亲玛丽亚说。全家四口人住进假日酒店"家庭套房",一晚才 100 美元。两个孩子住的便是上面所说的那种"孩子套间"。

一些高档酒店或酒店集团也不甘落后。波士顿丽思·卡尔顿酒店为孩子提供"孩子总统套间",内有孩子浴室、玩具箱、手工艺品及放有各种健康食品的电冰箱,房价为每晚 700 美元。旧金山大都会酒店的家庭套间还有专供保姆使用的房间,房价为每晚 325 美元。

据奥兰多环球影城两家 Loews 酒店的高层管理人员迈克尔·桑斯伯里说,"这类套间比一般客房卖得快。我们也不需要使用折扣价。"以来自亚特兰大的波尼·霍夫曼为例,跟她一起出游的有 3 个孩子,两男一女。当两个男孩在儿童房(比一般客房小一半)玩电子游戏时,她的女儿还只是婴儿,可以安静地在另一个小房间午睡。对于母亲来说,没有比这一切更使她放心的了。

一部分酒店的儿童房是由大公司赞助建起的,因此房间内的一些布置反映了赞助者的促销愿望。假日酒店集团的家庭套间就是由太空营(Space Camp)、可口可乐和凯乐格(Kellogg,一家著名的食品公司)等公司赞助的。在霍华德·约翰逊酒店住宿的小客人可以在由克莱约拉(Crayola,一家著名彩笔生产商)提供的大画架上画上自己的心脏;房间里另外还布置了孩子的手工艺品、克莱约拉灯和闹钟。旅舍饭店的小客人住的房间被称为"睡熊窝";孩子可以抱着睡熊安然入睡。这个房间和玩具的提供者是睡熊玩具公司。

沃波尔女士是美国酒店业公认的顶尖创新者之一。她早在 1996 年就看到了儿童房的巨大潜力。当时她全家正在得克萨斯州度假,刚住进饭店时,她有点不太高兴,因为女儿被安排在一个衣柜大小的房间里。但是她后来发现,9 岁的女儿非常喜欢这小天地。

沃波尔一回到奥兰多,立即跟假日酒店的合伙人取得联系,并开始重新设计和改造供家庭使用的酒店用房。一年后,奥兰多两家酒店首次正式开放儿童套间。尽管当时的孩子用房是把原来的房间间隔而成的,因此显得有点狭窄,但是家长和孩子们都非常喜欢。再过一年,假日酒店集团的宽敞的"家庭套间"正式诞生。每个套间都有两个卧室,另加一个起居室。一位带着孙子、孙女来到奥兰多度假的加拿大旅行者安尼·格兰说:"这类套间的最佳处,在于孩子上床以后你自己不必在黑暗中坐着。"

5. 老年人客房

世界人口普遍向老龄化发展,据我国 2021 年人口普查结果表明,全国 65 岁以上的老年人已突破全国总人口的 14%。老年人比上班族更具有空闲时间,老年客人在酒店中的相对滞留时间长,大多消费都在酒店内进行,外出就餐少,"银发市场"已成为酒店新的竞争热点。

根据老年人的特点,在老年人客房的装饰上,可以突出传统的民族文化,配以字画、摆设等装饰。在色彩上可以采用暖色调为主,多用调和色,少用鲜明的对比色。在绿化布置上,可以放置一些观赏盆景及常绿植物、鲜花等。

老年人的健康问题应是酒店考虑的重点,在客房设施上应突出方便、安全,如卫生间的防滑设施、门的把手位置及开关位置等。在客房服务上,应突出人情味、亲切感,提供按铃召唤服务及面对面的服务多一些。

在法国戛纳的奥泰利亚饭店,这里入住的常客平均年龄 83 岁,这里的设施大部分是为老人们尤其是 80 岁以上的老人特别设计的。在这里,信号显示是大号字,沿墙有扶手,电梯里有座椅,床是坐卧两用的,卧室里可以挂家人肖像。卫生间是用防滑玻璃纤维修造的,并设有软垫长椅,在那里可以安全洗浴。无论何时,一按铃就有人来查看,经常举办各种适合老人的娱乐活动。而且无须预订,长住短住无妨。但有一点必须特别声明,这里接待的不是病人,而是需要关怀、照顾的老年客人。

6. 商务客房／楼层

商务楼层是接待商务客人的楼层,它最主要的目标是:为商务客人提供最优质、最便捷的服务。

(1) 功能布局。

房间至少为两间一套。一间作为卧室,一间作为办公室。走廊空间应使客人感觉舒适,无压抑感、空旷感、单调感。睡眠的床宽大,高度适宜,床垫舒适;床上棉织品功能配套,质地优良;有可选择的各类枕头组合(如荞麦枕、软枕、硬枕)。设备设施的配备充分考虑客人办公需要,如宽大的办公桌、舒适的座椅、明亮的灯光、种类齐全的文具用品、网络接口(位置合理、网络连接线长度适宜)、传真机、打印机尽量配备。

(2) 服务项目。

商务楼层又称为行政楼层。入住商务楼层的商务客人除了希望所住客房内的设施、物品等满足住宿需要外,更希望适合办公和会客洽谈,并提供更为方便快捷的专项服务。

商务客人不必在酒店总台办理入住登记手续,可乘专用电梯上到商务楼层,那里专门设置的接待处可直接办理入住手续。对于一些商务楼层的常客可先进入房间,由商务楼层的高级接待员拿事先填好的登记单,到客人房间请客人在登记单上签名即可。

商务楼层设有小型豪华的咖啡厅,早上为客人准备西式自助早餐,下午为客人提供下午茶。有专门的阅览室、报刊架,方便客人查找最新的商务资讯,了解商务行情,并为客人提供秘书服务。设施的完备、周到的服务使商务楼层被称为"酒店中的酒店"。

三、知识拓展

(一)客房的设计参数

1. 房间格局

房间的格局通常指客房的硬件条件,涉及建筑、设施、用品等,通常会参照各类评定标准,如表6-12所示。

表6-12　房间格局的设计参数

酒店分类	奢侈或高档型酒店	精品型酒店	度假型酒店
客房面积(70%的客房)	不小于28平方米	不小于20平方米	不小于24平方米
净高度	不低于3米	不低于2.7米	不低于2.7米
软床垫	1.2米或1.35米 推荐选用国际主流品牌	不小于1.2米 推荐选用国内特色品牌,带有保健功能	不小于1.2米 推荐选用国内著名品牌
床上布草	不少于80×60支纱	不少于60×40支纱	不少于60×40支纱
衣橱	建议步入式衣橱	进深不小于55厘米 宽度不小于110厘米	进深不小于55厘米 宽度不小于110厘米
卧室灯具和照明	不少于9种	不少于8种	不少于8种
一键式灯光总控	有	有	有

续表

酒店分类	奢侈或高档型酒店	精品型酒店	度假型酒店
电视频道	不少于 50 套节目 至少 3 个语种 至少 5 个外语频道	不少于 30 套节目 至少 2 个语种 至少 3 个外语频道	不少于 40 套节目 至少 2 个语种 至少 3 个外语频道
卫生间面积(70% 的客房)	不小于 8 平方米	不小于 6 平方米	不小于 6 平方米
卫生间设施布局	不少于 50% 客房淋浴、浴缸、恭桶分设	不少于 50% 客房淋浴、浴缸分设	不少于 50% 客房淋浴、浴缸分设
出热水时间	12 秒内 水温 46~51 摄氏度	15 秒内 水温 46~51 摄氏度	12 秒内 水温 46~51 摄氏度
水压	水压为 0.2~0.35 兆帕	水压为 0.2~0.35 兆帕	水压为 0.2~0.35 兆帕
房间电话数量	不少于 3 部	不少于 2 部	不少于 2 部
网络接口	无线及有线兼备	配备有线接口	配备有线接口
套房	不少于 20% 3 种类型以上	不少于 5%	不少于 10%
枕头菜单	6 种以上	4 种以上	4 种以上
毛巾配备(100% 含棉)	高配(不低于 32 支纱)	标配(不低于 16 支纱)	标配(不低于 32 支纱或螺旋 16 支纱)
盥洗及护肤品配备	高配(国外著名品牌)	减配(国内知名品牌)	标配(国内知名品牌)
办公用品配备	高配(10 种以上)	标配(6 种以上)	减配(4 种以上)

注：① 卧室灯具包括：顶灯或槽灯、门廊灯、床头灯、阅读灯、写字台灯、落地灯、夜灯、衣柜灯、小酒吧灯、装饰画或行李柜灯。

② 三开间套房不小于 100 平方米，四开间套房不小于 150 平方米，五开间套房不小于 240 平方米。

③ 可供选择的枕头类型有：菊花枕、荞麦枕、决明子枕、银杏枕、竹炭枕、大豆纤维枕、薰衣草枕、太空枕、婴儿枕。

2. 床具用品

酒店床上用棉织品应材质高档、工艺讲究、柔软舒适，并具备以下基本要求。

（1）保护垫。涤纶 1 填充，白色全棉，经洗涤后与床垫表面大小吻合，四角用松紧带固定。

（2）上层软垫。按床垫尺寸独立配备：高度至少 6 厘米，经耐光处理，涤纶填充，面层200 支纱。

（3）床单。全白订制，200 支纱，根据酒店客房出租率及洗涤条件，按 1.5~3 套配备床单总量。

（4）枕芯。每张双床均配 4 个标准枕芯，230 支纱，并应有羽绒、荞麦、中空棉至少 3 种以上枕头菜单可供选择。

（5）枕套。白色全棉高端提花带羽毛暗纹，200 支纱，每个枕芯均配一个保护层，建议按3 套配备枕套总量。

（6）被芯。羽绒，大小与床垫相匹配，外层 50% 棉，230 支纱，重量不少于 185 克 / 平方米，根据天气情况和穿衣指数变化至少配备冬夏两种厚度的被芯。

（7）被套。白色全棉高端提花带羽毛暗纹，需按被芯尺寸订制，被套需根据酒店客房出租率及洗涤条件，按 1.5~3 套配备总量。

（8）床裙。度身订制，颜色应与酒店 VIS 及室内装饰保持格调一致，经洗涤后床裙高度应与地面保留在 2.5 厘米以内的间隙，经过阻燃处理。

（9）床尾巾。被套上覆盖的床尾巾颜色与酒店 VIS 主色需尽量保持一致。

（10）装饰枕。大床房均配备两个装饰抱垫，其颜色需与床尾巾保持一致或接近。

（11）床垫。建议选用国际主流床垫。

3. 卫生间一次性用品及客用品

卫生间的一次性用品及客用品的配备需要根据酒店的定位和档次制定标准，如表 6-13 所示。

表 6-13　卫生间一次性用品及客用品配备标准

酒店分类	奢侈或高档型酒店	精品型酒店	度假型酒店
洗发液 30 毫升	★	★	★
护发素 30 毫升	★		★
沐浴液 30 毫升	★	★	★
护肤液 30 毫升	★		★
洗面乳 30 毫升	★		
沐浴香皂 35 克	★		
洗面香皂 25 克	★	★	★
须刨及剃须膏	★		
牙刷及牙膏	★（双色配备）	★（双色配备）	★（双色配备）
梳子	★（双色配备）		
拖鞋	★（以边线颜色区分，按大小码各一配备）	★（以边线颜色区分，按大小码各一配备）	★（以边线颜色区分，按大小码各一配备）
护理套装	★		
浴帽	★		
女士卫生袋	★		
卷纸	★（标配 2 卷）	★（标配 1 卷）	★（标配 1 卷）
面巾纸	★		★

★表示需要配备，数量根据房型不同而变化。

注：虽然目前国内提倡不主动提供一次性用品，但不意味着酒店不必配备，酒店应该保证客人需要时就能提供。

4. 客房卧室

客房卧室配置也需要根据酒店的定位和档次来制定标准,如表6-14所示。

表6-14　客房卧室配置标准

酒店分类	奢侈或高档型酒店	精品型酒店	度假型酒店
闭门器	★(嵌入式)	★	★
节能装置	★(配备智控系统)	★	★
衣橱	★(考虑步入式设计)	★(需带灯光)	★(需带灯光)
保险箱	★(可放置电脑及充电)	★	★
写字台	★(独立式带抽屉,配上网及数据信号接口、两种国家制式不间断充电插座)	★(独立式带抽屉(独立式带抽屉,配上网接口、充电插座)	★(独立式带抽屉,配上网及数据信号接品、不间断充电插座)
电话机 (床头、写字台、卫生间)	★(配备3部,设一键式服务按钮,有语音信箱及留言灯,可考虑无线话机)	★(配备2部)	★(配备2部)
洁具及五金	★(国际品牌)	★(合资品牌)	★(国际品牌)
电视(平板)	★(预设音视频接口,推荐使用交互式VOD数字信息服务系统,三种以上外语频道)	★(两种以上外语频道)	★(两种以上外语频道)
迷你吧	★(配低音带锁冰箱,电热水壶,免费赠饮及与所配饮品相配套的杯具)	★(配冰箱、电热水壶)	★(配低音带锁冰箱,电热水壶,免费赠饮及与所配饮品相配套的杯具)
窗帘	★(有外层遮光、纱帘、内层装饰三层,可设遥控或床头自动控制)	★(可按卷帘设计)	★(有外层遮光、纱帘、内层装饰三层)
空调	★(中央空调,有冷暖功能,低噪音)	★(有空调,但禁止外露式设计,具冷暖功能,低噪音)	★(中央或分区控制空调,低噪音)
灯光	★(有总控开关,情景灯光控制)	★(有总控开关)	★(有总控开关)
化妆	★(配吹风机,防雾式化妆放大镜,全身镜,不间断充电插座)	★(配化妆镜,全身镜,吹风机)	★(吹风机,化妆放大镜,全身镜,不间断充电插座)
艺术陈设	★(需有室内小型插花或植物、主题挂画或装饰)	★(有主题挂画或装饰)	★(需有室外阳台花卉或植物、主题挂画或装饰)
走廊	★(宽度2米以上)	★(宽度1.8米以上)	★(宽度1.8米以上)

★表示需要配备,数量根据房型不同而变化。

（二）商务楼层所需要的服务项目

1. 商务管家服务

"商务管家"指为进行商务旅游的客人订票、订酒店和安排行程等烦琐事情及为商务客户度身订做旅游产品的专门人员或机构,它是伴随着商务旅游的发展而逐步产生和发展起来的。现在许多旅行社和旅游代理公司已经纷纷加入了这一行业的竞争,以广州为例,目前扮演"商务管家"角色的旅行社有广之旅、新之旅、广东中旅等。作为负责为商务客人提供住宿、餐食、娱乐及商务活动环境的服务性企业,商务酒店应该成为专门为商务客人服务的"商务管家",统一负责为入住酒店的商务客人提供商务便利,使原本由旅行社作为中介机构的服务网络直接由商务酒店具体负责。商务酒店自身的商务设施比较齐备,并且与当地的旅行社、航空公司、会展机构及其他商业团体有着千丝万缕的关系,通过与商务客人的互动联系,酒店就能够针对商务客人的个性化需求和自身能力重新组合酒店产品,进而全面提升服务质量和经营管理水平,使客人在酒店获得最大程度的满足感。

商务客人入住酒店以后,酒店就会派出"商务管家"来协助安排客人在住店期间的商务活动行程。在入住期间,客人只需要和商务管家进行一对一的交流,把大量的日常琐事交给商务管家办理。商务管家根据客人提出的各种要求,代替客人与餐饮部、会议室、商务中心等酒店内部的各个部门以及航空公司、旅行社、会展机构、其他商业团体等外部企业联系,办理各种日常事务。这样一来,不但商务客人能够提高与酒店内外相关部门的沟通效率,节省在操办日常琐事上所耗费的大量时间和精力,集中精力处理自己的商务业务;酒店也可以借此直接了解客人需求,更好地为客人提供个性化的服务,并带动酒店整体效益的提高。

2. 完善的生活服务

商务楼层可以说是商务酒店最能体现其为商务客人量身定做的产品之一:简化的登记入住手续、个性化的楼层服务以及先进的客房配套设施。无论从楼层的选择、服务人员的素质,还是从房间的布置、商务设备的完备上都是整个酒店中最好的,处处都体现了酒店为商务客人提供便捷和优质的服务。但是,随着商务客人逐渐选择商务与度假、娱乐相并举的旅游形式,而且商务客人携带家人同行的比例日趋增加。因此,商务酒店的商务楼层的功能就不能仅仅体现在满足商务客人的"商务需求",而且必须加强其满足商务客人"生活需求"方面的功能。

如今,许多酒店在硬件的更新改造上做出了很大的努力,包括客房内宽带互联网的接入、小型商务会议室的布置和卫星传输设备的配备,这些投入都满足了商务客人对于商务方面的各种需要。但是要想在竞争中求发展,还应该在"生活功能"上大下功夫,提供各种额外的服务。例如,在商务套房内布置小型的西式厨房或在楼层内备有自助式的小餐厅,使商务客人或其家人可以自由地享用美食;房间卫生间内配备先进的淋浴设备,为客人解除工作的劳累;房间内增加健身器材,以便客人晨起健身之用;根据客人的爱好,每天提供不同的枕头、沐浴液及空气清新器等。

3. 多样化的休闲娱乐项目

在传统的商务活动中,商务客人外出的目的是为了与合作伙伴面对面地洽谈生意、会晤或交流。为了节省时间,提高商务活动的效率,以便尽快返回企业所在地或前往其他地方处理其他事务,商务客人对酒店的商务设施有较高的要求。因此,目前大多数商务酒店都十分注重满足商务客人的商务需求,花费了大量的资金来完善商务配套设施,然而却不太重视对酒店内度假、休闲、娱乐设施的投入。然而,随着"信息高速公路"的建设和互联网的不断发展,世界正逐步变成"地球村","远程办公"正逐渐成为一种潮流。商务客人已经可以通过互联网、可视电话等先进的通信设施来交流商务信息,开展商务活动,进行商贸往来。通信方式的改变及革新使得商务客人从传统的商务活动模式中解脱出来。因此,越来越多的商务客人在离开企业所在地,到外地开展商务活动时,常常把商务和旅游结合在一起,在商务行程中加入休闲度假的元素。此外,当紧张的商务活动结束后,商务客人往往都需要参加一些休闲活动来放松精神,调整状态,所以越来越多的商务客人希望酒店能为他们提供休闲娱乐的场所。

如今,一些位于旅游名胜景区的度假型酒店正在向商务型方面发展,通过增加商务设施来吸引越来越多的商务客人。可见,商务酒店不仅面临了来自同类型酒店的竞争压力,还不得不迎接度假型酒店的挑战。为了能够在商务客源市场上继续保持优势,商务酒店就应该把商务和休闲这两方面有效地结合起来,在不断完善商务设施的同时开发休闲活动项目,增设休闲活动设施。例如,位于深圳市中心的一家商务酒店,自身拥有完善的商务设施。但是为了满足客人在度假休闲方面的要求,酒店投入大量资金建造设施齐全的康体中心和娱乐场所。该酒店的康体中心不仅拥有一般常见的健身器材和各类球馆,还有攀岩馆等新奇的活动项目,并培训了一批员工,专门用于陪伴客人进行康体活动。该酒店的娱乐场所引进了最先进的设备,还经常组织各种文艺沙龙。除此以外,酒店还与市内的主要旅游景点合作为住店客人提供低于票面价的景点门票;酒店不但印制了精美的旅游介绍小册子,还要求员工熟悉市内旅游景点的有关知识,为有需要的客人提供详尽的咨询服务。这家酒店正是推出了一般商务酒店所没有的特色服务,把商务和休闲有效地结合在一起,才使其源源不断地吸引商务客人的到来,并留住了大量的回头客。

当商务客人经历了一天繁忙的工作,是非常需要良好的睡眠,这时候个性化的商务夜床服务就显得尤为重要。当宾客疲惫的回来时,发现不但房间里一切已经按照他的个人爱好习惯安排就绪了,同时还准备了一杯热牛奶,并留有字条:亲爱的 ×× 女士/先生,工作了一天一定很劳累吧?您如果有任何需要可以随时拨打专线 ×××××××,我们将为您提供各种点心、饮料和其他物品。希望您在本酒店度过一个美好的夜晚,祝您晚安!这样的服务必然会赢得客人的好感,使其心情舒畅。

(三)客房楼层功能设计

客房部分是酒店投资和盈利的重心内容,客房层平面的选型和楼层规模的设定以及交通流线的组织则应该以经济高效为前提,顾及空间质量和管理模式的需要,最终达到优化居住质量,提高服务品质,节约运营成本的目的。客房层的平面设计一方面决定每个客房的基本条件,另一方面又是投资决策的关键。

1. 客房层的平面形式

相对于度假酒店因地制宜化整为零的模式而言,城市酒店由于用地有限,布局更趋紧凑而集中。在客房层垂直叠加的基本模式下,其平面形式首要考虑的问题是如何经济合理地组织用房。在满足结构、设备等技术条件下,最大限度地利用空间、提高使用效率和使用质量。经过长期的实践,客房层平面可分为板式平面、塔式平面、内院式平面三大类。

(1) 板式平面。

板式客房层平面分 3 种类型。

① 直线型。直线型以直线构成,是最常见的酒店客房层平面形式,具有简洁、高效、造价低的优点。常见的有外廊式和内廊式两种,常见于中、小型规模的酒店。其中内廊式平面的利用率较高,但走廊两边客房的景观不一。作高层酒店时,迎风面大,直线型的横向刚度较其他类型差。如果在内廊式平面的基础上把客房层平面加大进深,可以演变成复廊式平面。客房置于矩形平面四周,开敞明亮。交通及服务用房位于两条内廊之间,平面效率更高。如广州白天鹅宾馆采用双走廊菱形平面。

② 折线型。折线型客房层由互成角度的两翼组成,呈折线状,平面紧凑,内部空间略有变化,交通枢纽与服务核心常位于转角处。其平面两翼可长可短,适于围合广场或城市空间的基地,两翼短者更适于高层酒店。

③ 交叉型。交叉型客房层由几个方向的走廊交叉组合而成,通常在走廊汇合处设交通服务核心,以缩短客人动线和服务动线的距离。楼层面积利用率较高,结构刚度好,但是占地较多,施工复杂。

(2) 塔式平面。

塔式建筑是指长高比小于 1 的建筑,各朝向均为长边。塔式建筑平面以电梯和辅助用房合并形成的核心筒为中心,被走廊和客房环绕。出于建筑外形的需要可以组合成多种图形方案,如方形、圆形、椭圆形、三角形。塔式建筑的平面样式可以很多变化,但酒店选择塔式的楼层平面会带来一定的难题,就是每层楼里房间的数量不能太多。板式平面可以通过增加走廊的长度来连接更多的房间,以提高楼层面积的利用率。而塔式平面则需要考虑适应核心筒的大小,大多数塔式平面的房间数都控制在 16~24 间。

方形平面常用于方整狭小的基地,交通服务核心居中,沿外墙四周为房间。因核心筒面积有限,所以塔式客房层的外轮廓尺寸不宜过大,以免造成交通和服务用房的面积过剩,降低了利用率。如果每边安排安排 4 间客房,平面的边长 32~35 米,核心部分就刚好可以容纳 2~3 台电梯、1~2 个疏散楼梯和适量的服务用房。这样的布局显得很紧凑,每个房间对楼层面积的利用率很高。如果每层要安排 24 个以上的房间,筒形平面的半径就显得格外大了。

圆形与其他的几何形相比,同样的客房数量和面积,圆形平面的核心最简洁节约,交通路线最短。客房呈放射状分布,客房的窗户比方形平面视野更开阔,如美国西雅图威斯汀酒店和日本箱根王子酒店。

(3) 内院式平面。

内院式平面是指把客房围合成内院或者中庭的平面布局形式,在城市郊区或风景区中比较常见,如广州白云国际会议中心的配套酒店,由于用地宽裕,景色优美,可以采用外廊式的客房层平面。内院式平面除了客房有良好的景观外,走廊一侧又提供了动人中庭空间,在城市中则属于特例,如广州金桥酒店和西塔四季酒店。由于客房层数较多,中庭空间可以产生令人震撼的效果。

2. 客房层的功能分区

大型的综合酒店为保持较高的入住率,在对待不同的客源市场上需要有一定的针对性。所以拥有大量客房的高层商务酒店或综合性酒店会根据客人的消费水平和居住要求的差异,将客房区分设为普通客房层、行政层和公寓层。

(1)普通客房层。

酒店客源市场中普通的客人占绝大部分,是各类酒店的主要营业对象。所以客房区大多数的楼层为普通客房层,以一般标准间和套间为主,房间的功能设置和装修档次以一般的市场需求和评星标准为依据,如图 6-27 所示。

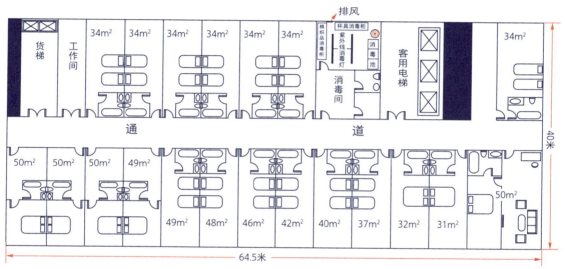

图 6-27 某大酒店楼层平面图

(2)行政层。

行政楼层或称商务层,是专门为高端的商务客人提供优质服务而设立的特殊客房层。一般处于靠近酒店顶层的位置,占据 1~4 个楼层,有的豪华酒店甚至更多,例如,广州天伦万怡酒店有 3 个客房层作为行政层,上海金茂凯悦大酒店有 8 个行政楼层。为了确保服务的优质高效,行政楼层内设有独立前台,方便商务客人办理入住和退房手续。还设置独立的休闲娱乐、办公空间和专属服务内容,包括:行政酒廊、雪茄吧、24 小时商务中心、小型会议室和私人管家服务等,为高端商务客人营造一个不受干扰的工作场所和生活空间,有如一个小型的精品酒店。行政层的平面格局、房间面积与普通客房层基本相同,但装修标准要比普通客房高,设施更考究。行政层以单床间占绝大多数,房间内提供优于一般客房的生活设施和办公条件。

(3)公寓层。

酒店公寓是针对长住客源而设,既有私人住宅的私密性和居住氛围,又有酒店式的专业服务和良好环境,称为公寓层。受柱网尺寸的限制,公寓层的客房开间进深与普通客房一样,空调、消防、电梯等设备也采用标准配置。由于公寓的厨房使用概率较大,抽油烟机如果与各标准层的排风系统共用排风井时,容易造成气味干扰,影响其他楼层的住客。所以排风系统需要特别处理。在条件允许时,公寓与普通客房宜分栋设置,一方面,避免相互干扰、管理方便;另一方面,柱网更加灵活自由,利于空间变化。如广州花园酒店早期将公寓层设在西塔客房楼的 22 层、23 层,位于普通客房层与行政层之间。20 世纪 90 年代以后改设在东塔楼,与西塔楼的普通客房脱离,管理上和技术上更有利。已落成的广州西塔是一个大型综合性建筑物,包括一座 103 层的塔楼和一座 29 层的裙楼,酒店客房和公寓分设在塔楼的 69~100 层和裙楼的 7~28 层。由于结构体系相互独立,管线铺设不必上下对应,所以公寓层内有多达 14 个房型,面积有 70~160 平方米不等,套内各个功能空间的布置也可以相对灵活。

3. 楼层规模

客房层的规模通常指标准层面积和客房间数(自然间)。客房层面积过小、客房间数过少,会导致配套设施利用不充分,对投资是不经济的。客房层面积过大,每层房间多而分散,则不利于管理与服务,更不利于结构设缝、能源供应等技术问题。我国《高层建筑防火规范》规定一、二类旅馆建筑防火分区的最大允许面积分别为 1 000 和 1 500 平方米,如设自动灭火系统,分区面积可增加一倍。以此为依据,高层酒店客房层的经济面积为 1 000~1 200 平方米。超高层酒店的客房层的走廊、电梯厅与客房单元均需设自动灭火设备,客房层面积可增至 1 800 平方米左右。

各类房型的配置和搭配设计。为了确保客房的豪华度和舒适度,首先必须确保按市场需求配置不同床型的客房。

(1) 双人房 - 大床。按市场所需的比例数量。接待会议或旅游团体的酒店可采用 Hollywood style(好莱坞类型)的双床设计,便于变更房。

(2) 双连房。按市场所需的比例数量配备,不超过房间总数的 10%。一间大床房联结一间双床房,适合接待家庭客源。

(3) 不吸烟房间。最少为总房数的 30%。在普通楼层及行政楼层分设非吸烟楼。

(4) 残疾人房,最少 1 间。

(5) 套房。占房间总数的 5%~10%,根据本地市场而定,均配备至少大号双人床。总统套房是其中的一种。

(6) 行政楼层,设置在高楼层,占总房间数的 15%~20%,提升设计及设施,设有行政酒廊(最少 5 间客房面积)。

4. 服务用房

客房服务包括接待、清洁、整理、补给、回收、咨询、送餐、提醒、维修等项目。工作人员主要有楼层主管、客房服务员和勤杂工、维修工,由酒店的客房部经理(管家)组织管理。相应的用房包括库房、布草间、消洗间、杂物间、值班房,还要配合必要的服务电梯以及各类管井。

(1) 库房。

库房主要用于存放干净的和回收后待处理的毛巾、床单以及其他损耗品,如牙膏牙刷、香皂、茶具等，包括布草间和污衣间，视具体情况可以分开或合并。库房内应有存放物品用的货架或者衣柜，为保证服务车进出方便，面积不应少于 4 平方米，其出入口宜隐蔽。板式平面的客房层，库房最好能设在走廊的尽端，或者靠近服务电梯的地方，便于物资的输送。小规模的酒店由于物资库存量较少，为节约用房，客房层的布草间经常与楼层值班室结合，也便于管理。如果建筑物的楼层平面形状曲折，在转折处往往会出现形状不规则的用房，很适宜用作储藏，如广州花园酒店利用两个方向的走廊交汇处的异形房间作为库房。在塔式高层酒店，库房可以利用核心筒的空间与服务梯结合布置，如华厦大酒店的库房设在核心筒的东北侧，而全球通大酒店的库房安排在电梯厅一侧。污衣间是临时存放待清洗物料的地方，如果面积宽裕可以将库房分成内外两进，与干净物品分开。规模大、楼层多的酒店都设有污衣通道与地下室的洗衣房贯通，物料可直接投放到地下室。

（2）洗消间。

服务员每天清理客房都会回收大量的茶杯和烟缸，这些物品需要在各楼层的消洗间内进行清洗消毒。消洗间内应有工作台、洗涤槽和消毒柜（见图 6-28），并连接给排水系统。用房宽余时可单独设置，面积不少于 4 平方米。也可与库房合并，但需要干湿分区，如图6-29 所示。

（3）布草间。

布草间是客房部存放干净布草的场所，通常会设计有许多层柜和叠布草的工作台。同时，还需要留有安放工作车的空间，如图 6-30 所示。

5. 休息室及酒廊

商务楼层还设有宽敞明亮的休息室，可供商务客人休息、会客、进行商务洽谈、下棋及阅览报刊等（见图 6-31）。一般休息室还兼有早餐室及酒廊功能。此外，酒店可以为商务宾客在商务楼层里开辟一个专用的小型图书馆，商务宾客可以在这里一边安静地享用咖啡，一边查阅各类资料等。

图 6-28　客房部洗消间

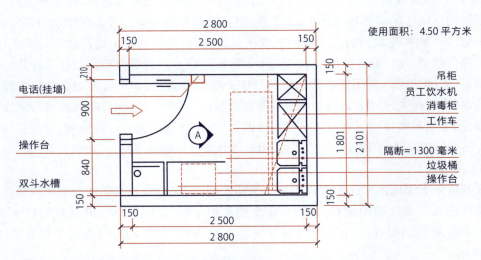

注：按防疫站要求，干湿区要分隔，即有条件的工作间，布草间
和清洗消毒自然分隔，如有条件安装拖把池，必须和清洗池间用
隔板间隔

图 6-29　消毒间平面布置示意图

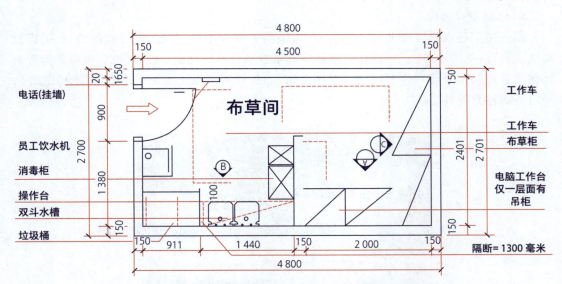

注：按防疫站要求，干湿区要分隔，即有条件的工作间，布草间
和清洗消毒自然分隔，如有条件安装拖把池，必须和清洗池间用
隔板间隔

图 6-30　布草间平面布置示意图

图 6-31　商务楼层休息室及鸡尾酒廊

6. 商务中心

原先商务楼层的商务中心内设有电脑、复印机、传真机、电话等,并由受过专业训练的服务员提供打字、电传、复印、秘书及委托代办等多项服务(见图 6-32)。如今,随着商务办公设备的便携化、快速化及网络化的发展,商务中心原有的服务功能正逐步消失。许多商务客人已经可以自己处理日常的业务,而不依赖于商务中心的服务。例如,原先商务中心承担着为商务客人打印、复印及传真文件等的服务功能,但现在商务客人可以通过笔记本电脑、便携式打印机或复印机、传真机等自己来完成这些工作,再加上客房配备的互联网设施使得客人已经可以与外界进行更快捷的信息沟通与联系,因此越来越少客人使用这些服务。商务中心要加快转型,以适应信息化社会的飞速发展。

首先,增强商务中心办公设施的自助化功能。以前商务中心的日常文秘工作都由商务中心的文员负责。现在许多商务客人习惯于自己动手操作办公设备,尤其是一些保密性强的文秘工作更是要客人自己亲力亲为,因此提高商务中心内办公设施的自助化可以吸引这一部分消费者的青睐。

其次,转变商务中心的服务重点,利用商务中心强大的技术支持力量,把商务中心的服务范围由单纯的文秘服务发展成为技术支持服务与文秘服务并举。在酒店里,经常会出现客人的便携式办公设备出现故障的情况。如果事情发生在白天,酒店的委托代办人员可以及时帮助客人把机器送到维修中心修理。但事情如果是在夜间发生,即使是"金钥匙"面对这种情况也只能"巧妇难为无米之炊",因为一般的电器维修中心都不会 24 小时营业。可见,技术支持服务应该成为商务中心服务项目变革的趋势之一,而且也必将为商务中心的发展提供一个崭新的平台。最后,商务中心应该提供办公设备、会议设备的租借服务。商务中心是商务酒店给商务客人提供商务便利的重要角色,因此,对于商务办公设备及会议设备的配套要求就更高了。通过提供商务办公设备及会议设备的租借服务,不仅可以满足商务客人对于商务活动的要求,也满足了一部分没有随身携带配备办公设施商务客人的需要。这样不仅可以更大可能为商务客人提供商务便利之需,而且也扩大了商务中心的服务范围,从而提高了经济效益。

图 6-32　酒店商务中心

7. 会议室

商务楼层一般还设有小型会议室及商务洽谈室,为商务客人的正式洽谈及会议提供场所及服务。

8. 楼面交通疏散功能与空间布局

(1) 平面交通。

酒店客房楼层的平面交通疏散枢纽主要就是走廊。客房楼层走廊的宽度,使用上应满足停放工作车时人可顺利通行的尺度要求,一般为 1.4~2.0 米,从交通枢纽电梯厅或主楼梯到最远客房距离最好小于 60 米。在客房楼层达到一定长度时必须有疏散楼梯,以备急用。有时为了提高空间的利用率,采取葫芦走廊的方法,即局部拓宽走廊,也有利于出行和服务功能的发挥。

(2) 垂直交通。

低层饭店的垂直交通一般以主楼梯为交通枢纽,高层饭店客房层的客房交通则以电梯为交通枢纽,两者都通过走廊与各客房单元连接。

电梯数量、排列方式及电梯厅的面积大小对宾客及员工的活动影响很大。电梯数量设计在不同等级的饭店要求所有不同,根据我国《旅游饭店星级划分与评定标准》的规定,高星级饭店至少每 70 间客房应配备 1 台客用电梯。电梯排列方式与电梯厅的宽度设计应以面积紧凑、使用方便为原则。根据饭店建筑空间的不同,以及电梯数量的差异,电梯的排列形式有多种:若电梯数量不超过 4 台,一般呈一字形并列布置,电梯可平行于走廊,也可垂直于走廊;超过 4 台以上一般采用内凹或贯通的方法呈巷道式排列。楼梯电梯厅是楼层的店门外宾客等候电梯的区域,若空间过窄会造成宾客的拥挤和交通堵塞,过大则浪费楼层空间。单台电梯或多台电梯单侧排列的电梯厅,其宽度一般不小于电梯轿厢深度的 1.5 倍;多台电梯双侧成巷道式排列的电梯厅宽度应大于相对两电梯的深度之和,一般不超过 4.5 米;供残疾人使用的电梯其宽度不能小于 1.5 米。电梯厅应保证人流畅通,不宜兼做休息厅之用。

(3)疏散。

安全是饭店最基本的问题。饭店失火因素多,客人大多处在陌生环境之中,一旦失火,容易因惊慌而造成重大损失,所以客房楼层的疏散设计十分重要。楼梯与消防电梯是客房疏散、救火的主要通道,楼梯与消防电梯的设计应符合我国现行消防规范,如高层疏散楼梯的宽度不小于 1.1 米,低、多层建筑疏散楼梯的宽度不小于 1 米。

疏散楼梯的位置应考虑人在火灾发生时疏散的方向。常见的疏散楼梯位置有两种:一种是设在客人习惯的常用的交通路线附近,如电梯旁边;另一种是在客房楼层的两端靠外墙布置,即方便客人双向疏散,又有利于排烟、防火。高层饭店的客房层还需设置有排烟前室的消防电梯,提供给消防人员在火灾发生、普通客梯停运后乘用,使其能迅速抵达火灾现场施救。疏散楼梯均上通屋顶、下达首层,并有直接通至室外的出口。超高层建筑设置避难层时,疏散楼梯可向避难层疏散。

素养园地

目前,中国城市的建筑物给人的印象虽难说是千城同面,至少是似曾相识,许多建筑物构成的街景、不少的楼房仿佛是中国大地之间在互相借鉴、克隆和复制。你如果有机会走在北京的大街上,如不是那些宏伟、历史悠久的古建筑映入眼帘,地标性的建筑耸立其中,有时还真叫人难以分清自己到底是在哪里。上海、深圳、广州还是杭州?似曾相识,缺乏差异性与特色,恐怕是现代中国城市建筑设计的通病。

改革开放 40 多年来,中国大地上的各种酒店多如牛毛,真正称得上是"精品"的、成为该城市或地区地标性建筑的酒店,乃"寥寥无几"。

主要原因多是建筑设计的不合理,更深层次的原因在于建筑设计师们对酒店的"外行",这"外行"不是建筑物外观造型设计的外行,而是他们对酒店内部的功能、布局之要求、标准、用途知识的外行,是对酒店设计应该事先进行详细规划的"无知"。

下面的这些问题和现象,都是在很多(各个星级)酒店的设计图纸上看到和存在的。

(1)酒店大堂的高度应该是多少?单层大堂和中空式大堂高度要如何掌握?

(2)餐厅、宴会厅、包厢的层高要求各应该是多少?

(3)餐厅和厨房占用面积比是多少?

(4)客房和走道的层高最低要求应该是多少?

（5）每层的客房间数应该设计为多少间？许多设计师不知道何为客房设计上的一个"服务单元"。

（6）客房的每个楼层，常常在图纸上不见工作服务间和员工卫生间。

（7）多功能厅面积要多大为好？如何进行分割？层高多少为妥？

（8）多功能厅应该由哪些配套设施（功能）组成？

（9）哪些部门（区域）宜相邻？哪些部门（区域）不宜相叠安排？

（10）有的酒店设计项目，烟感探头和喷淋头设计进了冷库、员工浴室和卫生间，喷淋头进了客房卫生间。

归纳造成这些现状的原因，不外乎是因为酒店在建筑设计过程没有酒店专业人员介入做顾问，哪怕是经过他们的咨询和审核。仅凭业主和设计人员的"经验"和想象设计酒店，也是中国酒店建筑设计无"精品"的主要原因。毕竟，建筑设计师精通的是结构设计，不会都像酒店专家一样精通酒店的功能设计。

可喜的是，现在这种状况正在得到不断改善，酒店建筑规划、设计的科学性也正在受到重视。身为酒店经营管理人才，学习一定的跨界知识，拥有良好的沟通能力，是职业生涯发展的制胜法宝。

四、实践演练

1. 任务内容

某五星级酒店准备针对商贸、商务客人设置商务楼层，需要针对商务客人的需求特性，设计楼层服务模式和主要服务项目。请结合本任务的楼层功能设计、功能分区、服务用房、各种配套设施、交通疏散等内容进行商务楼层配套设施设计。

2. 任务实施

商务楼层设计文案使用 Word 文档，包含如下方面：楼层服务模式设计、楼层服务项目设计、楼层区域规划、各区域平面图、客房布置设计。有效字数 1 800 字以上。

商务楼层设计方案 PPT 应将服务项目、楼层规划总效果图用 PPT 表现（至少 5 页），如果制作总效果图 PPT 有困难，可手绘。

3. 任务评估

商务楼层设计评估标准如表 6-15 所示。

表 6-15　商务楼层设计评估标准

测试内容	分　值	评分细则	扣　分	得　分
楼层设计原则 （10分）	5	楼层服务模式选择适当		
	5	服务项目符合商务客人特点		
文案编写 （50分）	10	文案内容无缺项，有效字数 1 800 字以上		
	10	楼层功能分区恰当，面积合理，功能全面		

续表

测试内容	分　值	评分细则	扣　分	得　分
文案编写 （50分）	10	楼层规模符合酒店星级档次		
	5	服务用房平面设计合理		
	5	交通疏散设计合理、符合消防的要求		
	5	各类表格数据准确，文笔流畅		
	5	计算机操作熟练，文档排版漂亮		
PPT 制作 （30分）	10	楼层设计素材丰富，总效果图具备较强的美感		
	10	设计理念符合环保要求、可操作性强		
	10	PPT 制作能力强，有效张数 5 张以上，美观、艺术		
文档提交 （10分）	5	按时完成作业		
	5	文档规范，提交齐全		
最后得分				

模　块　小　结

该模块的设计旨在提升客房管理人员的综合素质。将市场需求、客房功能设计、服务项目设计、客房成本管理等知识立体化编织，指导学习者进行客房产品的改造和设计，并做到举一反三。身为客房高层管理人员，应当学会设计符合客人需求和企业实际的、并具有较强吸引力的客房产品。本模块介绍了客房发展的趋势，特别是智能设备的应用和未来发展趋势，旨在引导学习者主动探索、积极发现，将客房产品的设计与各类科技发展的成果进行有效结合，产生令人耳目一新的效果。

【英语积累】

亲子客房 / 家庭房 family room
女性客房 the female guest room
商务楼层 executive floor
智能客房 intelligent guestroom
平均房价 average room rate
服务间 service room
楼层服务台 floor service counter
客房服务中心 room service center

大理石 marble

楼梯之间的休息平台 landing

楼梯 stairs

栏杆 handrail

电梯 lift/elevator

电梯呼唤钮 lift call button

自动扶梯 escalator

柜台 counter

电话亭 telephone booth

走廊 corridor

立式烟灰缸 standing ash-tray

沙粒 sand

盆栽植物 potted plant

鸡尾酒廊 cocktail lounges

会议室 conference room

空调不工作

The air condition is not working.

空调太热

The air condition is too hot.

水龙头漏水

The bathtub tap is leaking.

地毯湿了

The carpet is wet.

床罩有污点

The bedspreads have stain.

恭桶不能抽水

The toilet can not flush.

门有尖锐声

The door is squeaking.

面盆堵塞

The wash basin is blocked.

门把松动

The door handle is loose.

电视收率不好

The television receptance is bad.

地板滑

The floor is slippery.

屋顶漏水

The roof is leaking.

地毯磨损了

The carpet is frayed.

铜失去光泽了

The copper is tarnished.

桌子需要上光

The table needs varnishing.

房间有味

The room smells bad.

【课业】

1. 走访各种类型酒店,了解特色客房设计的模式,总结客房装饰和服务的新趋势。
2. 自行参观一家酒店客房,分析其在客房及楼层规划设计上的优点和不足。

>>>>>> 参考文献

[1]　穆林. 酒店数字化运营概论 [M]. 北京 : 高等教育出版社 ,2022.

[2]　赵丹, 王晓欢, 吕尤. 客房服务与管理 [M]. 北京 : 首都经济贸易大学出版社 ,2019.

[3]　叶秀霜. 客房运行与管理教程 [M]. 杭州 : 浙江大学出版社 ,2023.

[4]　曲波, 江金波, 魏卫. 酒店房务运营与管理 : 面向企业数字化转型的思考与探索 [M].
　　　北京 : 清华大学出版社 ,2022.

[5]　陈增红, 闫雪梅, 王玉娟. 客房服务与数字化运营 [M]. 北京 : 旅游教育出版社 ,2022.

[6]　苏炜, 黄昕. 酒店数字化运营概论 [M]. 武汉 : 华中科技大学出版社 ,2022.

[7]　李勇, 钱晔. 数字化酒店 : 技术赋能 + 运营变革 + 营销升级 + 管理转型 [M]. 北京 : 人
　　　民邮电出版社 ,2021.

[8]　陈斌, 腾跃民. 课程思政 "三寓三式" 范式探索与研究 – 国家级课程思政教学成果奖
　　　应用推广工程 [M]. 上海 : 上海文化出版社 ,2021.

郑重声明

高等教育出版社依法对本书享有专有出版权。任何未经许可的复制、销售行为均违反《中华人民共和国著作权法》，其行为人将承担相应的民事责任和行政责任；构成犯罪的，将被依法追究刑事责任。为了维护市场秩序，保护读者的合法权益，避免读者误用盗版书造成不良后果，我社将配合行政执法部门和司法机关对违法犯罪的单位和个人进行严厉打击。社会各界人士如发现上述侵权行为，希望及时举报，我社将奖励举报有功人员。

反盗版举报电话　（010）58581999　58582371
反盗版举报邮箱　dd@hep.com.cn
通信地址　北京市西城区德外大街4号　高等教育出版社法律事务部
邮政编码　100120

读者意见反馈

为收集对教材的意见建议，进一步完善教材编写并做好服务工作，读者可将对本教材的意见建议通过如下渠道反馈至我社。

咨询电话　400-810-0598
反馈邮箱　gjdzfwb@pub.hep.cn
通信地址　北京市朝阳区惠新东街 4 号富盛大厦 1 座
　　　　　高等教育出版社总编辑办公室
邮政编码　100029

责任编辑: 张卫
高等教育出版社　高等职业教育出版事业部　综合分社
地　　　址: 北京市朝阳区惠新东街4号富盛大厦1座19层
邮　　　编: 100029
联系电话: （010）58582742
E-mail: zhangwei6@hep.com.cn
QQ: 285674764
（申请配套教学资源请联系责任编辑）